（典藏版）

百部国学传世经典

中华国学经典盛宴／获取先贤核心智慧

山海经

林少华／主编

漓江出版社

图书在版编目(CIP)数据

山海经 / 林少华主编. --桂林:漓江出版社,
2017.7
(百部国学传世经典)
ISBN 978-7-5407-8180-4
Ⅰ.①山… Ⅱ.①林… Ⅲ.①历史地理-中国-古代
Ⅳ.①K928.631
中国版本图书馆 CIP 数据核字(2017)第 173927 号

山海经

主　　编　林少华

策划统筹　陈植武　林晓鸿
责任编辑　魏志明
助理编辑　秦瑜蔓

出 版 人　刘迪才
出版发行　漓江出版社
社　　址　广西桂林市南环路 22 号
邮　　编　541002
网　　址　www.lijiangbooks.com
印　　制　北京飞达印刷有限责任公司
开　　本　710 mm×1000 mm　1/16
印　　张　30
字　　数　570 千字
版　　次　2017 年 8 月第 1 版
印　　次　2024 年 1 月第 5 次印刷
书　　号　ISBN 978-7-5407-8180-4
定　　价　45.00 元

前言

中华民族有着数千年的文明历史，创造了光辉灿烂的古代文化，其中中国传统国学是我国辉煌灿烂的文化典籍的核心部分，它博大精深、源远流长，显示出中华文化的深厚根基，给人类留下了丰富的精神财富。它是我们炎黄子孙的文化精髓，它塑造了我们中华民族的民族精神，是培育民族精神的重要资源。它开启心智，滋润生命，陶冶人格，塑造灵魂。

开卷有益，忙碌的人们闲暇之时，应该用传统国学来陶冶自己的情操，开阔自己的心胸，提高自己的人文修养，用先人的哲思来涤荡自己忙碌的心灵。我们应该坚持阅读的爱好，在潮流文化的强大攻势下，让传统文化永驻我们的心田。“复兴国学，从根本上讲，是复兴中华民族的自尊心、自信心。”我们要甄选传世经典著作中最经典的部分来读，要以开放的胸襟和燃烧的激情去承接古人的经典大论与哲思华章，以自豪而不狂妄、执着而不僵化的精神风貌来直面当今社会的竞争与挑战。

为了弘扬中国传统文化，帮助读者深刻了解我们的历史与文化，用经典历史文学知识陶冶情操、提高文化修养，同时使国学得到承传，得以弘扬光大，我们精心编排了本书。为了便于读者理解和领会古代先贤的思想与精神，我们在文章中选取了与正文相契合的插画，将插画与正文有机地结合在一起，可大大增加读者的阅读趣味。

本书选取了国学经典著作中很多优秀的作品及资料，博采各类经典作品的长处，并有所创新，以使得本书风格迥异、卓然超群，相信会给读者带来全新感受。

由于时间仓促，书中难免有不尽之处，恳请读者朋友们提出宝贵意见，在此深表谢意。

目录

卷一　南山经

原文

南山之首曰䧿山。其首曰招摇之山，临于西海之上，多桂，多金玉①。有草焉，其状如韭而青华，其名曰祝余，食之不饥。有木焉，其状如榖（gǔ）而黑理②，其华四照，其名曰迷榖，佩之不迷。有兽焉，其状如禺而白耳，伏行人走，其名曰狌狌（xīng）③，食之善走。丽麂（jī）之水出焉，而西流注于海，其中多育沛④，佩之无瘕（jiǎ）疾⑤。

注释

①金玉：这里指未经过提炼和磨制的天然金属矿物和玉石。以下同此。

②榖：即构树，落叶乔木，长得很高大，适应性强。木材可做器具等用，而树皮可作为桑皮纸的原料。

③狌狌：传说是一种长着人脸的野兽，也有说它就是猩猩的，而且它能知道往事，却不能知道未来。

④育沛：蜜蜡。

⑤瘕：中医学指腹内结块，即现在人所谓的蛊胀病。

译文

南方首列山系叫做䧿山山系。䧿山山系的头一座山是招摇山，屹立在西海岸边，山里生长着许多桂树，又蕴藏着丰富的金属矿物和玉石。山中有一种草，形状像韭菜却开着青色的花朵，名称是祝余，人吃了它就不感到饥饿。山中又有一种树木，形状像构树却呈现黑色的纹理，并且光华照耀四方，名称是迷穀，人佩带它在身上就不会迷失方向。山中还有一种野兽，形状像猕猴但长着一双白色的耳朵，既能匍匐爬行，又能像人一样直立行走，它叫狌狌，吃了它的肉可以使人跑得飞快。丽麂水从这座山发源，然后往西流入大海，水中有许多叫做育沛的东西，人佩带它在身上就不会生蛊胀病。

原文

又东三百里，曰堂庭[①]之山，多棪（yǎn）木[②]，多白猿，多水玉[③]，多黄金[④]。

注释

①堂庭：即今洞庭，在湖南省境内。今洞庭湖滨人称洞庭音如堂庭。

②棪木：一种乔木，结出的果实像苹果，表面红了即可吃。

③水玉：古时也叫做水精，即现在所说的水晶石。因它莹亮如水，坚硬如玉，所以这样叫。

④黄金：这里指黄色的沙金，不是经过提炼了的纯金。

译文

再往东三百里，是座堂庭山，山上生长着茂密的棪木，又有许多白色猿猴，还盛产水晶石，并蕴藏着丰富的黄金。

原文

又东三百八十里，曰猨翼之山，其中多怪兽，水多怪鱼，多白玉，多蝮(fù)虫(huǐ)[1]，多怪蛇，多怪木，不可以上。

注释

①蝮虫：传说中的一种动物，也叫反鼻虫，颜色如同红、白相间的绶带纹理，鼻子上长有针刺，大的一百多斤重。这里的虫是"虺"的本字，不是昆虫之虫。

译文

再往东三百八十里，是座猨翼山。山上生长着许多怪异的野兽，水中生长着许多怪异的鱼，还盛产白玉，有很多蝮虫，很多奇怪的蛇，很多奇怪的树木，人是不可上去的。

原文

又东三百七十里，曰杻阳之山，其阳多赤金①，其阴多白金②。有兽焉，其状如马而白首，其文如虎而赤尾，其音如谣③，其名曰鹿蜀，佩之宜子孙。怪水出焉，而东流注于宪翼之水。其中多玄龟，其状如龟而鸟首虺(huǐ)尾，其名曰旋龟，其音如判木，佩之不聋，可以为底④。

注释

①赤金：就是上文所说的黄金，指未经提炼过的赤黄色沙金。

②白金：即白银。这里指未经提炼过的银矿石。以下同此。

③谣：不用乐器伴奏的歌唱。

④为：治理。这里是医治、治疗的意思。底：这里与“胝”的意思相同，就是手掌或脚底因长期磨擦而生的厚皮，俗称“老茧”。

译文

再往东三百七十里，是座杻阳山。山南面盛产黄金，山北面盛产白银。山中有一种野兽，形状像马却长着白色的头，身上的斑纹像老虎而尾巴却是红色的，吼叫的声音像人唱歌，名称是鹿蜀，人穿戴上它的毛皮就可以多子多孙。怪水从这座山发源，然后向东流入宪翼水。水中有众多暗红色的龟，形状像普通乌龟却长着鸟一样的头和蛇一样的尾巴，名称是旋龟，叫声像劈开木头时发出的响声，佩戴上它就能使人的耳朵不聋，还可以治愈脚底老茧。

原文

又东三百里，曰柢山，多水，无草木。有鱼焉，其状如牛，陵居，蛇尾有翼，其羽在魼(qū)下①，其音如留牛②，其名曰鯥，冬死而夏生③，食之无肿疾。

注释

①魼：即"胠"的同声假借字，指腋下胁上部分。

②留牛：可能就是本书另一处所讲的犁牛。据古人讲，犁牛身上的纹理像老虎的斑纹。

③冬死：指冬眠，也叫冬蛰。一些动物在过冬时处在昏睡不动的状态中，好像死了一般。

译文

再往东三百里，是座柢山，山间多水流，没有花草树木。有一种鱼，形状像牛，栖息在山坡上，长着蛇一样的尾巴并且有翅膀，而翅膀长在肋骨上，鸣叫的声音像犁牛的啼叫声，名称是鯥，冬天蛰伏而夏天复苏，吃了它的肉就能使人不患痈肿疾病。

原文

又东四百里，曰亶爰之山，多水，无草木，不可以上。有兽焉，其状如狸而有髦①，其名曰类，自为牝(pìn)牡②，食者不妒。

注释

①髦：下垂至眉的长发。

②牝：鸟兽的雌性。这里指雌性器官。牡：鸟兽的雄性。这里指雄性器官。

译文

再往东四百里，是座亶爰山，山间多水流，没有花草树木，不能攀登上去。山中有一种野兽，形状像野猫却长着像人一样的长头发，名称是类，一身具有雄雌两种性器官，吃了它的肉就会使人不产生妒忌心。

原文

又东三百里，曰基山，其阳多玉，其阴多怪木。有兽焉，其状如羊，九尾四耳，其目在背，其名曰猼訑(yí)，佩之不畏。有鸟焉，其状如鸡而三首六目、六足三翼，其名曰鵸(chǎng)鵂(fū)，食之无卧。

译文

再往东三百里，是座基山，山南阳面盛产玉石，山北阴面有很多奇怪的树木。山中有一种野兽，形状像羊，长着九条尾巴和四只耳朵，眼睛也长在背上，名称是猼訑，人穿戴上它的毛皮就会不产生恐惧心。

山中还有一种禽鸟，形状像鸡却长着三个脑袋、六只眼睛、六只脚、三只翅膀，名称是鵸鵌，吃了它的肉就会使人很少思睡。

原文

又东三百里，曰青丘之山，其阳多玉，其阴多青雘(hù)[①]。有兽焉，其状如狐而九尾，其音如婴儿，能食人，食者不蛊。有鸟焉，其状如鸠[②]，其音若呵[③]，名曰灌灌[④]，佩之不惑。英水出焉，南流注于即翼之泽。其中多赤鱬[⑤]，其状如鱼而人面，其音如鸳鸯[⑥]，食之不疥。

注释

①青雘：一种颜色很好看的天然涂料。

②鸠：即斑鸠，一种体型似鸽子的鸟。

③呵：大声呵斥。

④灌灌：传说中的一种鸟，它的肉很好吃，烤熟后更是味道鲜美。

⑤鱬：也叫鲵鱼，即现在所说的娃娃鱼，有四只脚，长尾巴，能上树，属两栖类动物。

⑥鸳鸯：一种雌雄同居同飞而不分离的鸟，羽毛色彩绚丽。

译文

再往东三百里，是座青丘山，山南阳面盛产玉石，山北阴面多出产青雘。山中有一种野兽，形状像狐狸却长着九条尾巴，吼叫的声音与婴儿啼哭相似，能吞食人。吃了它的肉就能使人不中妖邪毒气。山中还有一种禽鸟，形状像斑鸠，鸣叫的声音如同人在互相斥骂，名称是灌灌，把它的羽毛插在身上使人不迷惑。英水从这座山发源，然后向南流入即翼泽。泽中有很多赤鱬，形状像普通的鱼却有一副人的面孔，发出的声音如同鸳鸯鸟在叫，吃了它的肉就能使人不生疥疮。

原文

又东三百五十里，曰箕尾之山，其尾踆(cún)于东海[①]，多沙石。汸(fāng)水出焉，而南流注于淯，其中多白玉。

注释

①踆：通"蹲"，屈两膝如坐，臀部不着地。这里是坐的意思。

译文

再往东三百五十里，是座箕尾山，山的尾端坐落于东海岸边，沙石很多。汸水从这座山发源，然后向南流入淯水，水中多产白色玉石。

原文

凡䧿山之首，自招摇之山，以至箕尾之山，凡十山，二千九百五十里。其神状皆鸟身而龙首。其祠之礼[①]：毛[②]用一璋[③]玉瘗[④]，糈(xǔ)用稌(tú)米[⑤]，稻米，白菅为席[⑥]。

注释

①祠：祭祀。

②毛：指祭祀所用的毛物，即猪、羊、狗、鸡等家养畜禽。

③璋：古时一种顶端作斜锐角形的玉器，是在举行朝聘、祭祀、丧葬时使用

的礼器之一。

④瘗：埋葬。

⑤糈：祭神用的精米。稌：稻米。也有说是专指糯稻。

⑥菅：茅草的一种，叶片线形，细长，根坚韧，可做刷帚。

译文

总计䧿山山系之首，从招摇山起，直到箕尾山止，一共是十座山，途经二千九百五十里。诸山山神的形状都是鸟的身子龙的头。祭祀山神的典礼，是把畜禽和璋一起埋入地下，祀神的米用稻米，用白茅来做神的坐席。

原文

南次二经之首，曰柜山，西临流黄，北望诸毗（pí），东望长右。英水出焉，西南流注于赤水，其中多白玉，多丹粟①。有兽焉，其状如豚，有距②，其音如狗吠，其名曰狸力，见则其县多土功。有鸟焉，其状如鸱（chī）而人手③，其音如痺（bì）④，其名曰鴸（zhū）⑤，其名自号也，见则其县多放士。

注释

①丹粟：细小的丹砂像粟的颗粒大小。

②距：雄鸡、野鸡等跖后面突出像脚趾的部分。这里指鸡的足爪。

③鸱:即鹞鹰,一种凶猛的飞禽,常捕食其他小型鸟禽。

④痺:鸟名。

⑤鴸:传说是帝尧的儿子丹朱所化的鸟。帝尧把天下让给帝舜,而丹朱和三苗国人联合起兵反对,帝尧便派兵打败了他们,丹朱感到羞愧,就自投南海淹死而化作鴸鸟。

译文

南方第二列山系的首座山是柜山,西边临近流黄酆氏国和流黄辛氏国,在山上向北可以望见诸毗山,向东可以望见长右山。英水从这座山发源,向西南流入赤水,水中有很多白色玉石,还有很多粟粒般大小的丹砂。山中有一种野兽,形状像普通的小猪,长着一双鸡爪,叫的声音如同狗叫,名称是狸力,哪个地方出现狸力,那里就一定会有繁多的水土工程。山中还有一种鸟,形状像鹞鹰却长着人手一样的爪子,啼叫的声音如同痺鸣,名称是鴸,它的鸣叫声就是自身名称的读音,哪个地方出现鴸,那里就一定会有众多的文士被流放。

原文

东南四百五十里,曰长右之山,无草木,多水。有兽焉,其状如禺而四耳①,其名长右,其音如吟,见则郡县大水。

注释

①禺:长尾猿。

译文

从柜山往东南四百五十里，是座长右山，没有花草树木，但有很多水。山中有一种野兽，形状像猿猴却长着四只耳朵，名称是长右，叫的声音如同人在呻吟，任何郡县一出现长右就会发生大水灾。

原文

又东三百四十里，曰尧光之山，其阳多玉，其阴多金①。有兽焉，其状如人而彘(zhì)鬣(liè)②，穴居而冬蛰，其名曰猾裹(huái)，其音如斫(zhuó)木③，见则县有大繇(yáo)④。

注释

①金：这里泛指金属矿物质。以下同此。

②鬣：牲畜身上刚硬的毛。

③斫木：砍伐树木。

④繇：通“徭”，徭役。

译文

再往东三百四十里，是座尧光山，山南阳面多产玉石，山北阴面多产金。山中有一种野兽，形状像人却长有猪那样的鬣毛，冬季蛰伏在洞穴中，名称是猾裹，叫声如同砍木头时发出的响声，哪个地方出现猾裹那里就会有繁重的徭役。

原文

又东三百五十里，曰羽山①，其下多水，其上多雨，无草木，多蝮虫。

注释

①羽山：传说中的上古帝王祝融曾奉黄帝之命，将大禹的父亲鲧杀死在羽山，一说是鲧被帝舜杀死在羽山的，所以，这座山很有名。

译文

再往东三百五十里，是座羽山，山下到处流水，山上经常下雨，没有花草树木，蝮虫很多。

原文

又东三百七十里，曰瞿(qú)父之山，无草木，多金玉。

译文

再往东三百七十里，是座瞿父山，山上没有花草树木，但有丰富的金属矿物和玉石。

原 文

又东四百里，曰句余之山，无草木，多金玉。

译 文

再往东四百里，是座句余山，山上没有花草树木，但有丰富的金属矿物和玉石。

原 文

又东五百里，曰浮玉之山，北望具区[①]，东望诸毗。有兽焉，其状如虎而牛尾，其音如吠犬，其名曰彘，是食人。苕水出于其阴，北流注于具区。其中多鮆(zī)鱼[②]。

注 释

①具区：就是现在江苏境内的太湖。

②鮆鱼：又叫鲚鱼，鮤鱼，头生长得很长而狭薄，大的有一尺多长。

译文

再往东五百里，是座浮玉山，在山上向北可以望见具区泽，向东可以望见诸毗水。山中有一种野兽，形状像老虎却长着牛的尾巴，发出的叫声如同狗叫，名称是彘，是能吃人的。苕水从这座山的北麓发源，向北流入具区泽。它里面生长着很多鮆鱼。

原文

又东五百里，曰成山，四方而三坛，其上多金玉，其下多青雘。阏(zhuō)水出焉，而南流注于虖(hū)勺，其中多黄金。

译文

再往东五百里，是座成山，呈现四方形而像三层土坛，山上盛产金属矿物和玉石，山下多产青雘。阏水从这座山发源，然后向南流入虖勺水，水中有丰富的黄金。

原文

又东五百里，曰会稽之山，四方，其上多金玉，其下多砆(fū)石[①]。勺水出焉，而南流注于湨(jú)[②]。

注释

①砆石：即碱砆，一种似玉的美石。
②湨：水名。疑即是今之瓯江。

译文

再往东五百里，是座会稽山，呈现四方形，山上有丰富的金属矿物和玉石，山下盛产晶莹透亮的砆石。勺水从这座山发源，然后向南流入湨水。

原文

又东五百里，曰夷山，无草木，多沙石。湨水出焉，而南流注于列涂。

译文

再往东五百里，是座夷山，山上没有花草树木，到处是细沙石子。湨水从这座山发源，然后向南流入列涂水。

原文

又东五百里，曰仆勾之山，其上多金玉，其下多草木，无鸟兽，无水。

译文

再往东五百里，是座仆勾山，山上有丰富的金属矿物和玉石，山下有茂密的花草树木，但没有禽鸟野兽，也没有水。

原文

又东五百里，曰咸阴之山，无草木，无水。

译文

再往东五百里，是座咸阴山，没有花草树木，也没有水。

原文

又东四百里，曰洵山，其阳多金，其阴多玉。有兽焉，其状如羊而无口，不可杀也①，其名曰䍺（huàn）。洵水出焉，而南流注于阏之泽，其中多茈（zǐ）蠃（luó）②。

注释

①不可杀：这里杀是死的意思。不可杀就是不能死，意思是这种兽即使不吃东西也不能使它死去。

②茈蠃：茈通“紫”。蠃通“螺”。茈蠃就是紫颜色的螺。

译文

再往东四百里，是座洵山，山南阳面盛产金属矿物，山北阴面多出产玉石。山中有一种野兽，形状像普通的羊却没有嘴巴，不吃东西也能活着而不死，名称是䍺。洵水从这座山发源，然后向南流入阏泽，水中有很多紫色螺。

原文

又东四百里，曰虖(hū)勺(shuò)之山，其上多梓枏(nán)[①]，其下多荆杞(qǐ)[②]。滂(pāng)水出焉，而东流注于海。

注释

①梓：梓树，落叶乔木，生长较快。木材轻软，耐朽，供建筑及制家具、乐器等用。枏：即楠木树，常绿乔木，叶质厚，花小，核果小球形。木材富于香气，是建筑和制造器具的上等材料。

②荆：即牡荆，落叶灌木，小枝方形，叶对生，掌状复叶。果实称为黄荆子，可供药用。杞：即枸杞，落叶小灌木，夏季开淡紫色花。果实是红色的，叫枸杞子，药用价值很大。

译文

再往东四百里，是座虖勺山，山上到处是梓树和楠木树，山下生长许多牡荆树和枸杞树。滂水从这座山发源，然后向东流入大海。

原文

又东五百里，曰区吴之山，无草木，多沙石。鹿水出焉，而南流注于滂水。

译文

再往东五百里，是座区吴山，山上没有花草树木，到处是沙子石头。鹿水从这座山发源，然后向南流入滂水。

原文

又东五百里，曰鹿吴之山，上无草木，多金石。泽更之水出焉，而南流注于滂水。水有兽焉，名曰蛊雕，其状如雕而有角，其音如婴儿之音，是食人。

译文

再往东五百里，是座鹿吴山，山上没有花草树木，但有丰富的金属矿物和玉石。泽更水从这座山发源，然后向南流入滂水。水中有一种野兽，名称是蛊雕，形状像普通的雕鹰却头上长角，发出的声音如同婴儿啼哭，是能吃人的。

原文

东五百里，曰漆吴之山，无草木，多博石，无玉。处于东海，望丘山，其光载出载入，是惟日次。

译文

再往东五百里，是座漆吴山，山中没有花草树木，多出产可以用做棋子的博石，不产玉石。这座山位于东海之滨，在山上远望是片丘陵，有光影忽明忽暗，那是太阳停歇之处。

原文

凡南次二经之首，自柜山至于漆吴之山，凡十七山，七千二百里。其神状皆龙身而鸟首。其祠：毛用一璧瘗（yì）[①]，糈（xǔ）用稌（tú）。

注释

①璧：古时一种玉器，平圆形，正中有孔，是古代朝聘、祭祀、丧葬时使用的礼器之一。

译文

总计南方第二列山系之首尾，从柜山起到漆吴山止，一共十七座山，途经七千二百里。诸山山神的形状都是龙的身子鸟的头。祭祀山神是把畜禽和玉璧一起埋入地下，祀神的米用稻米。

原文

南次三山之首，曰天虞之山，其下多水，不可以上。

译文

南方第三列山系的第一座山叫天虞山，山下多水，山势险峻不可攀登。

原文

东五百里，曰祷过之山，其上多金玉，其下多犀(xī)、兕(sì)①，多象。有鸟焉，其状如鵁(jiāo)，而白首②、三足、人面，其名曰瞿如，其鸣自号也。泿(yín)水出焉，而南流注于海。其中有虎蛟③，其状鱼身而蛇尾，其音如鸳鸯，食者不肿，可以已痔④。

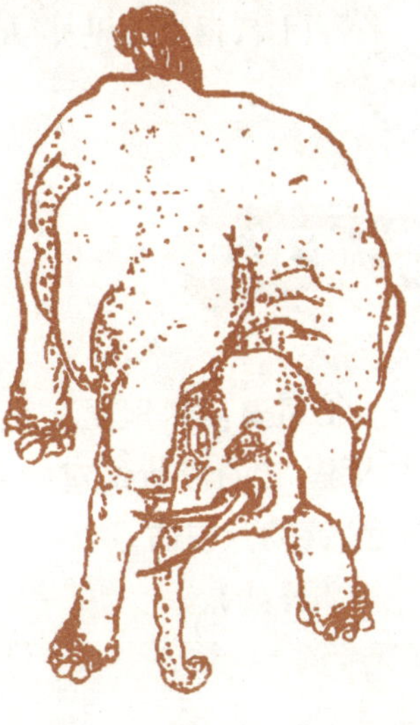

注释

①犀：据古人说，犀的身子像水牛，头像猪头，蹄子好似象的蹄子，黑色皮毛，生有三只角，一只长在头顶上，一只长在前额上，一只长在鼻子上。它生性爱吃荆棘，往往刺破嘴而口吐血沫。兕：据古人说，兕的身子也像水牛，青色皮毛，生有一只角，身体很重，大的有三千斤。

②鵁：传说中的一种鸟，样子像野鸭子而小一

些，脚长在接近尾巴的部位。

③虎蛟：传说中龙的一个种类。

④已：停止。这里是止住、制止的意思。

译文

从天虞山往东五百里，是座祷过山，山上盛产金属矿物和玉石，山下到处是犀、兕，还有很多大象。山中有一种禽鸟，形状像䴔却是白色的脑袋，长着三只脚，人一样的脸，名称是瞿如，它的鸣叫声就是自身名称的读音。泿水从这座山发源，然后向南流入大海。水中有一种虎蛟，形状像普通鱼的身子却拖着一条蛇的尾巴，脑袋如同鸳鸯鸟的头，吃了它的肉就能使人不生痈肿疾病，还可以治愈痔疮。

原文

又东五百里，曰丹穴之山，其上多金玉。丹水出焉，而南流注于渤海。有鸟焉，其状如鸡，五采而文，名曰凤皇①，首文曰德，翼文曰义，背文曰礼，膺（yīng）文曰仁②，腹文曰信。是鸟也，饮食自然，自歌自舞，见则天下安宁。

注释

①凤皇：同"凤凰"，是古代传说中的鸟王。雄的叫"凤"，雌的叫"凰"。据古人说，它的形状是鸡的头，蛇的脖颈，燕子的下颌，乌龟的背，鱼的尾巴，五彩颜色，高六尺左右。

②膺：胸。

译文

再往东五百里，是座丹穴山，山上盛产金属矿物和玉石。丹水从这座山发源，然后向南流入渤海。山中有一种鸟，形状像普通的鸡，全身上下是五彩羽毛，名称是凤凰，头上的花纹是“德”字的形状，翅膀上的花纹是“义”字的形状，背部的花纹是“礼”字的形状，胸部的花纹是“仁”字的形状，腹部的花纹是“信”字的形状。这种叫做凤凰的鸟，吃喝很自然从容，常常是自个儿边唱边舞，它一出现天下就会太平。

原文

又东五百里，曰发爽之山，无草木，多水，多白猿。汎(fàn)水出焉①，而南流注于渤海。

注释

①汎水：古代流入渤海的一条水名。

译文

再往东五百里，是座发爽山，没有花草树木，到处流水，有很多白色的猿猴。汎水从这座山发源，然后向南流入渤海。

原　文

又东四百里，至于旄山之尾。其南有谷，曰育遗，多怪鸟，凯风自是出[①]。

注　释

①凯风：南风，意思是柔和的风。

译　文

再往东四百里，便到了旄山的尾端。此处的南面有一峡谷，叫做育遗谷，山谷中生长着许多奇怪的鸟，南风就是从这里吹出来的。

原　文

又东四百里，至于非山之首。其上多金玉，无水，其下多蝮虫。

译　文

再往东四百里，便到了非山的顶部。山上盛产金属矿物和玉石，没有水，山下到处是蝮虫。

原文

又东五百里，曰阳夹之山，无草木，多水。

译文

再往东五百里，是座阳夹山，没有花草树木，到处流水。

原文

又东五百里，曰灌湘之山。上多木，无草，多怪鸟，无兽。

译文

再往东五百里，有座灌湘山，山上树木繁多，却不生草，有许多怪异的鸟类，没有野兽。

原文

又东五百里，曰鸡山，其上多金，其下多丹臒（huò）。黑水出焉，而南流注于海。其中有鱄（tuán）鱼，其状如鲋（fù）而彘（zhì）尾，其音如豚（tún），见（xiàn）则天下大旱。

译文

再向东五百里的地方，叫做鸡山。山上蕴藏着丰富的黄金，山下盛产红色的涂漆。黑水发源于这座山，向南流去，注入大海。水中生长着一种鱼，名叫鯈鱼，它的形体与鲋鱼很相似，却长着猪尾，它的叫声像小猪的叫声，它一出现，就会天下大旱。

原文

又东四百里，曰令丘之山，无草木，多火。其南有谷焉，曰中(zhōng)谷，条风自是出①。有鸟焉，其状如枭(xiāo)，人面四目而有耳，其名曰颙(yú)，其鸣自号(háo)也，见(xiàn)则天下大旱。

注释

①条风：东北风。

译文

再向东四百里的地方，叫做令丘山。山上光秃，没有生长树木花草，原因是这座山经常喷射火焰，是一座活火山。山的南边有很深的山谷，它的名字叫中谷，山谷中常常刮出强劲的东北风。山谷中有一种鸟，它的形貌很像枭鸟。它长有一副人脸，有四只眼睛，还长着耳朵，这种鸟的名字叫做颙，它的叫声，就是自己喊叫自己名字的声音。这种鸟一出现，也会天下大旱。

原文

又东三百七十里，曰仑者之山，其上多金玉，其下多青雘(huò)。有木焉，其状如榖(gǔ)而赤理[1]，其汁如漆，其味如饴(yí)，食者不饥，可以释劳，其名曰白䓘(gāo)，可以血玉。

注释

①赤理：红色的纹理。

译文

再向东三百七十里的地方，叫做仑者山。山中蕴藏着丰富的黄金和美玉，山下盛产青雘。山上生长着一种树木，它的形状很像谷子，而里面却是红色的，从树干中渗出的水，像漆一样，它的味道像用麦芽做的糖浆，吃了这种东西的人，可以永远不饿，还可以解除疲劳，它名叫白䓘。人们可以用它来涂染玉石，使玉石放射出更加耀目的光华。

原文

又东五百八十里，曰禺(yú)稾(gǎo)之山，多怪兽，多大蛇。

译文

再向东五百八十里是禺稾山。山中生长着很多奇异的怪兽，还有很多大蛇。

原文

又东五百八十里，曰南禺(yú)之山，其上多金玉，其下多水。有穴焉，水出辄(zhé)入，夏乃出，冬则闭。佐水出焉，而东南流注于海，有凤皇、鹓(yuān)雏(chú)。

译文

再向东五百八十里的地方，叫南禺山。山中蕴藏着丰富的黄金和美玉，山下有很多溪流。山中有一个个洞穴，水从洞穴中流出，又重新流进去。夏季，水从洞穴中往外流，入冬，则停止了。佐水发源于这座山，向东南流去，注入海中。这里有凤皇、鹓雏。鹓雏这种鸟从南海起飞，往北海飞去，沿途不是梧桐树不栖止，不是练食不吃，不是甘泉不饮。它和凤凰是同一类鸟。

原文

凡南次三山之首，自天虞(yú)之山以至南禺(yú)之山，凡一十四山，六千五百三十里。其神皆龙身而人面。其祠(cí)皆一白狗祈(qí)，糈(xǔ)用稌(tú)。

译文

南次三经诸山，从天虞山起，到南禺山止，一共十四座大山，蜿蜒长达六千五百三十里。居住在这些山中的神仙，都是龙身人脸。祭祀这些神灵时，都是用白狗做祭品。祭祀所用的米，是从稻米中选出的精米。

原文

右南经之山志，大小凡四十山，万六千三百八十里。

译文

以上所列南山经中的群山，大大小小总共四十座，蜿蜒长达一万六千三百八十里。

卷二　西山经

原文

西山经华山之首，曰钱来之山，其上多松，其下多洗石[1]。有兽焉，其状如羊而马尾，名曰羬(xián)羊，其脂可以已腊(xī)[2]。

注释

①洗石：古人说是一种在洗澡时用来擦去身上污垢的瓦石。

②腊：皮肤皴皱。

译文

西方第一列山系华山山系之首座山，叫做钱来山，山上有许多松树，山下有很多洗石。山中有一种野兽，形状像普通的羊却长着马的尾巴，名称是羬羊，羬羊的油脂可以护理治疗干裂的皮肤。

原文

西四十五里，曰松果之山。濩（huò）水出焉，北流注于渭，其中多铜[①]。有鸟焉，其名曰螐（tōng）渠，其状如山鸡，黑身赤足，可以已䑋（báo）[②]。

注释

①铜：这里指可以提炼为精铜的天然铜矿石。以下同此。

②䑋：皮肤皱起。

译文

从钱来山往西四十五里，是座松果山。濩水从这座山发源，向北流入渭水，其中多产铜。山中有一种禽鸟，名称是螐渠，形状像一般的野鸡，黑色的身子和红色的爪子，可以用来治疗皮肤干皱。

原文

又西六十里，曰太华之山[①]，削成而四方，其高五千仞[②]，其广十里，鸟兽莫居。有蛇焉，名曰肥𧔥（yí），六足四翼，见则天下大旱。

注释

①太华之山：就是现在陕西省境内的西岳华山。

②仞：古时八尺为一仞。

译文

再往西六十里，是座太华山，山崖陡峭像刀削而呈现四方形，高五千仞，宽十里，禽鸟野兽无法栖身。山中有一种蛇，名称是肥𧔥，长着六只脚和四只翅膀，一出现就会天下大旱。

原文

又西八十里，曰小华之山，其木多荆杞，其兽多㸲(zuó)牛[①]，其阴多磬石[②]，其阳多㻬(yǔ)琈(fú)之玉[③]。鸟多赤鷩(bì)[④]，可以御火[⑤]。其草有萆(bì)荔[⑥]，状如乌韭，而生于石上，亦缘木而生，食之已心痛。

注释

①㸲牛：据古人讲，在小华山生长着许多山牛，体重都在一千斤左右，这就是㸲牛。

②磬石：是一种可以制造乐器的石头。古人用它制成的打击乐器叫做磬，一般是挂在架子上进行

演奏。

③瑻琈：古时传说中的一种玉。

④赤鷩：属于野鸡一类的禽鸟，胸部腹部都是红色，冠子是金黄色，头是黄的，尾巴是绿的，间杂着红色羽毛，色彩鲜明。

⑤御火：御在这里是屏除、辟开的意思。御火就是辟火，意思是火不能烧及人的身子。

⑥萆荔：古时传说中的一种香草。

译文

再往西八十里，是座小华山，山上的树木大多是牡荆树和枸杞树，山中的野兽大多是㸲牛，山北阴面盛产磬石，山南阳面盛产瑻琈玉。山中有许多赤鷩鸟，饲养它就可以辟火。山中还有一种叫做萆荔的草，形状像乌韭，但生长在石头上面，也攀缘树木而生长，人吃了它就能治愈心痛病。

原文

又西八十里，曰符禺之山，其阳多铜，其阴多铁[1]。其上有木焉，名曰文茎，其实如枣，可以已聋。其草多条，其状如葵[2]，而赤华黄实，如婴儿舌，食之使人不惑。符禺之水出焉，而北流注于渭。其兽多葱聋[3]，其状如羊而赤鬣(liè)。其鸟多鴖，其状如翠而赤喙[4]，可以御火。

注释

①铁：这里指能够提炼成铁的天然铁矿石。以下同此。

②葵：即冬葵，也叫冬寒菜，是古代重要蔬菜之一。

③葱聋：古人说是野山羊的一种。

④翠：指翠鸟，又叫翡翠鸟，大小近似于燕子，头大而身体小，嘴强硬而直，额部、枕部、背部的羽毛以苍翠、暗绿色为主，耳部的羽毛是棕黄色，颊部、喉部的羽毛是白色，翅膀上的羽毛主要是黑褐色，胸下的羽毛是栗棕色。喙：鸟的嘴。

译文

再往西八十里，是座符禺山，山南阳面盛产铜，山北阴面盛产铁。山上有一种树木，名称是文茎，结的果实像枣子，可以用来治疗耳聋。山中生长的草大多是条草，形状与葵菜相似，但开的是红色花朵而结的是黄色果实，果实的样子像婴儿的舌头，吃了它就可使人不迷惑。符禺水从这座山发源，然后向北流入渭水。山中的野兽大多是葱聋，形状像普通的羊却长有红色的鬣毛。山中的禽鸟大多是鴖鸟，形状像一般的翠鸟却是红色的嘴巴，饲养它可以辟火。

原文

又西六十里，曰石脆之山，其木多棕枏(nán)，其草多条[①]，其状如韭，而白华黑实，食之已疥。其阳多㻬琈之玉，其阴多铜。灌水出焉，而北流注于禺水。其中有流赭(zhě)[②]，以涂牛马无病。

注释

①条：这里讲的条草和上文所说的条草，名称虽相同，但形状不同，实际上是两种草。

②流赭：流即硫磺，是一种天然的矿物质，中医入药，有杀虫作用；赭即赭黄，是一种天然生成的褐铁矿，可做黄色颜料。

译文

再往西六十里，是座石脆山，山上的树大多是棕树和楠木树，而草大多是条草，形状与韭菜相似，但是开的是白色花朵而结的是黑色果实，人吃了这种果实就可以治愈疥疮。山南面盛产㻬琈玉，而山北面盛产铜。灌水从这座山发源，然后向北流入禺水。这条水里有硫磺和赭黄，将这种水涂洒在牛马的身上就能使牛马健壮不生病。

原文

又西七十里，曰英山，其上多杻(niǔ)橿[①](jiāng)，其阴多铁，其阳多赤金。禺水出焉，北流注于招(sháo)水，其中多鲑(bàng)鱼，其状如鳖，其音如羊。其阳多箭䉋(méi)[②]，其兽多㸲牛、羬(xián)羊。有鸟焉，其状如鹑[③](chún)，黄身而赤喙(huì)，其名曰肥遗[④]，食之已疠(lì)[⑤]，可以杀虫。

注释

①杻：杻树，长得近似于棣树，叶子细长，可以用来喂牛，木材能造车辋。橿：橿树，木质坚硬，古人常用来制作车子。

②箭䉋：一种节长、皮厚、根深的竹子，冬天可以从地下挖出它的笋来吃。

③鹑：即“鹌鹑”的简称，是一种鸟，体形像小鸡，头小尾短，羽毛赤褐色，有黄白色条纹。雄性的鹌鹑好斗。

④肥遗：这里讲的肥遗是一种鸟，而上文所说的肥𧔥是一种蛇，名称虽相同，实际上却是两种动物。

⑤疠：癞病，即麻风。

译文

再往西七十里，是座英山，山上到处是杻树和橿树，山北阴面盛产铁，而山南阳面盛产黄金。禺水从这座山发源，向北流入招水，水中有很多鲑鱼，形状像一般的鳖，发出的声音如同羊叫。山南面还生长有很多箭竹和䉋竹，野兽大多是㸲牛、羬羊。山中有一种禽鸟，形状像一般的鹌鹑鸟，是黄身子而红嘴巴，名称是肥遗，人吃了它的肉就能治愈麻风病，还能杀死体内的寄生虫。

原文

又西五十二里，曰竹山，其上多乔木，其阴多铁。有草焉，其名曰黄雚（guàn），其状如樗[①]，其叶如麻，白华而赤实，其状如赭[②]，浴之已疥，又可以已胕（fú）。竹水出焉，北流注于渭，其阳多竹箭，多苍玉。丹水出焉，东南流注于洛水，其中多水玉，多人鱼。有兽焉，其状如豚而白毛，毛大如笄（jī）而黑端[③]，名曰豪彘[④]。

注释

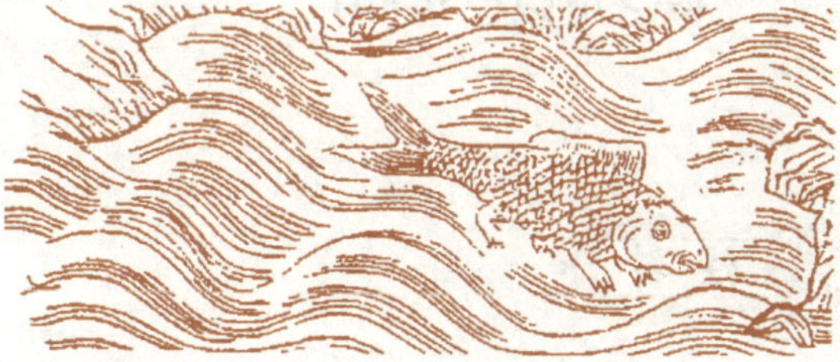

①樗：即臭椿树，长得很高大，树皮灰色而不裂，小枝粗壮，羽状复叶，夏季开白绿色花。

②赭：赭石，就是现在所说的赤铁矿，即古人使用的一种黄棕色的矿物染料。

③笄：即簪子，是古人用来插住挽起的头发或连住头发上的冠帽的一种长针。

④豪彘：即豪猪，俗称箭猪。

译文

再往西五十二里，是座竹山，山上到处是高大的树木，山北面盛产铁。山中有一种草，名称是黄雚，形状像樗树，但叶子像麻叶，开白色的花朵而结红色的果实，果实外表的颜色像赭色，用它洗浴既可治愈疥疮，又可以治疗浮肿病。竹水从这座山发源，向北流入渭水，竹水的北岸有很多的小竹丛，还有许多青色的玉石。丹水也发源于这座山，向东南流入洛水，水中多出产水晶石，又有很多人鱼。山中有一种野兽，形状像小猪却长着白色的毛，毛如簪子粗细而尖端呈黑色，名称是豪彘。

原文

又西百二十里，曰浮山，多盼木，枳叶而无伤①，木虫居之。有草焉，名曰薰草，麻叶而方茎，赤华而黑实，臭（xiù）如蘼（mí）芜②，佩之可以已疠（lì）。

注释

①枳：枳树，也叫做“枸橘”“臭橘”，叶子上有粗刺，复叶，小叶三片，有透明腺点。无伤：指没有能刺伤人的尖刺。

②臭：气味。蘼芜：一种香草，闻起来像兰花的气味。

译文

再往西一百二十里，是座浮山，到处是盼木，它长着枳树一样的叶子却没有刺，树木上的虫子寄生于此。山中有一种草，名称是熏草，叶子像麻叶却长着方方的茎干，开红色的花朵而结黑色的果实，气味像蘼芜，把它插在身上就可以治疗麻风病。

原文

又西七十里，曰羭(yú)次之山，漆水出焉，北流注于渭。其上多棫(yù)橿(jiāng)[①]，其下多竹箭，其阴多赤铜[②]，其阳多婴垣之玉[③]。有兽焉，其状如禺而长臂，善投，其名曰嚣(xiāo)[④]。有鸟焉，其状如枭，人面而一足，曰橐(tuó)𩇯(féi)，冬见夏蛰[⑤]，服之不畏雷。

注释

①棫：棫树，长得很小，枝条上有刺，结的果子像耳珰，红紫色，可以吃。

②赤铜：即黄铜。这里指未经提炼过的天然铜矿石。以下同此。

③婴垣：一种玉石，主要可用来制作挂在脖子上的装饰品。

④嚣：一种野兽，古人说它就是猕猴，形貌与人相似。

⑤蛰：动物冬眠时潜伏在土中或洞穴中不食不动的状态。

译文

再往西七十里，是座羭次山。漆水发源于此，向北流入渭水。山上有茂密的棫树和橿树，山下有茂密的小竹丛，山北阴面有丰富的黄铜，而山南阳面有丰富的婴垣玉。山中有一种野兽，形状像猿猴而双臂很长，擅长投掷，名称是嚣。山中还有一种禽鸟，形状像一般的猫头鹰，长着人一样的面孔而只有一只脚，叫做橐𩇯，常常是冬天出现而夏天蛰伏，把它的羽毛插在身上人就不怕打雷。

原文

又西百五十里，曰时山，无草木。逐水出焉，北流注于渭，其中多水玉。

译文

再往西一百五十里，是座时山，没有花草树木。逐水从这座山发源，向北流入渭水，水中有很多水晶石。

原文

又西百七十里，曰南山，上多丹粟。丹水出焉，北流注于渭。兽多猛豹[①]，鸟多尸鸠[②]。

注释

①猛豹：传说中的一种野兽，形体与熊相似而小些，浅色的毛皮有光泽，吃蛇，还能吃铜铁。

②尸鸠：即布谷鸟。

译文

再往西一百七十里，是座南山，到处是粟粒大小的丹砂。丹水从这座山发源，向北流入渭水。山中的野兽大多是猛豹，而禽鸟大多是布谷鸟。

原文

又西百八十里，曰大时之山，上多榖柞(zuò)①，下多杻(niǔ)橿(jiāng)，阴多银，阳多白玉。涔(cén)水出焉，北流注于渭。清水出焉，南流注于汉水。

注释

①柞：古人说就是栎树。它的木材可供建筑、器具、薪炭等用。

译文

再往西一百八十里，是座大时山，山上有很多构树和栎树，山下有很多杻树和橿树，山北面多出产银，而山南面有丰富的白色玉石。涔水从这座山发源，向北流入渭水。清水也从这座山发源，却向南流入汉水。

原文

又西三百二十里，曰嶓(bō)冢之山，汉水出焉，而东南流注于沔(miǎn)；嚣(xiāo)水出焉，北流注于汤水。其上多桃枝钩端[①]，兽多犀、兕、熊、罴(pí)[②]，鸟多白翰、赤鷩(bì)[③]。有草焉，其叶如蕙[④]，其本如桔梗[⑤]，黑华而不实，名曰蓇(gū)蓉，食之使人无子。

注释

①桃枝：一种竹子，它每隔四寸为一节。钩端：属于桃枝竹之类的竹子。

②罴：熊的一种。

③白翰：一种鸟，就是白雉，又叫白鹇，雄性白雉鸟的上体和两翼白色，尾长，中央尾羽纯白。这种鸟常栖高山竹林间。

④蕙：蕙草，是一种香草，属于兰草之类。

⑤桔梗：橘树的茎干。

译文

再往西三百二十里，是座嶓冢山，汉水发源于此，然后向东南流入沔水；嚣水也发源于此，向北流入汤水。山上到处是葱茏的桃枝竹和钩端竹，野兽以犀牛、兕、熊、罴最多，禽鸟却以白翰和赤鷩最多。山中有一种草，叶子长得像蕙草叶，茎干却像桔梗，开黑色花朵但不结果实，名称是蓇蓉，吃了它就会使人不生育。

原文

又西三百五十里，曰天帝之山，上多棕枏，下多菅蕙。有兽焉，其状如狗，名曰谿边，席其皮者不蛊（gǔ）①。有鸟焉，其状如鹑，黑文而赤翁②，名曰栎，食之已痔。有草焉，其状如葵，其臭如蘼芜，名曰杜衡③，可以走马，食之已瘿④。

注释

①席：这里作动词用，铺垫的意思。

②翁：鸟脖子上的毛。

③杜衡：一种香草。

④瘿：一种人体局部细胞增生的疾病，一般形成囊状性的赘生物，形状、大小不一，多肉质。这里指脖颈部所生肉瘤。

译文

再往西三百五十里，是座天帝山，山上是茂密的棕树和楠木树，山下主要生长茅草和蕙草。山中有一种野兽，形状像普通的狗，名称是谿边，人坐卧时铺垫上溪边兽的皮就不会中妖邪毒气。山中又有一种禽鸟，形状像一般的鹌鹑鸟，但长着黑色的花纹和红色的颈毛，名称是栎，人吃了它的肉可以治愈痔疮。山中还有一种草，形状像葵菜，散发出和蘼芜一样的气味，名称是杜衡，给马插戴上它就可以使马跑得很快，而人吃了它就可以治愈脖子上的赘瘤病。

原文

西南三百八十里，曰皋(gāo)涂之山，蔷(sè)水出焉，西流注于诸资之水；涂水出焉，南流注于集获之水。其阳多丹粟，其阴多银、黄金，其上多桂木。有白石焉，其名曰礜(yù)①，可以毒鼠。有草焉，其状如藁(gǎo)茇(bá)②，其叶如葵而赤背，名曰无条，可以毒鼠。有兽焉，其状如鹿而白尾，马脚人手而四角，名曰玃(jué)如。有鸟焉，其状如鸱而人足，名曰数斯，食之已瘿。

注释

①礜：即礜石，一种矿物，有毒。苍白二色的礜石可以入药。如果山上有各种礜石，草木不能生长，霜雪不能积存；如果水里有各种礜石，就会使水不结冰。

②藁茇：一种香草，根茎可以入药。

译文

往西南三百八十里，是座皋涂山，蔷水发源于此，向西流入诸资水；涂水也发源于此，向南流入集获水。山南面到处是粟粒大小的丹砂，山北阴面盛产银、黄金，山上到处是桂树。山中有一种白色的石头，名称是礜，可以用来毒死老鼠。山中又有一种草，形状像藁茇，叶子像葵菜的叶子而背面是红色的，名称是无条，可以用来毒死老鼠。山中还有一种野兽，形状像普通的鹿却长着白色的尾巴，马一样的脚蹄、人一样的手，而又有四只角，名称是玃如。山中还有一种禽鸟，形状像鸱鹰却长着人一样的脚，名称是数斯，吃了它的肉就能治愈人脖子上的赘瘤病。

原文

又西百八十里，曰黄山，无草木，多竹箭。盼水出焉，西流注于赤水，其中多玉。有兽焉，其状如牛，而苍黑大目，其名曰犨(mǐn)。有鸟焉，其状如鸮(xiāo)，青羽赤喙，人舌能言，名曰鹦䳇(wǔ)①。

注释

①鹦䳇：即鹦鹉，俗称鹦哥，羽毛色彩美丽，舌头肉质而柔软，经反复训练，能模仿人说话的声音。有许多种类。

译文

再往西一百八十里，是座黄山，没有花草树木，到处是郁郁葱葱的竹丛。盼水从这座山发源，向西流入赤水，水中有很多玉石。山中有一种野兽，形状像普通的牛，却长着苍黑色的皮毛大大的眼睛，名称是𤛎。山中又有一种禽鸟，形状像一般的猫头鹰，却长着青色的羽毛和红色的嘴，像人一样的舌头能学人说话，名称是鹦鹉。

原文

又西二百里，曰翠山，其上多棕枏，其下多竹箭，其阳多黄金、玉，其阴多旄（máo）牛、麢（líng）、麝（shè）①。其鸟多鸓（lěi），其状如鹊，赤黑而两首、四足，可以御火。

注释

①旄牛：即牦牛。麢：即羚羊，形状像羊而大一些，角圆锐，喜好在山崖间活动。麢，同“羚”。麝：一种动物，也叫香獐，前肢短，后肢长，蹄子小，耳朵大，体毛棕色，雌性和雄性都没有角。雄性麝的脐与生殖孔之间有麝腺，分泌的麝香可作药用和香料用。

译文

再往西二百里，是座翠山，山上是茂密的棕树和楠木树，山下到处是竹丛，山南面盛产黄金、玉，山北面有很多牦牛、羚羊、香獐。山中的禽鸟大多是鸓鸟，形状像一般的喜鹊，却长着红黑色羽毛和两个脑袋、四只脚，人养着它可以避免火灾。

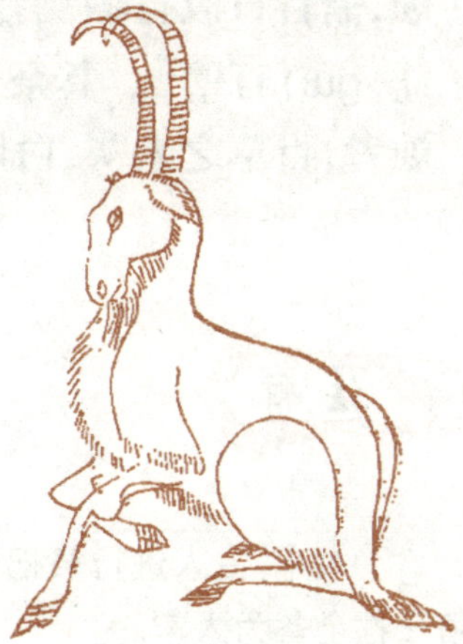

原文

又西二百五十里，曰騩(guī)山，是錞于西海，无草木，多玉。凄水出焉，西流注于海，其中多采石、黄金，多丹粟。

译文

再往西二百五十里，是座騩山，它坐落在西海边上，这里没有花草树木，却有很多玉石。凄水从这座山发源，向西流入大海，水中有许多采石、黄金，还有很多粟粒大小的丹砂。

原文

凡西经之首，自钱来之山至于骢山，凡十九山，二千九百五十七里。华山，冢也，其祠之礼：太牢①。羭（yú），山，神也，祠之用烛，斋百日以百牺②，瘗（yì）用百瑜（yú）③，汤其酒百樽④，婴以百珪（guī）百璧⑤。其余十七山之属，皆毛牷（quán），用一羊祠之⑥。烛者，百草之未灰，白席采等纯之。

注释

①太牢：古人进行祭祀活动时，祭品所用牛、羊、猪三牲全备为太牢。

②斋：古人在祭祀前或举行典礼前清洁身体以示庄敬。牺：古代祭祀时用的纯色的牲。牲是供祭祀用的整体的家畜。

③瑜：美玉。

④汤：通“烫”。

⑤婴：据学者研究，婴是用玉器祭祀神的专称。珪：同“圭”，一种玉器，长条形，上端作三角状，是古时朝聘、祭祀、丧葬所用的礼器之一。

⑥毛牷：指祀神所用毛物牲畜是整体全具的。

译文

总计西方第一列山系的首尾，自钱来山起到騩山止，一共十九座山，途经二千九百五十七里。华山神是诸山神的宗主，祭祀华山山神的典礼：用猪、牛、羊齐全的三牲作祭品。羭山神是神奇威灵的，祭祀羭山山神用烛火，斋戒一百天

后用一百只毛色纯正的牲畜，随一百块瑜埋入地下，再烫上一百樽美酒，祀神的玉器用一百块玉珪和一百块玉璧。祭祀其余十七座山山神的典礼相同，都是用一只完整的羊作祭品。所谓的烛，就是用百草制作的火把但未烧成灰的时候，而祀神的席是用各种颜色等差有序地将边缘装饰起来的白茅草席。

原文

西次二经之首，曰钤（qián）山，其上多铜，其下多玉，其木多杻橿。

译文

西方第二列山系的首座山，叫做钤山，山上盛产铜，山下盛产玉，山中的树大多是杻树和橿树。

原文

西二百里，曰泰冒之山，其阳多金，其阴多铁。洛水出焉，东流注于河[①]，其中多藻玉[②]，多白蛇。

注释

①河：古人单称“河”或“河水”而不贯以名者，则大多是专指黄河，这里即指黄河。但本书记述山川水流的方位走向都不甚确实，所述黄河也不例外，再加上黄河在古时屡次改道，所以和今天所看到的黄河不尽一致。现在译“河”或“河水”为“黄河”，只是为了使译文醒目而有别于其他河流。以下同此。

②藻玉：带有色彩纹理的美玉。

译文

向西二百里，是座泰冒山，山南面多出产金，山北面多出产铁。洛水从这座山发源，向东流入黄河，水中有很多藻玉，还有很多白色的水蛇。

原文

又西一百七十里，曰数历之山，其上多黄金，其下多银，其木多杻橿，其鸟多鹦䳇。楚水出焉，而南流注于渭，其中多白珠。

译文

再往西一百七十里，是座数历山，山上盛产黄金，山下盛产银，山中的树木大多是杻树和橿树，而禽鸟大多是鹦䳇。楚水从这座山发源，然后向南流入渭水，水中有很多白色的珍珠。

原文

又西百五十里，曰高山，其上多银，其下多青碧、雄黄[①]，其木多棕，其草多竹[②]。泾水出焉，而东流注于渭，其中多磬石、青碧。

注释

①青碧：青绿色的美玉。雄黄：也叫鸡冠石，是一种矿物，古人常用作解毒、杀虫的药物。

②竹：这里指低矮而丛生的小竹子，所以被当作草。

译文

再往西一百五十里，是座高山，山上有丰富的白银，山下到处是青碧、雄黄，山中的树木大多是棕树，而草大多是小竹丛。泾水从这座山发源，然后向东流入渭水，水中有很多磬石、青碧。

原文

西南三百里，曰女床之山，其阳多赤铜，其阴多石涅(niè)[①]，其兽多虎、豹、犀、兕。有鸟焉，其状如翟(dí)而五采文[②]，名曰鸾鸟[③]，见则天下安宁。

注释

①石涅：据古人讲，就是石墨，古时用作黑色染料，也可以画眉和写字。

②翟：一种有很长尾巴的野鸡，形体也比一般的野鸡要大些。

③鸾鸟：传说中的一种鸟，属于凤凰一类。

译文

往西南三百里，是座女床山，山南面多出产红铜，山北面多出产石涅，山中的野兽以老虎、豹子、犀牛和兕居多。山里还有一种禽鸟，形状像野鸡却长着色彩斑斓的羽毛，名称是鸾鸟，一出现天下就会安宁。

原文

又西二百里，曰龙首之山，其阳多黄金，其阴多铁。苕(tiáo)水出焉，东南流注于泾水，其中多美玉。

译文

再往西二百里，是座龙首山，山南面盛产黄金，山北面盛产铁。苕水从这座山发源，向东南流入泾水，水中有很多美玉。

原文

又西二百里，曰鹿台之山，其上多白玉，其下多银，其兽多㸲牛、羬(xián)羊、白豪[①]。有鸟焉，其状如雄鸡而人面，名曰凫(fú)徯(xī)，其鸣自该也，见则有兵[②]。

注释

①白豪：长着白毛的豪猪。

②兵：军事，战斗。

译文

再往西二百里，是座鹿台山，山上多出产白玉，山下多出产银，山中的野兽以㸲牛、羬羊、白豪居多。山中有一种禽鸟，形状像普通的雄鸡却长着人一样的脸面，名称是凫徯，它的叫声就是自身名称的读音，一出现则天下就会有战争。

原文

西南二百里，曰鸟危之山，其阳多磬石，其阴多檀(tán)楮(chǔ)[①]，其中多女床[②]。鸟危之水出焉，西流注于赤水，其中多丹粟。

注释

①檀：檀树，木材极香，可作器具。楮：即构树，长得很高大，皮可以制作桑皮纸。

②女床：据古人说是女肠草。

译文

往西南二百里，是座鸟危山，山南面多出产磬石，山北面到处是檀树和构树，山中生长着很多女肠草。鸟危水从这座山发源，向西流入赤水，水中有许多粟粒大小的丹砂。

原文

又西四百里，曰小次之山，其上多白玉，其下多赤铜。有兽焉，其状如猿，而白首赤足，名曰朱厌，见则大兵。

译文

再往西四百里，是座小次山，山上盛产白玉，山下盛产红铜。山中有一种野兽，形状像普通的猿猴，但头是白色的、脚是红色的，名称是朱厌，它一出现就会大起战事。

原文

又西三百里，曰大次之山，其阳多垩(è)[1]，其阴多碧，其兽多牦牛、麢(líng)羊。

注释

①垩：能用作涂饰粉刷墙壁的泥土，有白、红、青、黄等多种颜色。

译文

再往西三百里，是座大次山，山南面多出产垩土，山北面多出产碧玉，山中的野兽以牦牛、羚羊居多。

原文

又西四百里，曰薰吴之山，无草木，多金玉。

译文

再往西四百里，是座薰吴山，山上没有花草树木，而有丰富的金属矿物和玉石。

原文

又西四百里，曰底阳之山，其木多稷(jì)、楠、豫章①，其兽多犀、兕、虎、犳(zhuó)、㸲牛②。

注释

①稷：即水松，有刺，木头纹理很细。豫章：古人说就是樟树，也叫香樟，常绿乔木，有樟脑香气。古代还有一种说法，认为二树在幼小时不可辨知而被人看作一种树木，其实，豫就是枕木，章就是樟木，生长到七年以后，枕、樟才能分别。

②犳：据古人讲是一种身上有豹子斑纹的野兽。

译文

再往西四百里，是座底阳山，山中的树木大多是水松树、楠木树、樟树，而野兽大多是犀牛、兕、老虎、犳、㸲牛。

原文

又西二百五十里，曰众兽之山，其上多㻬琈之玉，其下多檀楮，多黄金，其兽多犀、兕。

译文

再往西二百五十里，是座众兽山，山上遍布㻬琈玉，山下到处是檀树和构树，有丰富的黄金，山中的野兽以犀牛、兕居多。

原文

又西五百里，曰皇人之山，其上多金玉，其下多青、雄黄①。皇水出焉，西流注于赤水，其中多丹粟。

注释

①青：这里指石青，是一种矿物，可以制作蓝色染料。

译文

再往西五百里，是座皇人山，山上有丰富的金属矿物和玉石，山下有丰富的石青、雄黄。皇水从这座山发源，向西流入赤水，水中有很多粟粒大小的丹砂。

原文

又西三百里，曰中皇之山，其上多黄金，其下多蕙、棠(táng)①。

注释

①棠：这里指棠梨树，结的果实似梨而小点，可以吃，味道甜酸。

译文

再往西三百里，是座中皇山，山上多出产黄金，山下长满了蕙草、棠梨树。

原文

又西三百五十里，曰西皇之山，其阳多金，其阴多铁，其兽多麋(mí)、鹿、牸牛①。

注释

①麋：即麋鹿，毛色淡褐，背部较浓，腹部较浅，而雄性有角。因它的角像鹿角又不像，头像马头又不像，身子像驴身又不像，蹄子像牛蹄又不像，所以古人又称作“四不像”。

译文

再往西三百五十里，是座西皇山，山南面多出产金，山北面多出产铁，山中的野兽以麋、鹿、㸲牛居多。

原文

又西三百五十里，曰莱山，其木多檀楮，其鸟多罗罗，是食人。

译文

再往西三百五十里，是座莱山，山中的树木大多是檀树和构树，而禽鸟大多是罗罗鸟，是能吃人的。

原文

凡西次二经之首，自钤(qián)山至于莱山，凡十七山，四千一百四十里。其十神者，皆人面而马身。其七神皆人面牛身，四足而一臂，操杖以行，是为飞兽之神。其祠之，毛用少(shào)牢①，白菅为席，其十辈神者，其祠之，毛一雄鸡，钤而不糈(xǔ)。

注释

①毛：指毛物，就是祭神所用的猪、鸡、狗、羊、牛等畜禽。少牢：古代称祭祀用的猪和羊。

译文

总计西方第二列山系之首尾，自铃山起到莱山止，一共十七座山，途经四千一百四十里。其中十座山的山神，都是人的面孔而马的身子。还有七座山的山神都是人的面孔而牛的身子，四只脚和一条臂，扶着拐杖行走，这就是所谓的飞兽之神。祭祀这七位山神，在毛物中用猪、羊作祭品，将其放在白茅草席上。另外那十位山神，祭祀的典礼是用一只杂色公鸡，祭祀神时不用精米作祭品。

原文

西次三经之首，曰崇吾之山，在河之南，北望冢遂，南望䍃之泽，西望帝之搏兽之山，东望𡿺(yān)渊。有木焉，员叶而白柎[①]，赤华而黑理，其实如枳，食之宜子孙。有兽焉，其状如禺而文臂，豹虎而善投，名曰举父。有鸟焉，其状如凫，而一翼一目，相得乃飞，名曰蛮蛮，见则天下大水。

注释

①员：通"圆"。柎：花萼。是由若干萼片组成，处在花的外轮，起保护花芽的作用。

译文

西方第三列山系的首座山，叫做崇吾山，它雄居于黄河的南岸，在山上向北可以望见冢遂山，向南可以望见䍃泽，向西可以望见天帝的搏兽山，向东可以望见螞渊。山中有一种树木，圆圆的叶子白色的花萼，红色的花朵上有黑色的纹理，结的果实与枳实相似，吃了它就能使人多子多孙。山中又有一种野兽，形状像猿猴而臂上却有斑纹，有豹子一样的尾巴而擅长投掷，名称是举父。山中还有一种禽鸟，形状像一般的野鸭子，却只长了一只翅膀和一只眼睛，要两只鸟合起来才能飞翔，名称是蛮蛮，一出现而天下就会发生水灾。

原文

西北三百里，曰长沙之山。泚(cǐ)水出焉，北流注于泑(yōu)水，无草木，多青、雄黄。

译文

往西北三百里，是座长沙山。泚水从这里发源，向北流入泑水，山上没有花草树木，多的是石青、雄黄。

原文

又西北三百七十里，曰不周之山①。北望诸毗（pí）之山，临彼岳崇之山，东望泑（yōu）泽，河水所潜也，其原浑浑（gǔn）泡泡（páo）②。爰（yuán）有嘉果，其实如桃，其叶如枣，黄华而赤柎（fū），食之不劳。

注释

①不周之山：即不周山。据古人讲，因为这座山的形状有缺而不周全的地方，所以叫不周山。山的西北部不周全，风从这里刮出，称为不周风。传说山形有缺而不周全的原因，是共工与颛顼争帝位时发怒触撞造成的。

②原："源"的本字。水源。浑浑泡泡：形容水喷涌的声音。

译文

再往北三百七十里，是座不周山。在山上向北可以望见诸毗山，高高的居于岳崇山之上，向东可以望见泑泽，是黄河源头所潜在的地方，那源头之水喷涌而发出浑浑泡泡的响声。这里有一种特别珍贵的果树，结出的果实与桃子很相似，叶子却很像枣树叶，开着黄色的花朵而花萼却是红红的，吃了它就能使人解除烦恼忧愁。

原 文

又西北四百二十里，曰峚（mì）山，其上多丹木，员叶而赤茎，黄华而赤实，其味如饴，食之不饥。丹水出焉，西流注于稷泽，其中多白玉。是有玉膏，其原沸沸（fèi）汤汤（shāng）①，黄帝是食是飨（xiǎng）②。是生玄玉。玉膏所出，以灌丹木，丹木五岁，五色乃清，五味乃馨③。黄帝乃取峚山之玉荣④，而投之钟山之阳。瑾（jìn）瑜之玉为良⑤，坚栗精密⑥，浊泽有而光。五色发作，以和柔刚。天地鬼神，是食是飨；君子服之，以御不祥。自峚山至于钟山，四百六十里，其间尽泽也。是多奇鸟、怪兽、奇鱼，皆异物焉。

注 释

①沸沸汤汤：水腾涌的样子。

②飨：通“享”。享受。

③馨：芳香。

④玉荣：玉华。

⑤瑾：美玉。

⑥栗：坚。

译 文

再往西北四百二十里，是座峚山，山上到处是丹木，红红的茎干上长着圆圆的叶子，开黄色的花朵而结红色的果实，味道是甜的，人吃了它就不感觉饥饿。丹水从这座山发源，向西流入稷泽，水中有很多白色玉石。这里有玉膏，玉膏之源涌出时一片沸沸腾腾的景象，黄帝常常服食享用这种玉膏。这里还出产一种黑色玉石。用这涌出的玉膏，去浇灌丹木，丹木再经过五年的生长，便会开出光艳美丽的五色花朵，结下味道香甜的五色果实。黄帝于是就采撷峚山中玉石的精华，而投种在钟山向阳的南面。后来便生出瑾和瑜这类美玉，坚硬而精密，润厚而有光泽。五种颜色的符彩一同散发出来相互辉映，那就有刚有柔而非常和美。无论是天神还是地鬼，都来服食享用；君子佩带它，能抵御妖邪不祥之气的侵袭。从峚山到钟山，长四百六十里，其间全部是水泽。在这里生长着许许多多奇怪的禽鸟、怪异的野兽、神奇的鱼类，都是些罕见的怪物。

原文

又西北四百二十里，曰钟山。其子曰鼓，其状如人面而龙身，是与钦䲹(pī)杀葆江于昆仑之阳，帝乃戮之钟山之东曰瑶崖。钦䲹化为大鹗(è)[①]，其状如雕而黑文白首，赤喙而虎爪，其音如晨鹄(hú)[②]，见则有大兵；鼓亦化为鵔(jǔn)鸟，其状如鸱(chī)，赤足而直喙，黄文而白首，其音如鹄[③]，见则其邑大旱[④]。

注释

①鹗：也叫鱼鹰，头顶和颈后羽毛白色，有暗褐色纵纹，头后羽毛延长成矛状。趾具锐爪，趾底遍生细齿，外趾能前后转动，适于捕鱼。

②晨鹄：鹗鹰之类的鸟。

③鹄：也叫鸿鹄，即天鹅，脖颈很长，羽毛白色，鸣叫的声音洪亮。

④邑：这里泛指有人聚居的地方。

译文

再往西北四百二十里，是座钟山。钟山山神的儿子叫做鼓，鼓的形貌是人的脸面而龙的身子，他曾和钦䲹神联手在昆仑山南面杀死天神葆江，天帝因此将鼓与钦䲹诛杀在钟山东面一个叫𡶴崖的地方。钦䲹化为一只大鹗，形状像普通的雕鹰却长有黑色的斑纹和白色的脑袋，红色的嘴巴和老虎一样的爪子，发出的声音如同晨鹄鸣叫，一出现就有大的战争；鼓也化为鵔鸟，形状像一般的鹞鹰，但长着红色的脚和直直的嘴，身上是黄色的斑纹而头却是白色的，发出的声音与鸿鹄的鸣叫很相似，在哪个地方出现那里就会有旱灾。

原文

又西百八十里，曰泰器之山。观水出焉，西流注于流沙。是多文鳐（yáo）鱼，状如鲤鱼，鱼身而鸟翼，苍文而白首赤喙，常行西海，游于东海，以夜飞。其音如鸾鸡[①]，其味酸甘，食之已狂，见则天下大穰（ráng）[②]。

注释

①鸾鸡：传说中的一种鸟。
②穰：庄稼丰熟。

译文

再往西一百八十里，是座泰器山，观水从这里发源，向西流入流沙。这观水中有很多文鳐鱼，形状像普通的鲤鱼，长着鱼一样的身子和鸟一样的翅膀，浑身是苍色的斑纹却是白脑袋和红嘴巴，常常在西海行走，在东海畅游，在夜间飞行。它发出的声音如同鸾鸡鸟的鸣叫，而肉味是酸中带甜，人吃了它的肉就可治好癫狂病，它一出现天下就会五谷丰登。

原文

又西三百二十里，曰槐江之山。丘时之水出焉，而北流注于泑(yōu)水。其中多蠃(luó)母，其上多青、雄黄，多藏琅(láng)玕(gān)、黄金、玉①，其阳多丹粟，其阴多采黄金银。实惟帝之平圃，神英招(sháo)司之，其状马身而人面，虎文而鸟翼，徇于四海，其音如榴②。南望昆仑，其光熊熊，其气魂魂。西望大泽③，后稷所潜也④。其中多玉，其阴多榣木之有若⑤。北望诸毗(pí)，槐鬼离仑居之，鹰鹯(zhān)之所宅也⑥。东望恒山四成，有穷鬼居之，各在一抟(tuán)⑦。爰有瑶水⑧，其清洛洛⑨。有天神焉，其状如牛，而八足二首马尾，其音如勃皇，见则其邑有兵。

注释

①琅玕：像玉一样的石头。

②榴：同“抽”。引出，提取。

③大泽：后稷所葬的地方。传说后稷出生以后，就很灵慧而且先知，到他死时，便化形而遁于大泽成为神。

④后稷：周人的先祖。相传他在虞舜时任农官，善于种庄稼。

⑤榣木：特别高大的树木。若：即若木，神话传说中的树，具有奇异而神灵的特性。

⑥鹯：鹞鹰一类的鸟。

⑦抟：臂膀。

⑧瑶水：洪水。这里指水从山上流下时广阔而四溢的样子。

⑨洛洛：形容水流声。

译文

再往西三百二十里，是座槐江山。丘时水从这座山发源，然后向北流入泑水。水中有很多蠃螺，山上蕴藏着丰富的石青、雄黄，还有很多的琅玕、黄金、玉石，山南面到处是粟粒大小的丹砂，而山北阴面多产带符彩的黄金白银。这槐江山确实可以说是天帝悬在半空的园圃，由天神英招主管着，而天神英招的形状是马的身子人的面孔，身上长有老虎的斑纹和禽鸟的翅膀，巡行四海而传布天帝的旨命，发出的声音如同用辘轳抽水。在山上向南可以望见昆仑山，那里火光熊熊，气势恢弘。向西可以望见大泽，那里是后稷死后埋葬之地。大泽中有很多玉石，大泽的南面有许多榣木，而在它上面又有若木。向北可以望见诸阰山，是叫做槐鬼离仑的神仙所居住的地方，也是鹰鹯等飞禽的栖息地。向东可以望见那四重高的桓山，有穷鬼居住在那里，各自分类聚集在一起。这里有大水下泻，清清冷冷而汩汩流淌。有个天神住在山中，他的形状像普通的牛，却长着八只脚、两个脑袋，并拖着一条马的尾巴，啼叫声如同人在吹奏乐器时薄膜发出的声音，在哪个地方出现，那里就会有战争。

原文

西南四百里，曰昆仑之丘[①]，是实惟帝之下都，神陆吾司之。其神状虎身而九尾，人面而虎爪，是神也，司天之九部及帝之囿(yòu)时[②]。有兽焉，其状如羊而四角，名曰土蝼，是食人。有鸟焉，其状如蜂，大如鸳鸯，名曰钦原，蠚(ruó)鸟兽则死[③]，蠚木则枯。有鸟焉，其名曰鹑鸟[④]，是司帝之百服。有木焉，其状如棠，黄华赤实，其味如李而无核，名曰沙棠，可以御水，食之使人不溺。有草焉，名曰蘋(pín)草，其状如葵，其味如葱，食之已劳。河水出焉，而南流东注于无达。赤水出焉，而东南流注于氾(fàn)天之水。洋水出焉，而西南流注于丑涂之水。黑水出焉，而西流于大杅(yú)。是多怪鸟兽。

注释

①昆仑之丘：即昆仑山，神话传说中天帝居住的地方。

②九部：据古人解释是九域的部界。囿：古代帝王畜养禽兽的园林。

③蠚：毒虫类咬刺。

④鹑鸟：传说中的凤凰之类的鸟，和上文所说的鹑鸟即鹌鹑不同。

译文

往西南四百里，是座昆仑山，这里确实是天帝在下界的都邑，天神陆吾主管它。这位天神的形貌是老虎的身子，却有九条尾巴，一副人的面孔可长着老虎

的爪子;这个神,主管天上的九部和天帝苑圃的时节。山中有一种野兽,形体像普通的羊却长着四只角,名称是土蝼,是能吃人的。山中有一种禽鸟,形状像一般的蜜蜂,大小与鸳鸯差不多,名称是钦原,这种钦原鸟刺螫其他鸟兽就会使它们死去,刺螫树木就会使树木枯死。山中还有另一种禽鸟,名称是鹑鸟,它主管天帝日常生活中各种器用服饰。山中又有一种树木,形状像普通的棠梨树,却开着黄色的花朵并结出红色的果实,味道像李子却没有核,名称是沙棠,可以用来防范水患,人吃了它就能漂浮不沉。山中还有一种草,名称是蒉草,形状很像葵菜,但味道与葱相似,吃了它就能使人解除烦恼忧愁。黄河水从这座山发源,然后向南流而东转注入无达山。赤水也发源于这座山,然后向东南流入氾天水。洋水也发源于这座山,然后向西南流入丑涂水。黑水也发源于这座山,然后向西流到大杅山。这座山中有许多奇怪的鸟兽。

原文

又西三百七十里,曰乐游之山。桃水出焉,西流注于稷泽,是多白玉,其中多鲭(huá)鱼,其状如蛇而四足,是食鱼。

译文

再往西三百七十里,是座乐游山。桃水从这座山发源,向西流入稷泽,这里到处有白色的玉石,水中还有很多鲭鱼,形状像普通的蛇却长着四只脚,这种鱼以鱼类为食。

原文

西水行四百里，流沙二百里至于嬴母之山，神长乘司之，是天之九德也。其神状如人而犳(guō)尾[①]。其上多玉，其下多青石而无水。

注释

①犳：一种类似于豹子的野兽。

译文

往西行四百里水路，再走二百里流沙，便到嬴母山，天神长乘主管这里，他是天的九德之气所生。这个天神的形貌像人却长着犳的尾巴。山上到处是玉石，山下到处是青石而没有水。

原文

又西三百五十里，曰玉山[①]，是西王母所居也。西王母其状如人，豹尾虎齿而善啸[②]，蓬发戴胜[③]，是司天之厉及五残。有兽焉，其状如犬而豹文，其角如牛，其名曰狡，其音如吠犬，见则其国大穰。有鸟焉，其状如翟而赤，名曰胜(shèng)遇，是食鱼，其音如录，见则其国大水。

注释

①玉山：据古人讲，这座山遍布着玉石，所以叫做玉山。

②啸：兽类长声吼叫。

③胜：指玉胜，古时用玉制做的一种首饰。

译文

再往西三百五十里，是座玉山，这是西王母居住的地方。西王母的形貌与人一样，却长着豹子一样的尾巴和老虎一样的牙齿，而且喜好啸叫，蓬松的头发上戴着玉胜，是主管上天灾厉和五刑残杀之气的。山中有一种野兽，形状像普通的狗却长着豹子的斑纹，头上的角与牛角相似，名称是狡，发出的声音如同狗叫，在哪个国家出现就会使那个国家五谷丰登。山中还有一种禽鸟，形状像野鸡却通身是红色，名称是胜遇，是吃鱼类的，发出的声音如同鹿在鸣叫，在哪个国家出现就会使那个国家发生水灾。

原文

又西四百八十里，曰轩辕之丘①，无草木。洵水出焉，南流注于黑水，其中多丹粟，多青、雄黄。

注释

①轩辕之丘:即轩辕丘,传说上古帝王黄帝居住在这里,娶西陵氏女为妻,因此也号称轩辕氏。

译文

再往西四百八十里,是座轩辕丘,这里没有花草树木。洵水从轩辕丘发源,向南流入黑水,水中有很多粟粒大小的丹砂,还有很多石青、雄黄。

原文

又西三百里,曰积石之山,其下有石门,河水冒以西南流。是山也,万物无不有焉。

译文

再往西三百里,是座积石山,山下有一个石门,黄河水漫过石门向西南流去。这座积石山,是万物俱全的。

原文

又西二百里,曰长留之山,其神白帝少昊(hào)居之①。其兽皆文尾,其鸟皆文首。是多文玉石。实惟员神磈(kuǐ)氏之宫②。是神也③,主司反景(yǐng)④。

注释

①白帝少昊：即少昊金天氏，传说中上古帝王帝挚的称号。

②磈氏：即白帝少昊。

③神：指少昊。

④景：通“影”。

译文

再往西二百里，是座长留山，天神白帝少昊居住在这里。山中的野兽都是花尾巴，而禽鸟都是花脑袋。山上盛产彩色花纹的玉石。它实是员神磈氏的宫殿。这个神，主要掌管太阳落下西山时光线射向东方。

原文

又西二百八十里，曰章莪（é）之山，无草木，多瑶、碧。所为甚怪。有兽焉，其状如赤豹，五尾一角，其音如击石，其名曰狰（zhēng）。有鸟焉，其状如鹤，一足，赤文青质而白喙，名曰毕方①，其鸣自叫也，见则其邑有讹（é）火②。

注释

①毕方：传说是树木的精灵，形貌与鸟相似，青色羽毛，只长着一只脚，不吃五谷。又传说是老父神，形状像鸟，两只脚，一只翅膀，常常衔着火到人家里去制造火灾。

②讹火：怪火，像野火那样莫名其妙地烧起来。

译文

再往西二百八十里，是座章莪山，山上没有花草树木，到处是瑶、碧一类的美玉。山里常常出现十分怪异的物象。山中有一种野兽，形状像赤豹，长着五条尾巴和一只角，发出的声音如同敲击石头的响声，名称是狰。山中还有一种禽鸟，形状像一般的鹤，但只有一只脚，红色的斑纹和青色的身子而有一张白嘴巴，名称是毕方，它鸣叫的声音就是自身名称的读音，在哪个地方出现那里就会发生怪火。

原文

又西三百里，曰阴山。浊浴之水出焉，而南流注于蕃泽，其中多文贝。有兽焉，其状如狸而白首，名曰天狗，其音如猫猫，可以御凶。

译文

再往西三百里，是座阴山。浊浴水从这座山发源，然后向南流入蕃泽，水中有很多五彩斑斓的贝壳。山中有一种野兽，形状像野猫却是白脑袋，名称是天狗，它发出的叫声与“猫猫”的读音相似，人饲养它可以辟凶邪之气。

原文

又西二百里，曰符惕(tì)之山，其上多棕枏，下多金玉。神江疑居之。是山也，多怪雨，风云之所出也。

译文

再往西二百里，是座符惕山，山上到处是棕树和楠木树，山下有丰富的金属矿物和玉石。一个叫江疑的神居住于此。这座符惕山，常常落下怪异之雨，风和云也从这里兴起。

原文

又西二百二十里，曰三危之山，三青鸟居之[1]。是山也，广员百里。其上有兽焉，其状如牛，白身四角，其豪如披蓑(suō)[2]，其名曰傲(ào)㧖(yē)，是食人。有鸟焉，一首而三身，其状如鸈(luò)[3]，其名曰鸱(chī)。

注释

①三青鸟：神话传说中的鸟，专为西王母取送食物。

②豪：豪猪身上的刺。这里指长而刚硬的毛。蓑：遮雨用的草衣。

③鸱：与雕鹰相似的鸟，黑色斑纹，红色脖颈。

译文

再往西二百二十里，是座三危山，三青鸟栖息在这里。这座三危山，方圆百里。山上有一种野兽，形状像普通的牛，却长着白色的身子和四只角，身上的硬毛又长又密，好像披着蓑衣，名称是獓㹳，是能吃人的。山中还有一种禽鸟，长着一个脑袋却有三个身子，形状与鸱鸟很相似，名称是鸱。

原文

又西一百九十里，曰騩山，其上多玉而无石。神耆童居之①，其音常如钟磬②。其下多积蛇。

注释

①耆童：即老童，传说是上古帝王颛顼的儿子。

②磬：古代一种乐器，用美石或玉石雕制而成。悬挂于架上，用硬物敲击它而发出音响，悦耳动听。

译文

再往西一百九十里，是座騩山，山上遍布美玉而没有石头。天神耆童居住在这里，他发出的声音常常像是敲钟击磬的响声。山下到处是一堆一堆的蛇。

原文

又西三百五十里，曰天山，多金玉，有青、雄黄。英水出焉，而西南流注于汤谷。有神焉，其状如黄囊①，赤如丹火，六足四翼，浑敦无面目②，是识歌舞，实为帝江（hóng）也③。

注释

①囊：袋子，口袋。

②浑敦：没有具体的形状。

③帝江：即帝鸿氏，据神话传说也就是黄帝。

译文

再往西三百五十里，是座天山，山上有丰富的金属矿物和玉石，也出产石青、雄黄。英水从这座山发源，然后向西南流入汤谷。山里住着一个神，形貌像黄色口袋，发出的精光红如火，长着六只脚和四只翅膀，混混沌沌没有面目，他却知道唱歌跳舞，原来是帝江。

原文

又西二百九十里，曰泑(yōu)山，神蓐(rù)收居之①。其上多婴脰之玉②，其阳多瑾瑜之玉，其阴多青、雄黄。是山也，西望日之所入，其气员，神红光之所司也③。

注释

①蓐收：据古人解说就是金神，长着人面，虎爪子，白色毛皮，他管理太阳的降落。

②婴脰之玉：就是上文羭次山一节中所记述的婴垣之玉。而婴脰之玉，就是可制作脖颈饰品的玉石。婴，环绕。脰，颈项。

③红光：就是蓐收。

译文

再往西二百九十里，是座泑山，天神蓐收居住在这里。山上盛产一种可用作颈饰的玉石，山南面到处是瑾、瑜一类美玉，而山北面到处是石青、雄黄。站在这座山上，向西可以望见太阳落山的情景，那种气象浑圆壮阔，由天神红光所主管。

原文

西水行百里，至于翼望之山，无草木，多金玉。有兽焉，其状如狸，一目而三尾，名曰讙(huān)，其音如夺百声[①]，是可以御凶，服之已瘅(dàn)[②]。有鸟焉，其状如乌，三首六尾而善笑，名曰䳜(qí)鵌(tú)，服之使人不厌(yàn)[③]，又可以御凶。

注释

①夺：竞取，争取。这里是超出，压倒的意思。

②瘅：通"疸"，即黄疸病。中医将此病症分为谷疸、酒疸、黑疸、女劳疸、黄汗五种，认为是由湿热造成的。

③厌：通"魇"，梦中遇可怕的事而呻吟、惊叫。

译文

往西行一百里水路，便到了翼望山，山上没有花草树木，到处是金属矿物和玉石。山中有一种野兽，形状像一般的野猫，只长着一只眼睛却有三条尾巴，名称是讙，发出的声音好像能赛过一百种动物的鸣叫，饲养它可以辟凶邪之气，人吃了它的肉就能治好黄疸病。山中还有一种禽鸟，形状像普通的乌鸦，却长着三个脑袋、六条尾巴并且喜欢嬉笑，名称是䳜鵌，吃了它的肉就能使人不做噩梦，还可以辟凶邪之气。

原文

凡西次三经之首，崇吾之山至于翼望之山，凡二十三山，六千七百四十四里。其神状皆羊身人面。其祠之礼：用一吉玉瘗(yì)①，糈用稷米②。

注释

①吉玉：带有符彩的玉。瘗：埋葬。

②稷：即古代主要食用作物之一的粟，俗称谷子。

译文

总计西方第三列山系，从崇吾山起到翼望山止，一共二十三座山，途经六千七百四十四里。诸山山神的形貌都是羊的身子人的面孔。祭祀山神的典礼，是把祀神的一块吉玉埋入地下，祀神的米用稷米。

原文

西次四经之首，曰阴山，上多榖，无石，其草多茆(mǎo)、蕃①。阴水出焉，西流注于洛。

注释

①茆：即莼菜，又叫凫葵，多年生水生草本，叶椭圆形，浮生在水面，夏季开花。嫩叶可供食用。蕃：即薠草，像莎草而大一些，生长在江湖水边，大雁吃它。

译文

西方第四列山系的首座山，叫做阴山，山上生长着茂密的构树，但没有石头，这里的草以莼菜、蕃草居多。阴水从这座山发源，向西流入洛水。

原文

北五十里，曰劳山，多茈(zǐ)草[1]。弱水出焉，而西流注于洛。

注释

①茈草：即紫草，可以染紫色。

译文

往北五十里，是座劳山，这里有茂盛的紫草。弱水从这座山发源，然后向西流入洛水。

原文

西五十里，曰罢父之山，洱(ěr)水出焉，而西流注于洛，其中多茈、碧[1]。

注释

①茈：紫色。这里指紫色的美石。碧：青绿色。这里指青绿色的玉石。

译文

往西五十里，是座罢父山，洱水从这里发源，然后向西流入洛水，水中多出产紫色美石、碧色玉石。

原文

北百七十里，曰申山，其上多榖、柞，其下多杻、橿，其阳多金玉。区水出焉，而东流注于河。

译文

往北一百七十里，是座申山，山上是茂密的构树和柞树，山下是茂密的杻树和橿树，山南面还有丰富的金属矿物和玉石。区水从这座山发源，然后向东流入黄河。

原文

北二百里，曰鸟山，其上多桑，其下多楮，其阴多铁，其阳多玉。辱水出焉，而东流注于河。

译文

往北二百里，是座鸟山，山上到处是桑树，山下到处是构树，山北面盛产铁，而山南面盛产玉石。辱水从这座山发源，然后向东流入黄河。

原文

又北百二十里，曰上申之山，上无草木，而多硌（luò）石①，下多榛（zhēn）、楛（hù）②，兽多白鹿。其鸟多当（dāng）扈（hù），其状如雉（zhì），以其髯（rán）飞③，食之不眴（xuàn）目④。汤（tāng）水出焉，东流注于河。

注释

①硌石：大石。
②楛：木名，荆属。茎坚韧，可制箭杆。
③髯：脸颊上的胡子。泛指胡须。
④眴目：眨眼。

译文

再向北一百二十里的地方，叫做上申山。山上光秃秃的，没有生长树木花草，有很多的大石头，山下生长着茂密的榛树和楛树。榛树的幼枝有软毛及腺毛，叶圆形，顶端较平整，雌雄同株，种子可食用或榨油。这座山中有很多兽，其中最多的是白鹿；山中生长着很多鸟，其中最多的是当扈，形体同野鸡相似，用它颈下的毛当翅膀而飞，人们如果吃了它的肉，可以不眨眼睛。汤水发源于这座山，向东流去，注入河水。

原文

又北百八十里，曰诸次之山。诸次之水出焉，而东流注于河。是山也，多木无草，鸟兽莫居，是多众蛇。

译文

再向北一百八十里的地方，叫做诸次山。诸次水发源于这座山，向东流去，注入河水。这座山上，生长着茂密的树林，却不长花草，因此鸟和兽都不居住在这里，但有许多蛇生长在山中。

原文

又北百八十里，曰号(háo)山，其木多漆、棕(zōng)，其草多药、虈(xiāo)、芎(xiōng)䓖。多汵(gàn)石。端(duān)水出焉，而东流注于河。

译文

再向北一百八十里的地方，叫做号山。山中生长着很多品种的树木，其中以漆树和棕树为最多，山中生长的花草中，白芷、虈和芎䓖草为最多，山中产生大量汵石。端水发源于这座山，向东流去，注入黄河。

原文

又北二百二十里，曰盂(yú)山，其阴多铁，其阳多铜，其兽多白狼、白虎，其鸟多白雉(zhì)、白翟。生水出焉，而东流注于河。

译文

再向北二百二十里的地方，叫做盂山。山背阴的北面，蕴藏着丰富的铁矿，山向阳的南面，蕴藏着丰富的铜矿。山中生长的野兽中，最多的是白狼和白虎，山中生长的飞鸟中，最多的是白色野鸡和白翟鸟。生水发源于这座山，向东流去，注入黄河。

原文

西二百五十里，曰白於（yú）之山，上多松、柏（bǎi），下多栎（lì）、檀（tán），其兽多㸲（zuó）牛、羬（qián）羊，其鸟多鸮（xiāo）。洛水出于其阳，而东流注于渭；夹水出于其阴，东流注于生水。

译文

再向西二百五十里的地方，叫做白於山。山上生长着茂密的松树和柏树，山下生长着茂密的栎树和檀树。山下生活的众多野兽中，以㸲牛、羬羊最多；山上生活的鸟中，以鸮鸟最多。此外洛水发源于山的南麓，向东流去，注入渭水；夹水发源于山的北麓，向东流去，注入生水。

原文

西北三百里，曰申首之山，无草木，冬夏有雪。申水出于其上，潜于其下，是多白玉。

译文

再向西北三百里的地方，叫做申首山，山上光秃，没有生长树木花草，不论冬季，还是夏季，总是大雪纷飞。申水从山上喷涌而下，然后流到山下，水中蕴藏着许多精美的白色玉石。

原文

又西五十五里，曰泾谷之山。泾水出焉，东南流注于渭，是多白金、白玉。

译文

再向西五十五里的地方，叫做泾谷山。泾水发源于这座山，向东南流去，注入渭水，这里蕴藏着丰富的白金和白玉。

原文

又西百二十里，曰刚山，多柒（qī）木，多㻬（tū）琈（fú）之玉。刚水出焉，北流注于渭。是多神䰠（chì），其状人面兽身，一足一手，其音如钦（yín）。

译文

再向西一百二十里的地方，叫做刚山。山上生长着茂密的柒树，遍布着叫做㻬琈的精美玉石。刚水发源于这座山，向北流去，注入渭水。刚山里生活着很多神，它们的形体是人面兽身，只长着一只脚，一只手，它叫的声音如人们打呵欠。

原文

又西二百里，至刚山之尾。洛水出焉，而北流注于河，其中多蛮蛮，其状鼠身而鳖首，其音如吠(fèi)犬。

译文

再向西二百里，便到了刚山的尾部，洛水从这里发源，向北流去，注入黄河。这座山中生活着很多蛮蛮，它的形体同老鼠相像，却长着甲鱼头，它的叫声像狗叫。

原文

又西三百五十里，曰英鞮(dī)之山，上多漆木，下多金玉，鸟兽尽白。涴(yuān)水出焉，而北流注于陵羊之泽。是多冉遗(wèi)之鱼，鱼身蛇首六足，其目如马耳，食之使人不眯(mī)，可以御凶。

译文

再向西三百五十里的地方，叫英鞮山。山上生长着茂密的漆树林，山下蕴藏着丰富的黄金和美玉。英鞮山中生活着许多飞鸟走兽都是白色的。涴水发源于这座山，向北流去，注入陵羊泽。泽中有很多叫做冉遗的鱼，这种鱼有鱼的身子，蛇一样的头，六只脚，它的眼睛像马耳，人们如果吃了这种鱼，便可以防御凶邪，使人不被梦魇搅扰。

原文

又西三百里，曰中(zhōng)曲(qū)之山，其阳多玉，其阴多雄黄、白玉及金。有兽焉，其状如马，而白身黑尾，一角，虎牙爪(zhǎo)，音如鼓，其名曰驳(bó)，是食虎、豹，可以御兵。有木焉，其状如棠(táng)，而员叶赤实，实大如木瓜，名曰櫰(guī)木，食之多力。

译文

再向西三百里的地方，叫做中曲山。山向阳的南坡，遍布着精美的玉石，山背阴的北面遍布着五颜六色的鸡冠石、白玉和黄金。山中生长着一种野兽，它的形体很像马，而身上的毛皮却是白色的，尾巴是黑色的，头上长着一只角，有像老虎一样的牙齿和脚爪，它的叫声像擂鼓的声音，它的名字叫驳。它能吃老虎和豹子，人们如果驯养这种兽，可以防御兵刃之灾。山上生长着一种树木，它的形状同棠梨相似，而叶子是圆的，结的是红色的果实，果实很大，像木瓜，名字叫做櫰木，人若吃了这种树的果实，可以增强体力。

原文

又西二百六十里，曰邽(guī)山。其上有兽焉，其状如牛，蝟毛，名曰穷奇[①]，音如嗥(háo)狗，是食人。濛(méng)水出焉，南流注于洋水，其中多黄贝、蠃(luó)鱼，鱼身而鸟翼，音如鸳鸯，见(xiàn)则其邑大水。

注释

①穷奇是少昊的孩子，它有翅膀可以飞翔，能听懂人说的话，但它听到人争斗，就会把胜利者吃掉，听说谁忠信，就会吃那人的鼻子，听说谁恶逆不善，反而会用兽肉奖赏它，因此，它是一种邪恶之兽。

译文

再向西二百六十里的地方，叫做邽山。山上生长着一种野兽，它的形体很像牛，浑身长着刺猬毛，它名叫穷奇。它的叫声像狗的嗥叫声，这种兽能吃人。濛水发源于这座山，向南流去，注入洋水，水中生长着很多黄色的贝类和蠃鱼，这种鱼长着鱼的身子、鸟的翅膀，发出的叫声像鸳鸯鸣叫，它出现在哪里，哪里就会发生水灾。

原文

又西二百二十里，曰鸟鼠同穴之山，其上多白虎、白玉。渭水出焉，而东流注于河。其中多鳋(sāo)鱼，其状如鳣(zhān)鱼，动则其邑有大兵。滥(jiàn)水出于其西，西流注于汉水。多䰽(rú)魮(pí)之鱼，其状如覆铫(diào)，鸟首而鱼翼鱼尾，音如磬(qìng)石之声，是生珠玉。

译文

再向西二百二十里的地方，叫做鸟鼠同穴山。山上生长着很多白虎，遍布着许多白色的精美玉石。渭水发源于这座山，向东流去，注入黄河。水中盛产鳋鱼，它的形体很像体躯庞大的鳣鱼。这种鱼只要一出现，所在地就会发生大战乱。滥水由此山西面流出，向西流去，注入汉水，水中盛产䰻魮鱼，这种鱼的形体如覆转的铫，长着鸟头、鱼鳍和鱼尾，发出像敲击磬石一样的声音，当它发出叫声时，就会有珍珠和玉石从它的身体中流泻出来。

原文

西南三百六十里，曰崦（yān）嵫（zī）之山。其上多丹木，其叶如穀（gǔ），其实大如瓜，赤符而黑理，食之已瘅（dǎn），可以御火。其阳多龟，其阴多玉。苕（tiáo）水出焉，而西流注于海，其中多砥、砺。有兽焉，其状马身而鸟翼，人面蛇尾，是好（hào）举人，名曰孰湖。有鸟焉，其状如鸮（xiāo）而人面，蜼（wèi）身犬尾，其名自号（háo）也，见（xiàn）则其邑大旱。

译文

再向西南三百六十里的地方，叫做崦嵫山。山上生长着茂盛的丹木树，树的叶同穀树叶相似，它结的果实像瓜一样大，红色的花萼却带有黑色的纹理。吃了这种树的果实，可以治疗黄疸病，还可以防御火灾。山向阳的南坡有很多乌龟，山背阴的北坡有很多美玉。苕水发源于这座山，向西流去，注入大海，水中遍布着很多磨刀石。山中生长着一种兽，它的形体像马，却生着鸟一样的翅膀，人的面孔，蛇一样的尾巴，它喜欢把人抱举起来，它名叫孰湖。山中生长着一种鸟，它的形体很像鸮鸟，却长着一副人脸，身子和猴子相似，但长着狗一样的尾巴，它的名字从它的叫声中自呼出来，它出现在哪个地方哪里就会大旱。

原 文

凡西次四山，自阴山以下，至于崦(yān)嵫(zī)之山，凡十九山，三千六百八十里。其神祠(cí)礼，皆用一白鸡祈(qí)，糈(xǔ)以稻米，白菅(jiān)为(wéi)席。

译 文

总观西次四经山系的群山，自阴山以下，最后到崦嵫山，总共十九座山，蜿蜒三千六百八十里。对这些山中的神仙的祭祀礼仪，都是用一只白色的鸡取血涂祭，以精选的稻米作供品，放在白茅编织的席上。

原 文

右西经之山，凡七十七山，一万七千五百一十七里。

译 文

以上所列的西经之山，共七十八座山，蜿蜒长达一万七千五百一十七里。

卷三　北山经

原文

北山经之首，曰单狐之山，多机木①，其上多华草②。逢(féng)水出焉，而西流注于泑水，其中多芘(茈)石、文石③。

注释

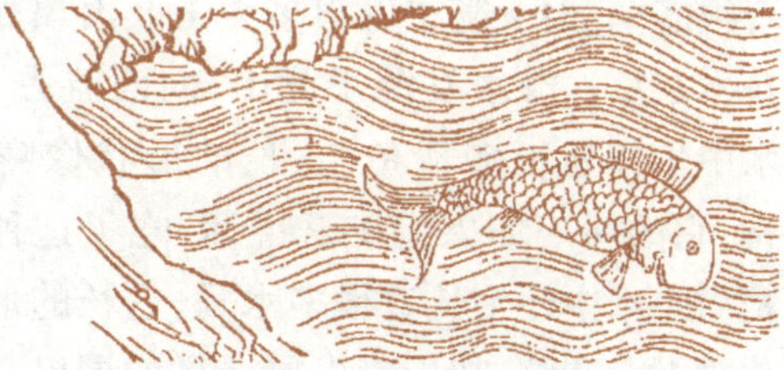

①机木：即桤(qī)木树，长得像榆树，把枝叶烧成灰撒在稻田中可作肥料用。

②华草：不详何草。

③茈石：紫颜色的漂亮石头。文石：有纹理的漂亮石头。

译文

北方第一列山系的首座山，叫做单狐山。山上生长着茂密的桤树，还生长着茂盛的花草。逢水发源于这座山，向西流去，注入泑水，水中有很多紫石和有纹理的漂亮石头。

原文

又北二百五十里，曰求如之山，其上多铜，其下多玉，无草木。滑水出焉，而西流注于诸毗(pí)之水。其中多滑鱼，其状如鳝(shàn)①，赤背，其音如梧②，食之已疣③。其中多水马，其状如马，文臂牛尾，其音如呼。

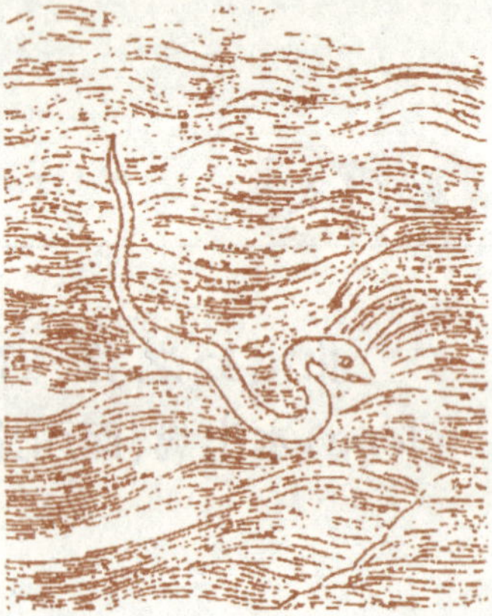

注释

①鳝：即鳝鱼。俗称黄鳝，体形如蛇，又长又圆又光滑，肉味鲜美。

②梧：枝梧，也作"支吾"，用含混的言语搪塞。

③疣：皮肤上的赘生物，俗称瘊子。

译文

向北二百五十里的地方，叫做求如山。山中遍布着很多铜，山下遍布着很多美玉。山顶光秃，没有生长花木杂草。滑水发源于此山，向西流去，注入诸毗水。水中生长着很多滑鱼，它长的形状像鳝鱼，红色的脊背，它的叫声如人们支吾说话，吃了这种鱼，能够治疗赘瘤。水中还生长着很多水马，它长的形状与马相似，前脚上有花纹，却长着牛尾一样的尾巴，它发出的叫声很像人叫喊的声音。

原文

又北三百里,曰带山,其上多玉,其下多青碧。有兽焉,其状如马,一角有错①,其名曰讙(huān)疏,可以辟火。有鸟焉,其状如乌,五采而赤文,名曰鵸(yī)鵌(tú),是自为牝牡,食之不疽(jǔ)。彭水出焉,而西流注于芘湖之水,其中多儵(shū)鱼,其状如鸡而赤毛,三尾六足四首,其音如鹊,食之可以已忧。

注释

①错:"厝"(cuò)的假借字。厝:磨刀石。

译文

再向北三百里的地方,叫做带山。山上遍布着许许多多的美玉,山下遍布着青碧一类的玉石。山中生长着一种兽,它的形体与马相似,长着一只角,角上有甲错,它的名字叫讙疏,人们可以拿它来防御火灾。山中生长着一种鸟,形体同乌鸦相似,身披五彩羽毛,还有红色的花纹,它的名字叫鵸鵌,这种鸟集雌雄于一身,人们若吃了这种鸟肉,可以不生痈疽病。彭水由此山发源,向西流去,注入芘湖。水中有很多儵鱼,这种鱼的外貌很奇特,长相似鸡,有着红色的羽毛,长着三条尾巴,六只脚,四个头,它的叫声同喜鹊的鸣叫声很像,人们吃了这种鱼的肉,可以增加欢悦,乐以忘忧。

原文

又北四百里，曰谯明之山。谯(qiáo)水出焉，西流注于河。其中多何罗之鱼，一首而十身，其音如吠犬，食之已痈。有兽焉，其状如貆(huán)而赤毫[①]，其音如榴榴，名曰孟槐，可以御凶。是山也，无草木，多青、雄黄。

注释

①貆：豪猪。毫：细毛。

译文

再向北四百里的地方，叫做谯明山。谯水发源于这座山，向西流去，注入黄河。水中生长着很多何罗鱼，这种鱼长着一个头，却有十个身子，其叫声像狗叫。人们如果吃了这种鱼，便能治好痈肿。山中生长着一种兽，它的形貌像豪猪，却长着红色的毛，它的叫声像辘轳抽水时的声音，它的名字叫孟槐。带着这种兽，可以防止出现意外的凶险。这个山上没有生长花草树木，但遍布着石青和雄黄。

原文

又北三百五十里，曰涿光之山。嚻(áo)水出焉，而西流注于河。其中多鳛鳛(xí)之鱼，其状鹊而十翼，鳞皆在羽端，其音如鹊，可以御火，食之不瘅。其上多松柏，其下多棕橿，其兽多麢(líng)羊，其鸟多蕃①。

注释

①蕃：鹗鸟。也有认为可能是猫头鹰之类的鸟。

译文

再向北三百五十里的地方，叫做涿光山。嚻水发源于这座山，向西流去，注入黄河。水中生长着许许多多的鳛鳛鱼，它长的形状很像喜鹊，却生长着十只翅膀，所有的鳞都长在羽翅的尖端，它的叫声也很像喜鹊的鸣叫声，带着它，可以防止火灾。如果吃了这种鸟肉，可以不害黄疸病。山上生长着茂密的松树和柏树，山下生长着很多棕榈树和橿树。生长在山中的野兽，以羚羊为主，生长在山林的鸟，以鹗鸟最多。

原文

又北三百八十里，曰虢(guó)山，其上多漆，其下多桐椐(jū)①。其阳多玉，其阴多铁。伊水出焉，西流注于河。其兽多橐(tuó)驼②，其鸟多寓③，状如鼠而鸟翼，其音如羊，可以御兵④。

注释

①椐：椐树，也就是灵寿木，树干上多长着肿节，古人常用来制作拐杖。

②橐驼：就是骆驼，身上有肉鞍，善于在沙漠中行走，知道水泉所在的地方，背负千斤重物而日行三百里。

③寓：即蝙蝠之类的小飞禽。

④御兵：即辟兵。兵在这里是指各种兵器的锋刃。辟兵就是兵器的尖锋利刃不能伤及身子。

译文

再向北三百八十里的地方，叫做虢山。山上遍布着繁茂的漆树，山下生长着茂盛的梧桐树和椐树。山向阳的南坡，遍布着各色各样的美玉，山背阴的北坡，蕴藏着丰富的铁。伊水发源于这座山，向西流去，注入黄河。山中生长的野兽中，最多的是骆驼，山间生长的飞鸟中以蝙蝠之类的寓鸟最多，它的形体同鼠相似，却长着鸟一样的翅膀，它的叫声像羊叫，这种鸟可以预报兵情，防止兵戈之灾。

原文

又北四百里，至于虢山之尾，其上多玉而无石。鱼水出焉，西流注于河，其中多文贝。

译文

再向北四百里的地方，便到了虢山的尾部，山中遍布着许许多多的玉石，却没有石头。鱼水发源于这座山，向西流去，注入黄河。水中有很多五彩缤纷的带斑纹的贝。

原文

又北二百里，曰丹熏之山，其上多樗(chū)柏，其草多韭䪥(xiè)①，多丹雘。熏水出焉，而西流注于棠水。有兽焉，其状如鼠，而菟(tù)首麋身②，其音如嗥(háo)犬，以其尾飞，名曰耳鼠，食之不睬(cǎi)③，又可以御百毒④。

注释

①䪥：也叫藠头，一种野菜，茎可食用，并能入药。

②菟：通“兔”。

③睬：鼓胀。

④百：这里表示多的意思，非实指。

译文

再向北二百里的地方，叫做丹熏山。山上生长着茂密的臭椿树和柏树，在草丛中以韭薤最多，还盛产红色的涂漆。熏水从这座山中流出，向西流去，注入棠水。山中生长着一种兽，它的形体很像老鼠，但长着兔子头，麋的身体，它的叫声像狗叫，它的前后肢间有宽而多毛的薄膜，能借此滑翔。它的名字叫耳鼠，吃了它的肉，人可以不害鼓胀病，还可以防御百毒之害。

原文

又北二百八十里，曰石者之山，其上无草木，多瑶碧。泚水出焉，西流注于河。有兽焉，其状如豹，而文题白身[①]，名曰孟极，是善伏，其鸣自呼。

注释

①文：花纹。这里指野兽的皮毛因多种颜色相间杂而呈现出的斑纹或斑点。题：额头。

译文

再向北二百八十里的地方，叫做石者山。山上没有生长树木花草，却有很多叫做瑶碧的美玉。泚水发源于这座山，向西流去，注入黄河。山中生长着一种兽，它的形体很像豹子，但额头上的皮毛有花纹，身上的毛皮则是白色的，它名叫孟极。这种兽善于埋伏隐藏，它的叫声便是自呼其名。

原文

又北百一十里，曰边春之山，多葱、葵、韭、桃、李[①]。杠水出焉，而西流注于泑泽。有兽焉，其状如禺而文身，善笑，见人则卧，名曰幽鴳(yàn)，其鸣自呼。

注释

①葱：山葱，又叫茖葱，一种野菜。茎生有枝格，一边拔取一边又生长起来，食之不尽。冬天也不枯萎。桃：山桃，又叫榹(sī)桃，也叫毛桃，一种野果木。果子很小，核与果肉粘在一起，桃仁多脂，可入药。

译文

再向北一百一十里的地方，叫做边春山。山上生长着茂盛的葱、葵、韭、桃树和李树等。杠水发源于这座山，向西流去，注入泑泽。山中生长着一种兽，它的形体像猿猴，但身上的皮毛形成花纹，善于嬉笑，见人就装睡。它名叫幽鴳，它的鸣叫声也是自呼其名。

原文

又北二百里，曰蔓联之山，其上无草木。有兽焉，其状如禺而有鬣，牛尾、文臂、马蹄，见人则呼，名曰足訾(zī)，其鸣自呼。有鸟焉，群居而朋飞，其毛如雌雉，名曰鵁(jiāo)，其鸣自呼，食之已风。

译文

再向北二百里的地方，叫做蔓联山。没有生长树木花草。山中生长着一种兽，它的形体同猿猴相似，却长有鬣毛和牛尾巴，臂上有花纹，还长着马蹄。它见到人就呼叫，它名叫足訾，它啼叫的声音是自呼其名。山中生长着一种鸟，这种鸟喜欢成群地居住在一起，而且结队飞翔，它身上的羽毛与雌野鸡羽毛相似，它名叫䴔。它鸣叫的声音便是自身名字的读音。人们如果吃了这种鸟肉，便能治疗风痹病。

原文

又北百八十里，曰单张之山，其上无草木。有兽焉，其状如豹而长尾，人首而牛耳，一目，名曰诸犍，善咤[①]，行则衔其尾，居则蟠其尾[②]。有鸟焉，其状如雉，而文首、白翼、黄足，名曰白鵺(yè)，食之已嗌(yì)痛[③]，可以已痸(chì)[④]。栎水出焉，而南流注于杠水。

注释

①咤：怒声。这里是大声吼叫的意思。

②蟠：盘曲而伏。

③嗌：咽喉。

④痸：痴病，疯癫病。

译文

再向北一百八十里的地方，叫做单张山。没有生长花草树木。山中生长着一种兽，它的形体很像豹，长长的尾巴，人头，牛耳，只有一只眼睛，它的名字叫诸犍。它善于大声嚎叫，走路时用嘴衔着尾巴，停下时，尾巴则盘蜷着。山中生长着一种鸟，它长的形体同野鸡相似，但头上的羽毛呈各种花纹，翅膀的羽毛是白色的，脚是黄色的，它的名字叫白鵺，人们吃了这种鸟的肉，可以治好咽部疼痛，还能医治癫狂病。栎水发源于这座山，向南流去，注入杠水。

原文

又北三百二十里，曰灌题之山，其上多樗柘[①]（zhè），其下多流沙，多砥。有兽焉，其状如牛而白尾，其音如訆（xiào）[②]，名曰那父。有鸟焉，其状如雌雉而人面，见人则跃，名曰竦（sǒng）斯，其鸣自呼也。匠韩之水出焉，而西流注于泑泽，其中多磁石[③]。

注释

①柘：柘树，也叫黄桑，奴柘。落叶灌木，叶子可以喂蚕，果子可以食用，树皮可以造纸。

②訆：同"叫"。大呼。

③磁石：也作"慈石"，一种天然矿石，具有吸引铁、镍、钴等金属物质的属性。俗称吸铁石，今称磁铁石。中国古代四大发明之一的指南针，就是利用磁石制作成的。

译文

再向北三百二十里的地方，叫做灌题山。山上生长着茂密的臭椿树和柘树。山下沉积着很多的流沙，还有很多的磨刀石。山中生长着一种兽，它的形体同牛相似，而尾巴则是白色的，它叫的声音像人在呼唤，它的名叫那父。山中还生长着一种鸟，它的形体像母鸡，但长着人面，见到人，就会跳跃，它的名字叫竦斯，它叫的声音便是自身名称的读音。匠韩水发源于这座山，向西流去，注入泑泽，泽中有很多磁铁石。

原文

又北二百里，曰潘侯之山，其上多松柏，其下多榛（zhēn）楛（hù），其阳多玉，其阴多铁。有兽焉，其状如牛，而四节生毛，名曰旄牛。边水出焉，而南流注于栎泽。

译文

再向北二百里的地方，叫做潘侯山。山上生长着茂密的松树和柏树，山下生长着茂密的榛木和楛木。山向阳的南坡遍布着玉石，山背阴的北坡蕴藏着丰富的铁。山中生长着一种兽，它的形体同牛相似，而背和膝及腹尾部都生着长毛，它名叫旄牛。边水发源于这座山，向南流去，注入栎泽。

原文

北二百八十里，曰大咸之山，无草木，其下多玉。是山也，四方，不可以上。有蛇名曰长蛇[1]，其毛如彘豪，其音如鼓柝（tuò）[2]。

注释

①长蛇：传说有几十丈长，能把鹿、象等动物吞入腹中。

②鼓：击物作声。柝：是古代巡夜人在报时间时所敲击的一种木梆子。

译文

又向北二百八十里的地方，叫做大咸山。没有生长树木花草，山下遍布着各色美玉。这个山，四四方方，呈方正之形，不能攀登。山中生长着一种蛇，名叫长蛇，它身上长着毛，如猪鬃，它的叫声像是巡夜的人击敲木梆子的声音。

原文

又北三百二十里，曰敦薨(hōng)之山，其上多棕枏，其下多茈草。敦薨之水出焉，而西流注于泑泽。出于昆仑之东北隅，实惟河原。其中多赤鲑(guī)①。其兽多兕、旄牛，其鸟多鸤(shī)鸠(jiū)②。

注释

①赤鲑：身体呈流线型，有小圆鳞，口大而斜，锥状牙齿，是一种冷水性的经济鱼类。

②鸤鸠：即尸鸠，也就是布谷鸟。

译文

再向北三百二十里的地方，叫做敦薨山。山上生长着茂密的棕树和楠木，山下生长着茂密的紫草。敦薨水发源于这座山，向西流去，注入泑泽。这山位于昆仑山的东北角，这里实际上就是黄河的发源地。水中生长着很多赤鲑。在生长的兽中，以兕、牦牛为最多。在生长的鸟中，以布谷鸟为最多。

原文

又北二百里，曰少咸之山，无草木，多青碧。有兽焉，其状如牛，而赤身、人面、马足，名曰窫（yà）窳（yǔ），其音如婴儿，是食人。敦水出焉，东流注于雁门之水，其中多鲌（pèi）鲌之鱼[①]，食之杀人。

注释

①鲌鲌：据古人说就是江豚，黑色，大小如同一百斤重的猪。

译文

再向北二百里的地方，叫做少咸山。没有生长树木花草，遍布着青石和碧玉。山中生长着一种兽，它的形体很像牛，但赤身、人面、马足，名叫窫窳，它的叫声很像婴儿啼哭，这种兽会吃人。敦水从此山中流出，向东流去，注入雁门水，水中生活着很多叫做江豚的鱼，这种鱼有毒，人们若误食了它，就会被毒死。

原文

又北二百里，曰狱法之山。瀤（huái）泽之出焉，而东北流注于泰泽。其中多鱳（zǎo）鱼，其状如鲤而鸡足，食之已疣。有兽焉，其状如犬而人面，善投，见人则笑，其名山狎（huī），其行如风，见则天下大风。

译文

再向北二百里的地方，叫做狱法山。瀤泽水从山中流出，向东北方向流去，注入泰泽。水中生长着很多鱳鱼，它的形体同鲤鱼相似，但却在腹下长着一双鸡爪，人们如果吃了这种鱼的肉，可以治疗疣肿。山中还生长着一种兽，它的形体同狗相似，却长着人面，善于投掷，见到人就会哈哈大笑，它名叫山狎。它行走神速，能卷起一阵大风。只要它一出现，天下便会刮起大风。

原文

又北二百里，曰北岳之山，多枳棘刚木①。有兽焉，其状如牛，而四角、人目、彘耳，其名曰诸怀，其音如鸣雁，是食人。诸怀之水出焉，而西流注于嚣水，其中多鮨（yì）鱼，鱼身而犬首，其音如婴儿，食之已狂②。

注释

①枳棘：枳木和棘木，两种矮小的树。枳木像橘树而小一些，叶子上长满刺。春天开白花，秋天成果实，果子小而味道酸，不能吃，可入药。棘木就是丛生的小枣树，即酸枣树，枝叶上长满了刺。刚木：指木质坚硬的树，即檀木材、柘树之类。

②狂：本义是说狗发疯。后来也指人的神经错乱，精神失常。

译文

再向北二百里的地方，叫做北岳山。山上多枳树、酸枣树和柘一类的树。山中生长着一种兽，它的形体同牛相似，但长着四只角，长着人眼和猪耳，它名叫诸怀。它发出的声音如雁鸣，这种兽能吃人。诸怀水从山中流出，向西流去，注入嚣水，水中生长着很多鮨鱼。这种鱼，长着鱼的身子，却是狗头，它发出的叫声像婴儿啼哭，如果吃了这种鱼肉，可以治疗疯癫病。

原文

又北百八十里，曰浑夕之山，无草木，多铜玉。嚣水出焉，而西北流注于海。有蛇一首两身，名曰肥遗，见则其国大旱。

译文

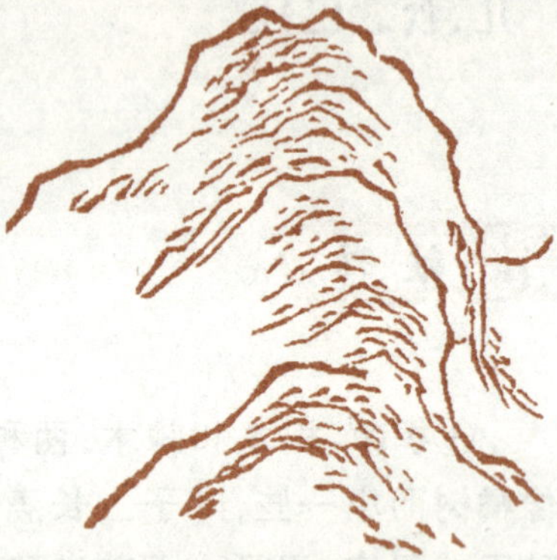

再向北一百八十里的地方，叫做浑夕山。山中没有生长树木花草，山上遍布着黄铜和美玉。嚣水从山中流出，向西北流去，注入大海。山中有一种蛇，长着一个头，两个身子，它名叫肥遗。只要它一出现，天下就会发生旱灾。

原文

又北五十里，曰北单之山，无草木，多葱韭。

译文

再往北五十里，是座北单山，山上没有花草树木，却生长着茂盛的野葱和野韭菜。

原文

又北百里，曰罴差之山，无草木，多马[①]。

注释

①马：指一种野马，与一般的马相似而个头小一些。

译文

再向北一百里的地方，叫做罴差山，山上光秃，没有生长花草树木，山中有许多野马。

原文

又北百八十里，曰北鲜之山，是多马。鲜水出焉，而西北流注于涂吾之水。

译文

再向北一百八十里的地方，叫做北鲜山。这座山上有很多野马。鲜水从这座山发源流出，向西北流去，注入涂吾水。

原文

又北百七十里，曰隄(tí)山，多马。有兽焉，其状如豹而文首，名曰狕(yǎo)。隄水出焉，而东流注于泰泽，其中多龙龟①。

注释

①龙龟:也有把龙龟看作是一种动物的,即龙种龟身的吉吊。

译文

再向北一百七十里的地方,叫做隄山,山中有很多野马。山中还有一种兽,它的形体同豹很相似,而头上有花纹,它名叫狕。隄水发源于这座山,向东流去,注入泰泽,水中藏着很多龙龟。

原文

凡北山经之首,自单狐之山至于隄山,凡二十五山,五千四百九十里,其神皆人面蛇身。其祠之:毛用一雄鸡彘瘗(yì),吉玉用一珪,瘗而为不糈。其山北人,皆生食不火之物。

译文

北山经群山,从单狐山开始,到隄山为止,总共二十五座山,蜿蜒五千四百九十里。这些山中的神仙,都是人面蛇身。在神祠中祭祀时,把完整带毛的雄鸡和猪埋在土里,祭祀时不用米,祭神的吉玉只用一块珪,埋入地下。这些山的北面居住的人都生食,不用火去烹煮。

原文

北次二经之首，在河之东，其首枕汾，其名曰管涔(cén)之山。其上无木而多草，其下多玉。汾水出焉，而西流注于河。

译文

北方第二列山系的开头一座山，在黄河的东面，山的头部枕着汾水，这座山叫管涔山。山上没有生长树木，只生长着茂密的草丛，山下遍布着美玉。汾水发源于这座山，向西流去，注入黄河。

原文

又北二百五十里，曰少阳之山，其上多玉，其下多赤银①。酸水出焉，而东流注于汾水，其中多美赭②。

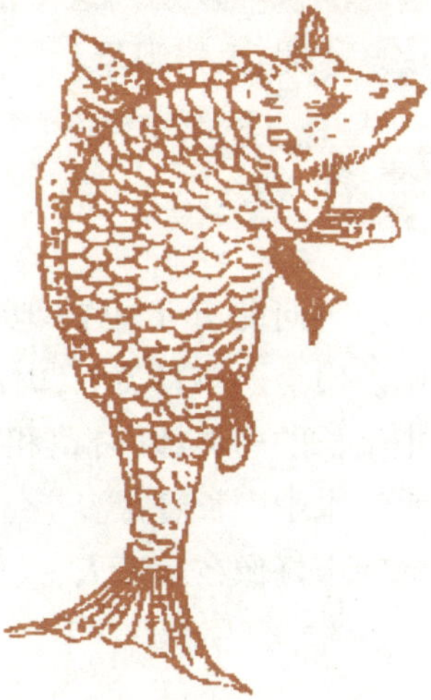

注释

①赤银：最精最纯的银子。这里指天然含银量很高的优质银矿石。

②赭：即赭石，一种红土中含着铁质的矿物。

译文

再向北二百五十里的地方，叫做少阳山。山上遍布着很多美玉，山下遍布着很多赤银。此外，酸水发源于这座山，向东流去，注入汾水，其中蕴藏着优质赭石。

原文

又北五十里，曰县雍之山，其上多玉，其下多铜，其兽多闾（lǘ）麋[①]，其鸟多白翟白鸫（yóu）[②]。晋水出焉，而东南流注于汾水。其中多鮆（zī）鱼，其状如儵（shù）而赤鳞[③]，其音如叱[④]，食之不骚。

注释

①闾：据古人讲，是一种黑母羊，形体似驴而蹄子歧分，角如同羚羊的角，也叫山驴。

②白鸫：据古人讲，就是前面已说过的白鵺鸟。

③儵：通“鯈”，这里指的是小鱼。

④叱：大声呵斥。

译文

再向北五十里的地方，叫做县雍山。山上遍布着美玉，山下遍布着黄铜。山中生长的兽，以山驴和麋为最多；山中生长的鸟类，以白翟和白鸫为主。晋水发源于这座山，向东南流去，注入汾水。水中生长着很多鮆鱼，这种鱼的形体同儵鱼相似，而鱼鳞是红色的，它发出的叫声好像在斥责人，人们如果吃了这种鱼肉，可以使身体没有狐臭。

原文

又北二百里，曰狐岐之山，无草木，多青碧。胜水出焉，而东北流注于汾水，其中多苍玉。

译文

再向北二百里的地方，叫做狐岐山。没有生长花草树木，山上有很多名贵的青玉和碧玉。胜水发源于这座山，向东北流去，注入汾水，水中有很多苍玉。

原文

又北三百五十里，曰白沙山，广员三百里，尽沙也，无草木鸟兽。鲔(wěi)水出于其上，潜于其下，是多白玉。

译文

再向北三百五十里的地方，叫做白沙山。这座山方圆三百余里，沙石遍地，没有生长花草树木，也没有飞禽和走兽。鲔水发源于这座山的山顶，然后潜流于山下，汇成水湾，在水里面有很多白色的玉石。

原文

又北四百里，曰尔是之山，无草木，无水。

译文

再向北四百里的地方，叫做尔是山。山上没有生长花草树木，山中干燥无水。

原文

又北三百八十里，曰狂山，无草木。是山也，冬夏有雪。狂水出焉，而西流注于浮水，其中多美玉。

译文

再向北三百八十里的地方，叫做狂山。山上光秃，没有生长花草树木。这座山上，冬季和夏季都有雪。狂水发源于这座山，向西流去，注入浮水，水中有很多珍贵的美玉。

原文

又北三百八十里，曰诸余之山，其上多铜玉，其下多松柏。诸余之水出焉，而东流注于旄水。

译文

再向北三百八十里的地方，叫做诸余山。山上有很多铜和美玉，山下生长着茂密的松树和柏树。诸余水发源于这座山，向东流去，注入旄水。

原文

又北三百五十里，曰敦头之山，其上多金玉，无草木。旄水出焉，而东流注于邛(qióng)泽。其中多䮝(bó)马，牛尾而白身，一角，其音如呼。

译文

再向北三百五十里的地方是敦头山，山上遍布着许多黄金和美玉，山上没有生长树木花草。旄水发源于这座山，然后向东南流去，注入邛泽，其中多䮝马，它牛尾而白身，长着一只角，其叫声像人的呼喊声。

原文

又北三百五十里，曰钩吾之山，其上多玉，其下多铜。有兽焉，其状如羊身人面，其目在腋下，虎齿人爪，其音如婴儿，名曰狍(páo)鸮(xiāo)①，是食人。

注释

①狍鸮：传说中的一种怪兽，非常贪婪，不但吃人，而且在吃不完时，还要把人身的各个部位咬碎。

译文

再向北三百五十里的地方，叫做钩吾山。山上遍布着美玉，山下蕴藏着丰富的铜。山中生长着一种野兽，它的形体与羊相似，却长着人面，可眼睛却不在面部，而在腋下，牙齿像老虎牙，脚上的爪子又有些像人的指甲，它的叫声像婴儿啼哭，这种兽叫狍鸮，它能吃人。

原文

又北三百里，曰北嚣之山，无石，其阳多碧，其阴多玉。有兽焉，其状如虎，而白身犬首，马尾彘鬣，名曰独狢(yù)。有鸟焉，其状如乌，人面，名曰鵥(bān)䳮(mào)，宵飞而昼伏，食之已暍(yē)①。涔(cén)水出焉，而东流注于邛(qióng)泽。

注释

①暍：中暑，受暴热。

译文

再向北三百里的地方，叫做北嚣山。山上没有石头，山向阳的南坡，遍布着彩石，山背阴的北坡，遍布着许多晶莹的玉石。山中有一种野兽，它的形体很像老虎，身上是白色的毛皮，头部像狗，长的尾巴却像马，又长着猪毛，名叫独狢。山中生长着一种鸟，它的形体很像乌鸦，人面，它名叫做槃䳮。它晚上从巢中飞出，白天潜伏巢中不出。人们如果吃了这种鸟的肉，就可以治疗暑热。涔水发源于这座山，向东流去，注入邛泽。

原文

又北三百五十里，曰梁渠之山，无草木，多金玉。修水出焉，而东流注于雁门。其兽多居暨（jī），其状如彙（huì）而赤毛[①]，其音如豚（tún）。有鸟焉，其状如夸父[②]，四翼、一目、犬尾，名曰嚣，其音如鹊，食之已腹痛，可以止衕（dòng）[③]。

注释

①彙：据古人讲，这种动物长得像老鼠，红色的毛硬得像刺猬身上的刺。

②夸父：即前文所说的举父，一种长得像猕猴的野兽。

③衕：腹泻。

译文

再向北三百五十里的地方，叫做梁渠山。山上光秃，没有生长花草树木，山上遍布着黄金和美玉。修水发源于这座山，然后向东流去，注入雁门水。山中生长着一种兽，叫居暨，它的形体很像刺猬，却长着红色毛皮，它的叫声很像小猪叫。另外，山中生长着一种兽，它的形体很像猿猴模样的举父，长着四只翅膀，一只眼睛，长着狗尾巴，它叫做嚣，这种鸟的叫声像喜鹊，人们如果吃了这种鸟肉，可以医治肚子疼，还可以治疗腹泻。

原文

又北四百里，曰姑灌之山，无草木。是山也，冬夏有雪。

译文

再向北四百里的地方，叫做姑灌山。山上光秃，没有生长花草树木，这座山，无论夏季和冬季，都积着雪。

原文

又北三百八十里，曰湖灌之山，其阳多玉，其阴多碧、多马。湖灌之水出焉，而东流注于海，其中多䱇(shàn)①。有木焉，其叶如柳而赤理。

注释

①䱇：同"鳝"。即黄鳝。

译文

再向北三百八十里的地方，叫做湖灌山。山向阳的南坡遍布着玉石，山背阴的北坡遍布着碧玉，山上生活着很多野马。湖灌水发源于这座山，向东流去，注入大海。水中生活着很多鳝鱼。山中生长着一种树，树叶同柳叶相似，却有着红色的纹理。

原文

又北水行五百里,流沙三百里,至于洹(huán)山,其上多金玉。三桑生之[①],其树皆无枝,其高百仞[②],百果树生之。其下多怪蛇。

注释

①关于三桑的传说,很令人回味:一个叫化民的人,以桑叶为食,吃了二十七年,便吐丝把自己的身体裹了起来,又九年而生出翅膀,再十年而死亡。

②仞:古代的八尺为一仞。

译文

再向北行五百里水路,然后通过三百里路程的流沙,就到了洹山。山上遍布着黄金和美玉,三桑在山中生长着,这种树都不长树枝,树干高达八十丈。各种果树也生长在这座山中。此外,山的下面,生活着很多奇异的蛇。

原文

北次三经之首，曰太行之山。其首曰归山，其上有金玉，其下有碧。有兽焉，其状如麢(líng)羊而四角，马尾而有距[1]，其名曰驿(hún)，善还(xuán)[2]，其名自训(xiào)。有鸟焉，其状如鹊，白身、赤尾、六足，其名曰鵫(bēn)，是善惊，其鸣自设(xiào)[3]。

注释

①距：雄鸡、野鸡等跖后面突出像脚趾的部分。这里指鸡爪子。

②还：通"旋"。旋转。

③设：叫，呼。

译文

北方第三列山系开头的第一座山叫做太行山，在太行山的最头部分，称为归山。山上遍布着黄金和美玉，山下盛产精美的碧玉。山中生长着一种奇异的兽，它的形体同羚羊很相似，但头部却长着四只角，尾巴像马尾，脚像鸡爪，它的名字叫驿。它善于盘旋舞蹈，它的叫声就是自身名称的读音。山中还生长着一种鸟，它的形体同喜鹊相似，身上长着白色的羽毛，尾巴上的羽翎是红色的，共长着六只脚，它名叫鵫。这种鸟十分灵敏惊觉，它的叫声也是自呼其名。

原文

又东北二百里,曰龙侯之山,无草木,多金玉。決決之水出焉,而东流注于河。其中多人鱼,其状如鳑(tí)鱼,四足,其音如婴儿,食之无痴疾。

译文

再向东北二百里的地方,叫做龙侯山。山顶光秃,没有生长花草树木,山上遍布着黄金和美玉。決水发源于这座山,向东流去,注入黄河。水中生长着很多人鱼,它的体形很像娃娃鱼,长着四只脚,它的叫声很像婴儿啼哭。人们如果吃了这种鱼,可以变得聪慧,不会患痴呆症。

原文

又东北二百里,曰马成之山,其上多文石,其阴多金玉。有兽焉,其状如白犬而黑头,见人则飞,其名曰天马,其鸣自训。有鸟焉,其状如乌,首白而身青、足黄,是名曰鶌(qū)鶋(jū),其鸣自詨(xiào),食之不饥,可以已寓[1]。

注释

①寓:古人认为寓即"误"字,大概以音近为义,指昏忘之病,就是现在所谓的老年健忘症,或老年痴呆症。也有另一种意见认为指疣病,就是中医学上所谓的千日疮,是因病毒感染而在皮肤上生出小疙瘩。

译文

再向东北二百里的地方，叫做马成山。山上有许多五光十色的具有花纹的石头，山背阴的北面，遍布着黄金和美玉。山中生活着一种兽，它的形体很像白狗，而头却是黑色的，这种兽长着翅膀，看到人，便会腾空而起，展翅飞去，它叫天马，它的叫声是自呼其名。山中生活着一种鸟，这种鸟的形体同乌鸦相似，头部却有白色羽毛，身披青色羽毛，脚的肤色是黄色的，它名叫鶌鶋，它的啼叫声也是自呼其名。人们如果吃了这种鸟，可以不感到饥饿，还可以治疗疣病。

原文

又东北七十里，曰咸山，其上有玉，其下多铜，是多松柏，草多茈草。条菅之水出焉，而西南流注于长泽。其中多器酸①，三岁一成，食之已疠。

注释

①器酸：据古人讲，大概是一种可以吃而有酸味的东西，就像山西解州盐池所生产的盐之类的东西。因为泽水静止而不流动，积的时间长了，就形成一种酸味的物质。

译文

再向东北七十里的地方，叫做咸山。山上遍布着晶莹的玉石，山下蕴藏着丰富的铜矿石。这座山上，松柏葱茏茂密。在草之中，以紫草最多。条菅水发源于这座山，向西南方滔滔流去，然后注入长泽。水中盛产器酸，三年可以收成一次，人们如果吃了这种器酸，可以治好麻风病。

原文

又东北二百里，曰天池之山，其上无草木，多文石。有兽焉，其状如兔而鼠首，以其背飞，其名曰飞鼠。渑(shéng)水出焉，潜于其下，其中多黄垩(è)。

译文

再向东北二百里的地方，叫做天池山。山上光秃，没有生长花草树木，但遍布着五颜六色花纹的石头。山中生活着一种兽，它的形体同兔子相似，头部像鼠，它的身上长着茂密的长毛，平时敛起，有时背毛扬起，便能腾空起飞，所以它的名字叫飞鼠。渑水发源于这座山，潜流在山下，水中产有很多黄垩。

原文

又东三百里，曰阳山，其上多玉，其下多金铜。有兽焉，其状如牛而赤尾，其颈肾(shèn)[①]，其状如句(gōu)瞿[②]，其名曰领胡，其鸣自诐，食之已狂。有鸟焉，其状如雌雉，而五采以文，是自为牝牡，名曰象蛇，其鸣自诐。留水出焉，而南流注于河。其中有鮥(xiàn)父之鱼，其状如鲋鱼，鱼首而彘身，食之已呕。

注释

①腎：肉瘤。

②句瞿：斗。

译文

再向东三百里的地方，叫做阳山。山上布满各种晶莹的玉石，山下蕴藏着丰富的金矿和铜矿。山中生活着一种野兽，它的形体很像牛，而尾巴是红色的，颈上长着肉瘤，肉瘤的形状像个斗，它的名字叫领胡，它的叫声就是自呼其名。吃了这种兽肉，可以医治癫狂症。山中生长着一种鸟，它体形酷似雌野鸡，身披五彩羽毛，雌性和雄性合于一体，它名叫象蛇，它鸣叫的声音也是自呼其名。留水发源于这座山，向南流去，注入黄河。水中生长着很多䱻父鱼，它的形体像鲋鱼，这种鱼长着鱼头，身子像猪，人们如果吃了这种鱼肉，可以医治呕吐病。

原文

又东三百五十里，曰贲闻之山，其上多苍玉，其下多黄垩，多涅石。

译文

再往东三百五十里，是座贲闻山，山上盛产苍玉，山下盛产黄色垩土，也有许多涅石。

原文

又北百里，曰王屋之山，是多石。𣻈水出焉，而西北流注于泰泽。

译文

再往北一百里，是座王屋山，这里到处是石头。𣻈水从这座山发源，然后向西北流入泰泽。

原文

又东北三百里，曰教山，其上多玉而无石。教水出焉，西流注于河，是水冬干而夏流，实惟干河。其中有两山。是山也，广员三百步，其名曰发丸之山，其上有金玉。

译文

再往东北三百里，是座教山，山上有丰富的玉石而没有石头。教水从这座山发源，向西流入黄河，这条河水到了冬季干枯而在夏季流水，确实可说是干河。教水的河道中有两座小山，方圆各三百步，名称是发丸山，小山上蕴藏着金属矿物和玉石。

原文

又南三百里，曰景山，南望盐贩之泽，北望少泽。其上多草、藷萸(yú)[①]，其草多秦椒[②]，其阴多赭，其阳多玉。有鸟焉，其状如蛇，而四翼、六目、三足，名曰酸与，其鸣自该，见则其邑有恐。

注释

①藷萸：一种植物，根像羊蹄，可以食用，就是今天所说的山药。

②秦椒：一种草，所结的籽实像花椒，叶子细长。

译文

再向南三百里的地方，叫做景山。站在景山的峰巅，向南可望见盐贩泽，向北可望见少泽。山上生长着很多草和山药，在草丛中，以秦椒最为茂盛。山背阴的北坡，遍布着赭石，山向阳的南坡，遍布着各色美玉。山中生活着一种鸟，它的体形同蛇相似，但长着四只翅膀，六只眼睛，三只脚，它的名字叫酸与，它的啼叫声便是自呼其名，这种鸟所出现的城邑，会发生可怕的事情。

原文

又东南三百二十里，曰孟门之山，其上多苍玉，多金，其下多黄垩，多涅石。

译文

再向东南三百二十里的地方，叫做孟门山，山上遍布着精美的玉石，遍布着烁烁闪光的黄金。山下遍布着黄垩，还有很多涅石。

原文

又东南三百二十里，曰平山。平水出于其上，潜于其下，是多美玉。

译文

再向东南三百二十里的地方，叫做平山。平水发源于这座山的山顶，奔泻而下，潜流在山下。这里盛产美玉。

原文

又东二百里，曰京山，有美玉，多漆木，多竹，其阳有赤铜，其阴有玄𥓈(sù)①。高水出焉，南流注于河。

注释

①玄：黑色。碄：砥石。就是磨刀石。

译文

再向东二百里的地方，叫做京山，山中遍布着晶莹璀璨的美玉。山上生长着茂密的漆树和竹林。山向阳的南坡，遍布着黄铜，山背阴的北坡，遍布着玄碄。玄碄就是黑色的磨刀石。高水发源于这座山，滔滔向南流去，然后注入黄河。

原文

又东二百里，曰虫尾之山，其上多金玉，其下多竹，多青碧。丹水出焉，南流注于河。薄水出焉，而东南流注于黄泽。

译文

再向东二百里的地方，叫做虫尾山，山上遍布着黄金和美玉，山下生长着葱茏的竹林，还有很多精美的青玉和碧玉。丹水发源于这座山，向南流去，注入黄河。薄水也由这座山中流出，向东南流去，注入黄泽。

原文

又东三百里，曰彭毗（pí）之山，其上无草木，多金玉，其下多水。蚤（zào）林之水出焉，东南流注于河。肥水出焉，而南流注于床水，其中多肥遗之蛇。

译文

再向东三百里的地方，叫做彭毗山。山顶光秃，没有生长一点花草树木，但却遍布着黄金、美玉，山下更是一片汪洋。蚤林水发源于这座山，水从山中滔滔流出，向东南方向流去，注入黄河。肥水发源于这座山，蜿蜒向南流去，注入床水，水中有很多叫肥遗的蛇。

原文

又东百八十里，曰小侯之山。明漳之水出焉，南流注于黄泽。有鸟焉，其状如乌而白文，名曰鸪（gū）鹨（xī），食之不灂（jiào）①。

注释

①灂：眼昏矇。

译文

再向东一百八十里的地方，叫做小侯山。明漳水发源于这座山，水流从山中奔涌而出，向南流去，注入黄泽。山中生长着一种鸟，它的形体很像乌鸦，但身披白色羽毛，这种鸟名叫鸪鹨，人们吃了这种鸟的肉，可以使眼睛不昏花。

原文

又东三百七十里，曰泰头之山。共水出焉，南注于虖（hū）沱（tuó）。其上多金玉，其下多竹箭[①]。

注释

①箭：一种生长较小的竹子，坚硬可做箭矢。

译文

再向东三百七十里的地方，叫做泰头山。共水发源于这座山，共水从山中流出，向南流去，最后注入虖沱。山上遍布着黄金、美玉，山下生长着茂密的小竹丛。

原文

又东北二百里，曰轩辕之山，其上多铜，其下多竹。有鸟焉，其状如枭而白首，其名曰黄鸟，其鸣自詨，食之不妒。

译文

再向东北二百里的地方，叫做轩辕山。山上蕴藏着丰富的铜矿，山下生长着茂盛的竹林。山中飞翔着一种奇异的鸟，它的形体很像猫头鹰，但头部长的是白色羽毛，它名叫黄鸟，它的叫声就是自呼其名。人们如果吃了这种黄鸟的肉，就不会产生嫉妒他人的念头。

原文

又北二百里，曰谒戾之山，其上多松柏，有金玉。沁水出焉，南流注于河。其东有林焉，名曰丹林。丹林之水出焉，南流注于河。婴侯之水出焉，北流注于汜水。

译文

再向北二百里的地方，叫做谒戾山。山上生长着郁郁葱葱的松树和柏树，山坡上还遍布着数不清的黄金和美玉。沁水发源于这座山，向南流去，注入黄河。在谒戾山的东边，有茂密的一片树林，名字叫做丹林。丹林水便发源于这座山，水流奔涌而出，向南流去，注入黄河。婴侯水也发源于这座山，水向北流去，注入汜水。

原文

东三百里，曰沮洳之山，无草木，有金玉。濝(qí)水出焉，南流注于河。

译文

向东三百里的地方，叫做沮洳山。山顶光秃，没有生长树木花草，但遍布着黄金和美玉。濝水发源于这座山，向南流去，最后注入黄河。

原文

又北三百里，曰神囷(qún)之山，其上有文石，其下有白蛇，有飞虫[1]。黄水出焉，而东流注于洹；滏水出焉，而东流注于欧水。

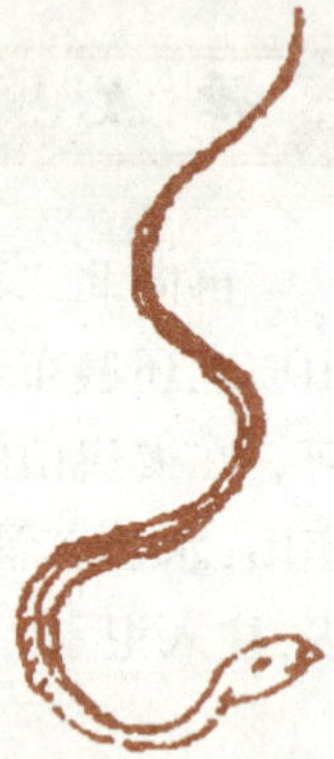

注释

[1]飞虫：指蠛(mié)蠓、蚊子之类的小飞虫，成群成堆地乱飞，遮天蔽日。

译文

再向北三百里的地方，叫做神囷山。山上遍布着带有各种花纹的石头，山下面有很多白色的蛇，有能飞的小虫。黄水发源于这座山，向东流去，注入洹水。滏水也发源于这座山，向东流去，注入欧水。

原文

又北二百里，曰发鸠之山，其上多柘(zhè)木[1]。有鸟焉，其状如乌，文首、白喙、赤足，名曰精卫，其鸣自詨。是炎帝之少女[2]，名曰女娃。女娃游于东海，溺而不返，故为精卫，常衔西山之木石，以堙(yīn)于东海[3]。漳水出焉，东流注于河。

注释

①柘木：柘树，是桑树的一种，叶子可以喂养蚕，果实可以吃，树根树皮可作药用。

②炎帝：号称神农氏，传说中的上古帝王。

③堙：堵塞。

译文

再向北二百里的地方，叫做发鸠山，山上生长着茂密的柘木林。山中有一种鸟，它的形体同乌鸦相似，但头部有花纹，嘴是白色的，脚爪是红色的，这种鸟名叫精卫。它鸣叫的声音很像自己呼叫自己。精卫鸟，是炎帝最小的女儿女娃，到东海游泳，被淹死海中，没有返回，化成了精卫鸟，它常常衔着西山上的小树枝和碎石去填东海。漳水发源于这座山，向东流去，注入黄河。

原文

又东北百二十里，曰少山，其上有金玉，其下有铜。清漳之水出焉，东流于浊漳之水。

译文

再向东北一百二十里的地方，叫做少山。山中遍布着黄金和美玉，山下面出产铜。清漳水发源于这座山，向东流去，注入浊漳水。

原文

又东北二百里，曰锡山，其上多玉，其下有砥。牛首之水出焉，而东流注于滏水。

译文

再向东北二百里的地方，叫做锡山。山上遍布着精美的玉石，山下出产上等磨刀石。牛首水发源于这座山，向东流去，注入滏水。

原文

又北二百里，曰景山，有美玉。景水出焉，东南流注于海泽。

译文

再向北二百里的地方，叫做景山。山中遍布着各种精美的玉石。景水从这座山中汹涌而出，滔滔向东南流去，最后注入海泽。

原文

又北百里，曰题首之山，有玉焉，多石，无水。

译文

再向北一百里的地方，叫做题首山。山中有许多晶莹的美玉，遍布着五颜六色的石块，山上干燥缺水。

原文

又北百里，曰绣山，其上有玉、青碧，其木多栒（xún）①，其草多芍（sháo）药、芎（xiōng）䓖（qióng）②。洧（wěi）水出焉，而东流注于河，其中有鳠（hù）、黾（měng）③。

注释

①栒：栒树，古人常用树干部分的木材制作拐杖。

②芍药：多年生草本花卉，初夏开花，与牡丹相似，花朵大而美丽，有白、红等颜色。

③鳠：鳠鱼，体态较细，灰褐色，头扁平，背鳍、胸鳍相对有一硬刺，后缘有锯齿。黾：蛙的一种，形体同蛤蟆相似而小一些，皮肤青色。

译文

再向北一百里的地方，叫做绣山。山中有许多精美的玉石，还有很多青玉和碧玉，在茂密葱茏的树林中，以可以用来做老年人拄杖的栒木为最多。在丛生的杂草中，夹杂着芍药和芎䓖一类的香草。洧水从山中滔滔流出，向东流去，注入黄河。在水流中生长着很多的鳠鱼和青蛙。

原文

又北百二十里，曰松山。阳水出焉，东北流注于河。

译文

再向北一百二十里的地方，叫做松山。阳水从松山中奔涌而出，滔滔向东北流去，最后注入黄河。

原文

又北百二十里，曰敦与之山，其上无草木，有金玉。溹水出于其阳，而东流注于泰陆之水；泜水出于其阴，而东流注于彭水；槐水出焉，而东流注于泜泽。

译文

再往北一百二十里，是座敦与山，山上不生长花草树木、蕴藏有金属矿物和玉石。溹水从敦与山的南面山脚流出，然后向东流入泰陆水；泜水从敦与山的北面山脚流出，然后向东流入彭水；槐水也从这座山发源，然后向东流入泜泽。

原文

又北百七十里，曰柘山，其阳有金玉，其阴有铁。历聚之水出焉，而北流注于洧水。

译文

再往北一百七十里，是座柘山，山南阳面出产金属矿物和玉石，山北阴面出产铁。历聚水从这座山发源，然后向北流入洧水。

原文

又北三百里，曰维龙之山，其上有碧玉，其阳有金，其阴有铁。肥水出焉，而东流注于皋泽，其中多礨(lěi)石①。敞铁之水出焉，而北流注于大泽。

注释

①礨石：礨的本义是地势突然高出的样子。礨石在这里指河道中的大石头高出水面许多，显得突兀。

译文

再向北三百里的地方，叫做维龙山。山上遍布着精美的碧玉，山向阳的北坡有很多黄金，山背阴的北坡蕴藏着丰富的铁。肥水从山中奔涌而出，向东滚滚流去，注入皋泽，水中有很多大石头。敞铁水发源于这座山，往北滔滔流去，注入大泽。

原文

又北百八十里，曰白马之山，其阳多石玉，其阴多铁，多赤铜。木马之水了出焉，而东北流注于虖沱。

译文

再往北一百八十里，是座白马山，山南阳面有很多石头和玉石，山北阴面有丰富的铁，还多出产黄铜。木马水从这座山发源，然后向东北北流入虖沱水。

原文

又北二百里，曰空桑之山，无草木，冬夏有雪。

译文

再往北二百里，是座空桑山，没有花草树木，冬天夏天都有雪。空桑水从这座山发源，向东流入虖沱水。

原文

又北三百里，曰泰戏之山，无草木，多金玉。有兽焉，其状如羊，一角一目，目在耳后，其名曰䍶䍶(dòng)，其鸣自詨。虖沱之水出焉，而东流注于溇(lóu)水。液女之水出于其阳，南流注于沁水。

译文

再向北三百里的地方，叫做泰戏山。这座山荒芜光秃，没有生长花草树木，山中遍布着许多黄金和美玉。山中生长着一种野兽，它的形貌很像羊，但只长着一只角、一只眼睛，奇怪的是眼睛长在耳朵的后面，它名叫㺍㺍，它鸣叫的声音就是自呼其名。虖沱水发源于这座山，向东奔流而去，注入溇水。液女水发源于这座山的南麓，向南流去，注入沁水。

原文

又北三百里，曰石山，多藏金玉。濩濩(huò)之水出焉，而东流注于虖沱；鲜于之水出焉，而南流注于虖沱。

译文

再向北三百里的地方，叫做石山。山中蕴藏着丰富的黄金和精美的玉石，濩濩水发源于这座石山，向东流去，注入虖沱河；鲜于水也发源于这座山，向南流去，注入虖沱河。

原文

又北二百里，曰童戎之山。皋涂之水出焉，而东流注于溇液水。

译文

再向北二百里的地方，叫做童戎山。皋涂水从这座山中奔流而出，向东流去，注入溇液水。

原文

又北三百里，曰高是之山。滋水出焉，而南流注于虖沱。其木多棕，其草多条。滱(kòu)水出焉，东流注于河。

译文

再向北三百里的地方，叫做高是山。滋水发源于这座山，奔腾向南流去，然后注入虖沱河。山中生长着郁郁葱葱的树林，其中以棕榈树最多，还有茂密的草丛，其中以条草最多。滱水发源于这座山，奔腾向东流去，注入黄河。

原文

又北三百里，曰陆山，多美玉。郯水出焉，而东流注于河。

译文

再向北三百里的地方，叫做陆山。山中遍布着晶莹的美玉。郯水发源于这座山，汹涌向东奔流，注入黄河。

原文

又北二百里，曰沂(qí)山。般(pán)水出焉，而东流注于河。

译文

再向北二百里的地方，叫做沂山。般水发源于这座山，水流滔滔东去，注入黄河。

原文

北百二十里，曰燕(yān)山，多婴石。燕(yān)水出焉，东流注于河。

译文

向北一百二十里的地方，叫做燕山。山上遍布着绚丽多彩的燕石。燕水从这座山中流出，向东流去，注入黄河。（燕石很像玉石，所以一般用以比喻不足珍贵的假古董。据传，宋之愚人，得燕石于梧台之东，归而藏之，以为是大宝。周客见后，告诉主人，这是燕石，与瓦块差不多。主人大怒，藏之更加固执了。此事后来一直传为笑料。）

原 文

又北山行五百里，水行五百里，至于饶山，是无草、木，多瑶、碧，其兽多橐（tuó）驼（tuó），其鸟多鹠（liú）。历虢（guó）之水出焉，而东流注于河。其中有师鱼，食之杀人。

译 文

向北走五百里的山路，再走五百里的水路，便到达饶山。这座山荒芜光秃，没有生长花草树木，但却遍布着名贵的瑶和碧一类的美玉。山中生长着很多兽，其中以骆驼为最多，山中还生长着很多飞鸟，其中以鹠为最多。历虢水发源于这座山，奔流东去，注入黄河。水中生长着一种鱼，叫做师鱼，它的毒性很大，人们如果吃了它便会被毒死。

原 文

又北四百里，曰乾（gān）山，无草、木，其阳有金玉，其阴有铁而无水。有兽焉，其状如牛而三足，其名曰獂（yuán），其鸣自詨（xiào）。

译 文

再向北四百里的地方，叫做乾山。这座山荒芜光秃，山中没有生长花草树木。山向阳的南坡遍布着灿灿的黄金和晶莹的玉石，山背阴的北坡，蕴藏着丰富的铁，山中没有水流和瀑布。山中生长着一种兽，它的形体很像牛，却有着三只脚，它名叫獂。它吼叫的声音，就是自呼其名。

原文

又北五百里，曰伦山。伦水出焉，而东流注于河。有兽焉，其状如麋(mí)，其川在尾上，其名曰罴(pí)九。

译文

再向北五百里的地方，叫做伦山。伦水发源于这座山，奔流向东，注入黄河。山中生长着一种兽，它的形体像麋，它的肛门长在尾巴上，它的名字叫做罴九。

原文

又北五百里，曰碣(jié)石之山。绳水出焉，而东流注于河。其中多蒲夷之鱼。其上有玉，其下多青碧。

译文

再向北五百里的地方，叫做碣石山。绳水发源于这座山，蜿蜒向东流去，注入黄河。在河水中生长着很多蒲夷鱼。山上遍布着晶莹的玉石，山下也有很多青玉和碧玉。

原文

又北水行五百里，至于雁门之山，无草、木。

译文

再向北走五百里的水路，便到了雁门山。山上荒芜光秃，没有生长树木花草。

原文

又北水行四百里，至于泰泽。其中有山焉，曰帝都之山，广员(yùn)百里，无草、木，有金、玉。

译文

再向北行四百里水路，便到达泰泽。在泰泽里面，屹立着一座奇伟大山，叫做帝都山。这座山方圆百里，但山上荒芜光秃，没有生长花草树木。山中蕴藏着丰富的矿物资源，其中以黄金最多，山上还遍布着精美绚丽的玉石。

原文

又北五百里，曰錞（dūn）于毋（wú）逢之山，北望鸡号（háo）之山，其风如飚（lì）。西望幽都之山，浴水出焉。是有大蛇，赤首白身，其音如牛，见（xiàn）则其邑大旱。

译文

再向北五百里的地方，有一座大山，叫做錞于毋逢山。在其山巅，向北望去，鸡号山的景色，尽收眼底，从北面吹来强劲的风使人寒战；向西望去，幽都山景色一览无余。浴水发源于这座山，水流奔涌而出。在这座山中，生长着一种大蛇，头部是红色的，身子是白色的，它的叫声很像牛吼，这种蛇只要一出现，就预示着那里将出现大的旱灾。

原文

凡北次三山之首，自太行（háng）之山以至于毋逢之山，凡四十六山，万二千三百五十里。其神状皆马身而人面者廿（niàn）神。其祠（cí）之，皆用一藻珪（guī）瘗（yì）之。其十四神状皆彘（zhì）身而载（zài）玉。其祠之，皆玉，不瘗。其十神状皆彘身而八足蛇尾。其祠之，皆用一璧瘗之。大凡四十四神，皆用稌（tú）糈（xǔ）米祠之。此皆不火食。

译文

北次三经的群山,从太行山起,至毋逢山止,共有四十六座大山,蜿蜒曲折达一万二千三百五十里长。在这些山中所居住的神灵,其长相是马身人面共二十个神。在祠堂中祭祀神灵时,皆用聚藻、香草作祭品,埋于地下。另外还有十四个神灵,长相都像猪身子,却戴着用精美的玉石所制成的各种玉器。在祭祀这十四个神灵时,祭品应当用玉器,但不埋掉。还有十个神灵,长相是猪身,但长着八个脚,长着像蛇一样的尾巴。在这些神灵的祠堂祭祀,都用一块精美的玉石,埋于地下。这四十四个神灵,在祭祀时,都用精选的米,这些神明,都吃生食,不吃用火煮、烤的熟食。

原文

右北经之山,凡八十七山,二万三千二百三十里。

译文

以上所记载的北山经中的群山,总共八十七座大山,蜿蜒长达二万三千二百三十里。

卷四　东山经

原文

东山之首，曰樕（sù）螽（zhū）之山，北临乾（gān）昧。食水出焉，而东北流注于海。其中多鳙鳙（yōng）之鱼，其状如犁牛①，其音如彘鸣。

注释

①犁牛：毛色黄黑相杂的牛，像虎纹似的。

译文

东方第一列山系的首座山，叫做樕螽山，北面与乾昧山相邻。食水从这座山发源，然后向东北流入大海。水中有很多鳙鳙鱼，形状像犁牛，发出的声音如同猪叫。

原文

又南三百里，曰藟(lěi)山，其上有玉，其下有金。湖水出焉，东流注于食水，其中多活师①。

注释

①活师：又叫活东，蝌蚪的别名，是青蛙、蛤蟆、娃娃鱼等两栖动物的幼体，头又圆又大而尾巴细小，游泳水中。

译文

再往南三百里，是座藟山，山上有玉，山下有金。湖水从这座山发源，向东流入食水，水中有很多蝌蚪。

原文

又南三百里，曰栒状之山，其上多金玉，其下多青碧石。有兽焉，其状如犬，六足，其名曰从从，其鸣自诙。有鸟焉，其状如鸡而鼠毛，其名曰蚩鼠，见则其邑大旱。汎水出焉。而北流注于湖水。其中多箴鱼，其状如儵，其喙如箴，食之无疫疾。

译文

再往南三百里，是座栒状山，山上有丰富的金属矿物和玉石，山下有丰富的青石碧玉。山中有一种野兽，形状像一般的狗，却长着六只脚，名称是从从，它发出的叫声便是自身名称的读音。山中有一种禽鸟,形状像普通的鸡却长着老鼠一样的尾巴,名称是蚩鼠,在哪个地方出现那里就会有大旱灾。汈水从这座山发源,然后向北流入湖水。水中有很多箴鱼,形状像儵鱼,嘴巴像长针,人吃了它的肉就不会染上瘟疫病。

原文

又南三百里,曰勃亝之山,无草木,无水。

译文

再往南三百里,是座勃亝山,没有花草树木,也没有水。

原文

又南三百里,曰番条之山,无草木,多沙。减(jiǎn)水出焉,北流注于海,其中多鳡(gǎn)鱼[①]。

注释

①鳡鱼:也叫做母鲇、竿鱼,体延长,亚圆筒形,青黄色,吻尖长,口大,眼小,性凶猛,捕食各种鱼类。

译文

再往南三百里,是座番条山,没有花草树木,到处是沙子。减水从这座山发源,向北流入大海,水中有很多鳡鱼。

原文

又南四百里，曰姑儿之山，其上多漆，其下多桑、柘（zhè）。姑儿之水出焉，北流注于海，其中多鱤鱼。

译文

再往南四百里，是座姑儿山，山上有茂密的漆树，山下有茂密的桑树、柘树。姑儿水从这座山发源，向北流入大海，水中有很多鱤鱼。

原文

又南四百里，曰高氏之山，其上多玉，其下多箴（zhēn）石[①]。诸绳之水出焉，东流注于泽，其中多金玉。

注释

①箴石：石针是古代的一种医疗器具，用石头磨制而成，可以治疗痈肿疽疮，排除脓血。箴石就是一种专门制作石针的石头。

译文

再往南四百里，是座高氏山，山上盛产玉石，山下盛产箴石。诸绳水从这座山发源，向东流入湖泽，水中有许多金属矿物和玉石。

原文

又南三百里，曰岳山，其上多桑，其下多樗（chū）。泺（luò）水出焉，东流注于泽，其中多金玉。

译文

再往南三百里，是座岳山，山上有茂密的桑树，山下有茂密的臭椿树。泺水从这座山发源，向东流入湖泽，水中有许多金属矿物和玉石。

原文

又南三百里，曰犲山，其上无草木，其下多水，其中多堪㐨（xù）之鱼。有兽焉，其状如夸父而彘毛，其音如呼，见则天下大水。

译文

再往南三百里，是座犲山，山上不生长花草树木，山下到处流水，水中有很多堪㐨鱼。山中有一种野兽，形状像猿猴却长着一身猪毛，发出的声音如同人呼叫，一出现而天下就会发生水灾。

原文

又南三百里，曰泰山，其上多玉，其下多金。有兽焉，其状如豚而有珠，名曰狪狪（tōng），其鸣自训。环水出焉，东流注于江，其中多水玉。

译文

再往南三百里，是座泰山，山上盛产玉，山下盛产金。山中有一种野兽，形状与一般的猪相似而体内却有珠子，名称是狪狪，它发出的叫声便是自身名称的读音。环水从这座山发源，向东流入长江，水中有很多水晶石。

原文

又南三百里，曰竹山，錞于江，无草木，多瑶、碧。激水出焉，而东南流注于娶檀之水，其中多茈蠃（luǒ）。

译文

再往南三百里，是座竹山，坐落于汶水边上，这座山没有花草树木，到处是瑶、碧一类的玉石。激水从竹山发源，然后向东南流入娶檀水，水中有很多紫色螺。

原文

东次二山之首，曰空桑之山，北临食水，东望沮吴，南望沙陵，西望涽(mǐn)泽。有兽焉，其状如牛而虎文，其音如吟，其名曰軨軨(líng)，其鸣自叫，见则天下大水。

译文

东方第二列山系之首座山，叫做空桑山，北面临近食水，在山上向东可以望见沮吴，向南可以望见沙陵，向西可以望见涽泽。山中有一种野兽，形状像普通的牛却有老虎一样的斑纹，发出的声音如同人在呻吟，名称是軨軨，它发出的叫声便是自身名称的读音，一出现而天下就会发生水灾。

原文

又南六百里，曰曹夕之山，其下多榖，而无水，多鸟兽。

译文

再往南六百里，是座曹夕山，山下到处是构树，却没有水流，还有许多禽鸟野兽。

原文

又西南四百里，曰峄(yì)皋(gāo)之山，其上多金玉，其下多白垩。峄皋之水出焉，东流注于激女(rǔ)之水，其中多蜃珧(yáo)①。

注释

①蜃：大蛤。蛤是一种软体动物，贝壳卵圆形或略带三角形，颜色和斑纹美丽。珧：小蚌。蚌是一种软体动物，贝壳长卵形，表面黑褐色或黄褐色，有环形。

译文

再往西南四百里，是座峄皋山，山上有丰富的金属矿物和玉石，山下有丰富的白垩土。峄皋水从这座山发源，向东流入激女水，水中有很多大蛤和小蚌。

原文

又南水行五百里，流沙三百里，至于葛山之尾，无草木，多砥砺。

译文

再往南行五百里水路，经过三百里流沙，便到了葛山的尾端，这里没有花草树木，到处是粗细磨石。

原文

又南三百八十里，曰葛山之首，无草木。澧(lǐ)水出焉，东流注于余泽，其中多珠蟞(biē)鱼，其状如肺而有四目，六足有珠，其味酸甘，食之无疠(lì)。

译文

再往南三百八十里，就是葛山的首端，这里没有花草树木。澧水从此发源，向东流入余泽，水中有很多珠蟞鱼，形状像动物的一叶肺器官却有四只眼睛，还有六只脚而且能吐珠子，这种珠蟞鱼的肉味是酸中带甜，人吃了它的肉就不会染上瘟疫病。

原文

又南三百八十里，曰余峨之山，其上多梓柟，其下多荆芑(qǐ)①。杂余之水出焉，东流注于黄水。有兽焉，其状如菟(tù)而鸟喙，鸱(chī)目蛇尾，见人则眠②，名曰犰(qiú)狳(yú)，其鸣自训(jiào)，见则螽(zhōng)蝗为败③。

注释

①芑：通“杞”。即枸杞树。

②眠，装死。

③螽：即螽斯，蝗虫之类的昆虫，体绿色或褐色，样子像蚱蜢，以翅摩擦发音。但对农作物的损害不如蝗虫厉害。为败：为害。

译文

再往南三百八十里，是座余峨山，山上有茂密的梓树和楠木树，山下有茂密的牡荆树和枸杞树。杂余水从这座山发源，向东流入黄水。山中有一种野兽，形状像一般的兔子却是鸟的嘴，鹞鹰的眼睛和蛇的尾巴，一看见人就躺下装死，名称是犰狳，发出的叫声便是它自身名称的读音，一出现就会有螽斯蝗虫出现而为害庄稼。

原文

又南三百里，曰杜父之山，无草木，多水。

译文

再往南三百里，是座杜父山，不生长花草树木，到处都是流水。

原文

又南三百里，曰耿山，无草木，多水碧①，多大蛇。有兽焉，其状如狐而鱼翼，其名曰朱獳(rú)，其鸣自訆，见则其国有恐。

注释

①水碧：就是前文所说的水玉之类，即水晶石。

译文

再往南三百里，是座耿山，没有花草树木，到处是水晶石，还有很多大蛇。山中有一种野兽，形状像狐狸却长着鱼鳍，名称是朱獳，发出的叫声便是它自身名称的读音，在哪个国家出现那个国家里就会有恐怖的事发生。

原文

又南三百里，曰卢其之山，无草木，多沙石。沙水出焉，南流注于涔(cén)水，其中多鵹(lí)鹕(hú)[①]，其状如鸳鸯而人足，其鸣自训，见则其国多土功。

注释

①鵹鹕：即鹈鹕鸟，也叫做伽蓝鸟、淘河鸟、塘鸟。它的体长可达二米，羽毛多是白色，翅大而阔，下颌底部有一大的皮囊，能伸缩，可以用来兜食鱼类动物。因为它的四趾之间有金蹼相连，所以古人认为其足类似人脚。

译文

再往南三百里，是座卢其山，不生长花草树木，到处是沙子石头。沙水从这座山发源，向南流入涔水，水中有很多鹈鹕鸟，形状像一般的鸳鸯却长着人一样的脚，发出的叫声便是它自身名称的读音，在哪个国家出现那个国家里就会有大兴水土工程的劳役。

原文

又南三百八十里，曰姑射(yì)之山，无草木，多水。

译文

再往南三百八十里，是座姑射山，没有花草树木，到处流水。

原文

又南水行三百里，流沙百里，曰北姑射之山，无草木，多石。

译文

再往南行三百里水路，经过一百里流沙，是座北姑射山，没有花草树木，到处是石头。

原文

又南三百里，曰南姑射之山，无草木，多水。

译文

再往南三百里，是座南姑射山，没有花草树木，到处流水。

原文

又南三百里，曰碧山，无草木，多大蛇，多碧、水玉。

译文

再往南三百里，是座碧山，没有花草树木，有许多大蛇，还盛产碧玉、水晶石。

原文

又南五百里，曰缑(gōu)氏之山[①]，无草木，多金玉。原水出焉，东流注于沙泽。

注释

①缑氏之山：山名。今河南省偃师县有缑氏山，传说王子乔在此修道成仙。

译文

再往南五百里，是座缑氏山，不生长花草树木，有丰富的金属矿物和玉石。原水从这座山发源，向东流入沙泽。

原文

又南三百里，曰姑逢之山，无草、木，多金、玉。有兽焉，其状如狐而有翼，其音如鸿雁，其名曰獙(bì)獙，见(xiàn)则天下大旱。

译文

再向南三百里的地方，有一座山，叫做姑逢山。山上荒芜光秃，没有生长树木花草，山中遍布着黄金和美玉。山中还生长着一种兽，它长的形体同狐相似，但却长着两个翅膀，它的叫声如鸿雁啼鸣，它的名字叫獙獙，只要它一出现，就会天下大旱。

原文

又南五百里，曰凫(fú)丽之山，其上多金、玉，其下多箴(zhēn)石。有兽焉，其状如狐，而九尾、九首、虎爪(zhǎo)，名曰蛩(lóng)蛭(zhì)，其音如婴儿，是食人。

译文

再向南五百里的地方，有一座山，叫凫丽山。山上遍布着黄金和美玉，山中遍布着箴石。山中生长着一种野兽，它长的形体同狐相似，但却长着九条尾巴、九个头，生着虎爪，它的名字叫蠪蛭，它的叫声很像婴儿啼哭，这种兽会吃人。

原文

又南五百里，曰硾（zhēn）山，南临硾（zhēn）水，东望湖泽。有兽焉，其状如马而羊目、四角、牛尾，其音如獆（háo）狗，其名曰峳（yóu）峳，见（xiàn）则其国多狡客。有鸟焉，其状如凫（fú）而鼠尾，善登木，其名曰絜（xié）钩（gōu），见（xiàn）则其国多疫。

译文

再向南五百里的地方，有一座山，叫做硾山。这座山挺拔险峻，南边与硾水相连，东边与湖泽相望。山中有一种兽，它长的形体同马相似，而眼睛却像羊的眼睛，头上有四只角，长着牛尾，它的叫声如同狗吠，它名叫峳峳，只要它出现在哪个国家，哪个国家便会出现很多狡猾之人。山中生长着一种鸟，它长的形体同野鸭相似，而尾部长着鼠尾，善于攀登树木，它的名字叫做絜钩，只要它出现在哪个国家，哪个国家便会有疾病流行。

原文

凡东次二山之首，自空（kōng）桑之山至于硾（zhēn）山，凡十七山，六千六百四十里。其神状皆兽身人面载（zài）觡（gé）。其祠（cí）：毛用一鸡祈（qí）；婴用一璧瘗（yì）。

译文

东次二经诸山，自空桑山起，最后到硾山止，共有十七座大山，蜿蜒长达六千六百四十里，这些山中居住的神仙，长的形貌都是兽身人面，头部长着麋鹿一类动物那样的角。在祠堂中祭奠这些神仙时，毛物用一只鸡取血涂祭，玉器用一块璧埋在地里。

原文

又东次三经之首，曰尸胡之山，北望殚山，其上多金玉，其下多棘。有兽焉，其状如麋而鱼目，名曰妴胡，其鸣自训。

译文

东方第三列山系之首座山，叫做尸胡山，从山上向北可以望见殚山，山上有丰富的金属矿物和玉石，山下有茂密的酸枣树。山中有一种野兽，形状像麋鹿却长着鱼一样的眼睛，名称是妴胡，它的叫声便是自身名称的读音。

原文

又南水行八百里，曰岐山，其木多桃李，其兽多虎。

译文

再往南行八百里水路，是座岐山，山中的树木大多是桃树和李树，而野兽大多是老虎。

原文

又南水行七百里，曰诸钩之山，无草木，多沙石。是山也，广员百里，多寐鱼。

译文

再往南行五百里水路，是座诸钩山，没有花草树木，到处是沙子石头。这座山，方圆一百里，有很多寐鱼。

原文

又南水行七百里，曰中父之山，无草木，多沙。

译文

再往南行七百里水路，是座中父山，没有花草树木，到处是沙子。

原文

又东水行千里，曰胡射之山，无草木，多沙石。

译文

再往东行一千里水路，是座胡射山，没有花草树木，到处是沙子石头。

原文

又南水行七百里，曰孟子之山，其木多梓桐，多桃李，其草多菌蒲，其兽多麋鹿。是山也，广员百里。其上有水出焉，名曰碧阳，其中多鳣鲔。

译文

再往南行七百里水路，是座孟子山，山中的树木大多是梓树和桐树，还生长着茂密的桃树和李树，山中的草大多是菌蒲，山中的野兽大多是麋、鹿。这座山，方圆一百里。有条河水从山上流出，名称是碧阳，水中生长着很多鳣鱼和鲔鱼。

原文

又南水行五百里，流沙行五百里，有山焉，曰跂踵之山，广员二百里，无草木，有大蛇，其上多玉。有水焉，广员四十里皆涌，其名曰深泽，其中多蠵龟。有鱼焉，其状如鲤。而六足鸟尾，名曰鲐鲐之鱼，其名自讠。

译文

再往南行五百里水路，经过流沙五百里，有一座山，叫做跂踵山，方圆二百里，没有花草树木，有大蛇，山上有丰富的玉石。这里有一水潭，方圆四十里都在喷涌泉水，名称是深泽，水中有很多蠵龟。水中还生长着一种鱼，形状像一般的鲤鱼，却有六只脚和鸟一样的尾巴，名称是鲐鲐鱼，发出的叫声便是它自身名称的读音。

原文

又南水行九百里，曰踇隅之山，其上多草木，多金玉，多赭。有兽焉，其状如牛而马尾，名曰精精，其鸣自讠。

译文

再往南行九百里水路，是座踇隅山，山上有茂密的花草树木，有丰富的金属矿物和玉石，还有许多赭石。山中有一种野兽，形状像一般的牛却长着马一样的尾巴，名称是精精，它的叫声便是自身名称的读音。

原文

又南水行五百里，流沙三百里，至于无皋之山，南望幼海，东望榑木，无草木，多风。是山也，广员百里。

译文

再往南行五百里水路，经过三百里流沙，便到了无皋山，从山上向南可以望见幼海，向东可以望见榑木，这里不生长花草树木，到处刮大风。这座山，方圆一百里。

原文

凡东次三经之首，自尸胡之山至于无皋之山，凡九山，六千九百里。其神状皆人身而羊角。其祠：用一牡羊，糈用黍。是神也，见则风雨水为败。

译文

总计东方第三列山系之首尾，自尸胡山起到无皋山止，一共九座山，途经六千九百里。诸山山神的形貌都是人的身子却长着羊角。祭祀山神：在毛物中用一只公羊作祭品，祀神的米用黄米。这些山神，一出现就会起大风、下大雨、发大水而损坏庄稼。

原文

又东次四经之首，曰北号之山，临于北海。有木焉，其状如杨，赤华，其实如枣而无核，其味酸甘，食之不疟。食水出焉，而东北流注于海。有兽焉，其状如狼，赤首鼠目，其音如豚，名曰猲狚，是食人。有鸟焉，其状如鸡而白首，鼠足而虎爪，其名曰鬿雀，亦食人。

译文

东方第四列山系之首座山，叫做北号山，屹立在北海边上。山中有一种树木，形状像普通的杨树，开红色花朵，果实与枣子相似但没有核，味道是酸中带甜，吃了它就能使人不患上疟疾病。食水从这座山发源，然后向东北流入大海。山中有一种野兽，形状像狼，长着红脑袋和老鼠一样的眼睛，发出的声音如同小猪叫，名称是猲狚，是能吃人的。山中还有一种禽鸟，形状像普通的鸡却长着白脑袋，老鼠一样的脚和老虎一样的爪子，名称是鬿雀，也是能吃人的。

原文

又南三百里，曰旄山，无草木。苍体之水出焉，而西浪注于展水，其中多鱃鱼，其状如鲤而大首，食者不疣。

译文

再往南三百里，是座旄山，没有花草树木。苍体水从这座山发源，然后向西流入展水，水中生长着很多鱃鱼，形状像鲤鱼而头长得很大，吃了它的肉就能使人皮肤上不生瘊子。

原文

又南三百二十里，曰东始之山，上多苍玉。有木焉，其状如杨而赤理，其汁如血，不实，其名曰芑，可以服马，泚水出焉，而东北流注于海，其中多美贝，多茈鱼，其状如鲋，一首而十身，其臭如蘼芜，食之不糟。

译文

再往南三百二十里，是座东始山，山上多出产苍玉。山中有一种树木，形状像一般的杨树却有红色纹理，树干中的液汁与血相似，不结果实，名称是芑，把液汁涂在马身上就可使马驯服。泚水从这座山发源，然后向东北流入大海，水中有许多美丽的贝，还有很多茈鱼，形状像一般的鲫鱼，却长着一个脑袋而十个身子，它的气味与蘼芜草相似，人吃了它就不放屁。

原文

又东南三百里，曰女烝之山，其上无草木，石膏水出焉，而西流注于鬲水，其中多薄鱼，其状如鳣鱼而一目，其音如欧，见则天下大旱。

译文

再往东南三百里，是座女烝山，山上没有花草树木。石膏水从这座山发源，然后向西流入鬲水，水中有很多薄鱼，形状像一般的鳝鱼却长着一只眼睛，发出的声音如同人在呕吐，一出现而天下就会发生大旱灾。

原文

又东南二百里，曰钦山。多金玉而无石。师水出焉，而北流注于皋泽，其中多鱃鱼，多文贝。有兽焉，其状如豚而有牙，其名当康，其鸣自叫，见则天下大穰。

译文

再往东南二百里，是座钦山，山中有丰富的金属矿物和玉石却没有石头。师水从这座山发源，然后向北流入皋泽，水中有很多鱃鱼，还有很多色彩斑斓的贝。山中有一种野兽，形状像小猪却长着大獠牙，名称是当康，它发出的叫声就是自身名称的读音，一出现而天下就要大丰收。

原文

又东南二百里，曰子桐之山。子桐之水出焉，而西流注于余如之泽。其中多䱻鱼，其状如鱼而鸟翼，出入有光。其音如鸳鸯，见则天下大旱。

译文

再往东南二百里，是座子桐山。子桐水从这座山发源，然后向西流入余如泽。水中生长着很多䱻鱼，形状与一般的鱼相似却长着禽鸟翅膀，出入水中时闪闪发光，发出的声音如同鸳鸯鸣叫，一出现天下就会发生大旱灾。

原文

又东北二百里，曰剡山，多金玉。有兽焉，其状如彘而人面。黄身而赤尾，其名曰合窳，其音如婴儿，是兽也，食人，亦食虫蛇，见则天下大水。

译文

再往东北二百里，是座剡山，有丰富的金属矿物和玉石。山中有一种野兽，形状像猪却是人的面孔，黄色的身子上长着红色尾巴，名称是合窳，发出的声音如同婴儿啼哭。这种合窳兽，是吃人的，也吃虫和蛇，一出现而天下就会发生水灾。

原文

又东北二百里，曰太山，上多金玉桢木。有兽焉，其状如牛而白首，一目而蛇尾，其名曰蜚，行水则竭，行草则死，见则天下大疫，钩水出焉，而北流注于劳水，其中多鱃鱼。

译文

再往东二百里，是座太山，山上有丰富的金属矿物和玉石、茂密的女桢树。山中有一种野兽，形状像一般的牛却是白脑袋，长着一只眼睛和蛇一样的尾巴，名称是蜚，它行经有水的地方水就干涸，行经有草的地方草就枯死，一出现而天下就会发生大瘟疫。钩水从这座山发源，然后向北流入劳水，水中有很多鱃鱼。

原文

凡东次四经之首，自北号之山至于太山，凡八山，一千七百二十里。

译文

总计东方第四列山系之首尾，自北号山起到太山止，一共八座山，途经一千七百二十里。

原文

右东经之山，凡四十六出，万八千八百六十里。

译文

以上是东方经历之山的记录，总共四十六座山，一万八千八百六十里。

卷五 中山经

原文

中山薄山之首，曰甘枣之山。共水出焉，而西流注于河。其上多杻木。其下有草焉，葵本而杏叶①，黄华而荚(jiá)实②，名曰箨(tuò)，可以已瞢(méng)③。有兽焉，其状如獃(huǐ)鼠而文题④，其名曰難(nài)，食之已瘿。

注释

①本：草木的根或茎干。这里指茎干。

②荚：凡草木果实狭长而没有隔膜的，都叫做荚。

③瞢：眼目不明。

④獃鼠：不详何兽。

译文

中央第一列山系薄山山系的开头一座山，叫做甘枣山。共水从山中流出，涓涓细流汇成滔滔江河，然后向西流去，注入黄河。山上树木葱茏，杻树茂盛，山下杂草丛生，其中有一种奇特的草，像葵花的枝干，又像杏树的叶子，开着艳丽的黄花，在荚中有充盈的果实，名叫箨。这种草种可以入药，医治眼病，能使盲人复明。山中生长着一种怪兽，它的形貌像鼣鼠，但额头有花纹，名叫䶂。人们如果吃了这种兽的肉，便能治疗脖颈上的肉瘤。

原文

又东二十里，曰历儿之山，其上多橿，多枥(lì)木，是木也，方茎而员叶，黄华而毛，其实如楝(liàn)①，服之不忘。

注释

①楝：楝树，也叫苦楝，落叶乔木，春夏之交开花，淡紫色，核果球形或长圆形，熟时黄色。木材坚实，易加工，供家具、乐器、建筑、农具等用。又据古人说捣碎楝树的籽实可以洗衣，而服食它可以益肾。

译文

再向东二十里的地方，屹立着一座山，叫做历儿山。山中树木葱茏，橿树和枥木成林，枝繁叶茂。这种树是方形的枝干，圆圆的绿叶，开着绚丽的黄色花朵，还有毛茸茸的细毛，结的果实如楝树的果实。人们如果吃了这种果实，可以增强记忆力，不容易忘事。

原文

又东十五里，曰渠猪之山，其上多竹。渠猪之水出焉，而南流注于河。其中是多豪鱼，状如鲔(wěi)，而赤喙赤尾赤羽，可以已白癣(xiǎn)①。

注释

①癣：皮肤感染真菌后引起的一种疾病，有好多种。

译文

再向东十五里的地方，屹立着一座高山，叫做渠猪山。山巅生长着茂密的翠竹。渠猪水发源于这座山，向南滔滔流去，最后注入黄河。水中有很多豪鱼，它的形状像鲔鱼，红嘴巴，尾巴上也长着红色的羽毛，这种鱼可以入药，人们吃了以后，可以治愈白癣。

原文

又东三十五里，曰葱聋之山，其中多大谷，是多白垩(è)，黑、青、黄垩。

译文

再向东三十五里的地方，屹立着一座大山，叫做葱聋山。山中谷峪纵横，谷中遍布着白垩，还有黑色垩、青色垩、黄色垩。

原文

又东十五里，曰涹(wō)山，其上多赤铜，其阴多铁。

译文

再向东十五里的地方，有一座山巍然屹立，叫做涹山。山上遍布着黄铜，山背阴的北面蕴藏着丰富的铁。

原文

又东七十里，曰脱扈之山。有草焉，其状如葵叶而赤华，荚实，实如棕荚，名曰植楮(chǔ)，可以已癙(shǔ)①，食之不眯(mì)②。

注释

①癙：忧病。

②眯：梦魇(yǎn)。梦魇就是人在睡梦中遇见可怕的事而呻吟、惊叫。

译文

再向东七十里的地方，屹立着一座高山，叫做脱扈山。山中杂草丛生，其中有一种草，长的形状像葵叶，开着绚丽的红色花朵，长着荚，荚内结实，果实像棕榈树的荚，它名叫植楮。人们如果吃了这种果实，可以治愈忧郁病，还可以远离梦魇。

原文

又东二十里，曰金星之山，多天婴①，其状如龙骨②，可以已痤（cuó）③。

注释

①天婴：不详何种植物。

②龙骨：据古人讲，在山岩河岸的土穴中常有死龙的脱骨，而生长在这种地方的植物就叫龙骨。

③痤：即痤疮，一种皮肤病。

译文

再向东二十里的地方，叫做金星山。山中有很多天婴，它的形状同龙骨相似，可以用这种天婴医治痤疮病。

原文

又东七十里，曰泰威之山。其中有谷曰枭谷，其中多铁。

译文

再向东七十里的地方，叫做泰威山。山中有一条深谷，叫做枭谷，山谷中蕴藏着丰富的铁矿。

原文

又东十五里，曰橿谷之山，其中多赤铜。

译文

再向东十五里的地方，有座山巍然屹立，它名叫橿谷山，山中蕴藏着丰富的黄铜。

原文

又东百二十里，曰吴林之山，其中多葌(jiān)草①。

注释

①葌草：葌，同“蕑”，而蕑即兰，则葌草就是兰草。

译文

再向东一百二十里的地方，叫做吴林山。山中杂草丛生，其中多产兰草。

原文

又北三十里，曰牛首之山。有草焉，名曰鬼草，其叶如葵而赤茎，其秀如禾①，服之不忧。劳水出焉，而西流注于潏(jué)水，是多飞鱼，其状如鲋(fù)鱼，食之已痔衕(dòng)。

注释

①秀：指禾类植物开花。又引申而泛指草木开花。

译文

再向北三十里的地方，叫牛首山。山中翠草丛生，其中有一种草，名叫鬼草，它的叶子与葵叶相同，茎干是红色的，它开的花像禾苗吐出来的穗，如果吃了这种草的种子，能使人乐观，忘记忧愁。劳水从山中流出，滔滔西流，注入潏水，碧波中经常有飞鱼跃出水面，闪闪发光，这种飞鱼的形状如同鲋鱼，可以入药。人们若吃了这种鱼，能治愈痔疮、止泻痢。

原文

又北四十里，曰霍山，其木多榖。有兽焉，其状如狸[①]，而白尾，有鬣，名曰朏朏（fěi），养之可以已忧。

注释

①狸：俗称野猫，似狐狸而小一些，身肥胖而短一点。

译文

再向北四十里的地方，叫做霍山。山中草木丛生，构树特别多。山中有一种兽，它的形体与狸猫相同，但长着白色的尾巴，还长着鬃毛，它名叫朏朏。人们如果畜养这种兽，可以忘记忧愁。

原文

又北五十二里，曰合谷之山，是多薝(zhān)棘[1]。

注释

①薝棘：不详何种植物。

译文

再向北五十二里的地方，屹立着一座雄伟的高山，叫做合谷山。山上杂草丛生。

原文

又北三十五里，曰阴山，多砺石、文石。少水出焉。其中多雕棠，其叶如榆叶而方，其实如赤菽(shū)[1]，食之已聋。

注释

①菽：本义是指大豆，引申为豆类的总称。

译文

再向北三十五里的地方，叫做阴山。山中遍布着磨刀石，还有色彩绚丽的花纹石，少水的发源地就是这。山中树木葱茏，尤以雕棠树最为茂盛，它的叶子如同榆树叶，但形状是方的，它结的果实如红豆。这种果实可以药用，人们如果吃了这种果实，能治愈耳聋。

原文

又东四百里，曰鼓镫（dēng）之山，多赤铜。有草焉，名曰荣草，其叶如柳，其本如鸡卵，食之已风。

译文

再向东北四百里的地方，有一座高山叫做鼓镫山。山上蕴藏着丰富的黄铜。山中生长着一种草，名叫荣草，它的叶子与柳叶相同，它的茎很像鸡蛋，这种草可以药用，人们如果吃了它，便可以治愈麻风病。

原文

凡薄山之首，自甘枣之山至于鼓镫之山，凡十五山，六千六百七十里。历儿，冢也，其祠礼：毛，太牢之具，县（xuán）以吉玉①。其余十三山者，毛用一羊，县（xuán）婴用藻珪②，瘗而不糈。藻珪者②，藻珪也，方其下而锐其上③，而中穿之加金。

注释

①县：同“悬”。吉玉：古人往往在人、事、物等有关词语前贯以“吉”字，用来表示对其美称。这里的吉玉就是一种美称，意思是美好的玉。

②藻珪：用带有色彩斑纹的玉石制成的玉器。

③锐：上小下大。这里指三角形尖角。

译文

薄山的最头部分，自甘枣山开始，到鼓镫山为止，共有十五座大山，蜿蜒长达六千六百七十里。历儿山，是众山的宗主，祭祀它的典礼，毛物要用猪、羊、牛三牲俱备的太牢，并且要用莢玉环绕陈列祭祀。其他十三座山，祭祀时，毛物用一只羊，环绕陈列的玉用藻硅，祭祀完毕便将它们埋进地里，无须再用精米祀神。藻硅是一种有符彩的玉，下面是方的，上面则十分尖锐，中间穿有孔，用金属片贴在上面作为装饰。

原文

中次二经济山之首，曰煇诸之山，其上多桑，其兽多闾（lǘ）麋①，其鸟多鹖（hé）②。

注释

①闾：就是前文所说的形状像驴而长着羚羊角的山驴。

②鹖：鹖鸟。鹖鸟像野鸡而大一些，羽毛青色，长有毛角，天性勇猛好斗，绝不退却，直到斗死为止。古代武士们的帽子上，有两只鹖尾，分插左右两边，显出威武战死沙场的品格。战国时有一个楚人，隐居深山，却用鹖的羽毛做帽子，并以“冠子”为号，所以也名声远扬。

译文

中央第二列山系济山的开头一座山，叫做煇诸山。山上树木葱茏，尤以桑树最为繁茂。山中生长着很多走兽，尤以山驴和麋最多。山中还生长着很多飞禽，尤以鶡鸟为最多。

原文

又西南二百里，曰发视之山，其上多金玉，其下多砥砺。即鱼之水出焉，而西流注于伊水。

译文

再向西南二百里，它叫发视山。山上遍布着丰富的金属，晶莹绚丽的美玉，山下遍布着各种各样的磨刀石。山中溪水潺潺，流出后汇成河流，叫做即鱼水，水向西流，注入伊水。

原文

又西三百里，曰豪山，其上多金玉而无草木。

译文

再向西三百里，它名叫豪山。山上遍布着黄灿灿的金子，晶莹绚丽的玉石，没有生长花草树木。

原文

又西三百里，曰鲜山，多金玉，无草木。鲜水出焉，而北流注于伊水。其中多鸣蛇，其状如蛇而四翼，其音如磬，见则其邑大旱。

译文

再向西三百里的地方，它名叫鲜山。山上遍布着黄金和晶莹的美玉，没有生长花草树木。从山中流出的涓涓溪水，叫做鲜水，滔滔向北流去，注入伊水。山中有一种蛇，叫做鸣蛇，它的形体与一般的蛇相似，但它长着四只翅膀，还发出一种叫声如敲击磬的声音。鸣蛇出现，预示着雨水稀少，将出现大旱之年。

原文

又西三百里，曰阳山，多石，无草木。阳水出焉，而北流注于伊水。其中多化蛇，其状如人面而豺身①，鸟翼而蛇行②，其音如叱呼，见则其邑大水。

注释

①豺：一种凶猛的动物，比狼小一些，体色一般是棕红，尾巴的末端是黑色，腹部和喉部是白色。

②蛇行：蜿蜒曲折地伏地爬行。

译文

再向西三百里的地方，叫做阳山。山中遍布着石块，没有生长花草树木。阳水发源于这座山，向北流去，注入伊水。山中生长着一种蛇，叫做化蛇。这种蛇，蛇身似豺，而面像人脸，长着鸟的翅膀，行走时则与一般的蛇一样。它发出一种奇特的呼叫声，像是人们在叱呼。这种蛇一出现，预示着雨水大增，会造成水患。

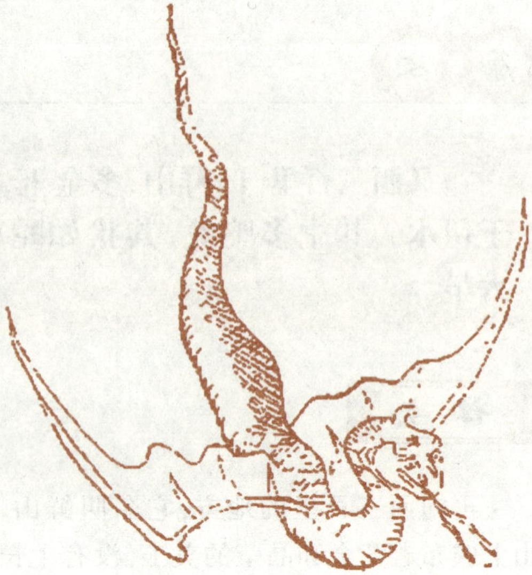

原文

又西二百里，曰昆吾之山，其上多赤铜[1]。有兽焉，其状如彘而有角，其音如号，名曰蛰(lóng)蚳(chí)，食之不眯。

注释

①赤铜：指传说中的昆吾山所特有的一种铜，色彩鲜红，如同赤火一般。用这里生产的赤铜所制作的刀剑，是非常锋利的，切割玉石如同削泥一样。所谓神奇的昆吾之剑，就是由这种铜打造的。

译文

再向西二百里的地方，叫做昆吾山。这座山出产一种特殊的铜。山中长着一种兽，它的形体像猪，但头上却生着角，它的叫声像人号啕大哭，它名叫蚩蚳，人们如果吃了这种兽的肉，不会做噩梦。

原文

又西百二十里，曰葌(jiān)山。葌水出焉，而北流注于伊水。其上多金玉，其下多青雄黄。有木焉，其状如棠而赤叶，名曰芒(máng)草①，可以毒鱼。

注释

①芒草：又作莽草，也可单称为芒，一种有毒性的草，与另一种类似于茅草而大一些的芒草是同名异物。可能芒草长得高大如树，所以这里称它为树木，其实是草。

译文

再向西一百二十里的地方，它叫葌山。葌水从这发源向北流去，注入伊水。山上遍布着金属和晶莹的美玉，在山下则有很多青色雄黄。山中林木葱茏，其中有一种树木，形体与海棠树相似，但叶子是红色的，名叫芒草。这是一种毒草，能够毒死鱼类动物。

原文

又西一百五十里，曰独苏之山，无草木而多水。

译文

再向西一百五十里的地方，它叫独苏山。没有生长花草树木，但却溪流纵横，水源丰富。

原文

又西二百里，曰蔓渠之山，其上多金玉，其下多竹箭。伊水出焉，而东流注于洛。有兽焉，其名曰马腹，其状如人面虎身，其音如婴儿，是食人。

译文

再向西二百里的地方，叫做蔓渠山。山上遍布着黄金和晶莹的美玉；山下竹木繁茂，箭竹成林，郁郁葱葱。伊水发源于这座山，向东流去，注入洛水。山中生长着一种兽，它名叫马腹。它的形貌奇异，人面而虎身，它的叫声如婴儿啼哭。吃人。

原文

凡济山之首，自煇诸之山至于蔓渠之山，凡九山，一千六百七十里。其神皆人面而鸟身。祠用毛，用一吉玉，投而不糈。

译文

济山山系，自煇诸山开始，到蔓渠山止，共有九座山，蜿蜒长达一千六百七十里。这些山中所居住的神仙，都是人面鸟身。在祠堂中祭祀这些神仙，毛物要用完整的牛、羊、猪等，还要用一块吉玉投至山间，祭祀不用精米。

原文

中次三经萯(bèi)山之首，曰敖岸之山，其阳多㻬(tú)琈之玉，其阴多赭、黄金。神熏池居之。是常出美玉。北望河林，其状如茜(qiàn)如举[1]。有兽焉，其状如白鹿而四角，名曰夫诸，见则其邑大水。

注释

①茜：茜草，一种多年生攀援草本植物，根是黄红色，可作染料。举：即榉柳，落叶乔木，生长得又快又高大，木材坚实，用途很广。

译文

中央第三列山系萯山山系的开头一座山，叫做敖岸山。山向阳南坡，遍布着叫做琈的美玉；山背阴的北坡，遍布着赭石和黄金。神仙熏池就住在这里，因而经常有美玉产生出来。从山巅向北望去，河水奔腾，林木葱郁，观其形状，如茜草和榉木。山中生长着一种兽，形体如同白鹿，但长着四只角，它的名字叫夫诸。每当它出现，就预示着雨水增加，会泛滥成灾。

原文

又东十里，曰青要之山，实惟帝之密都①。北望河曲，是多驾鸟②。南望墠（tán）渚，禹父之所化③，是多仆累、蒲卢④。魋（shēn）武罗司之⑤，其状人面而豹文，小要而白齿⑥，而穿耳以鐻（qú）⑦，其鸣如鸣玉。是山也，宜女子。畛（zhěn）水出焉，而北流注于河。其中有鸟焉，名曰鴢（yǎo）⑨，其状如凫，青身而朱目赤尾，食之宜子。有草焉，其状如葌（jiān），而方茎、黄华、赤实，其本如藁（gǎo）本⑧，名曰荀草，服之美人色。

注释

①密都：隐秘深邃的都邑。

②驾鸟：即驾鹅，俗称野鹅。

③禹父：指大禹的父亲鲧(gǔn)。相传禹是夏朝的开国国王。

④仆累：即蜗牛，一种软体动物，栖息于潮湿的地方。蒲卢：一种具有圆形贝壳的软体动物，属蛤、蚌之类。

⑤魈：一说是神鬼，即鬼中的神灵；一说是山神。

⑥要："腰"的本字。

⑦鐻：金银制成的耳环。

⑧藁本：也叫抚芎(xiōng)、西芎，一种香草，根茎含挥发油，可作药用。

⑨鴢：一种鸟，又称鱼鹑。

译文

再向东十里，叫做青要山。这座山实际上是黄帝秘密居住的都邑。北边可以看见河水弯曲处，常常有野鹅群飞。在山峰的顶巅，可以南望墠渚，墠渚是大禹的父亲鲧变化而成，这里生长着很多蜗牛和螺蛳。神仙武罗管理这个地方，武罗的形貌是人面但身体上有豹子一样的花纹，腰很细，齿很白，以金银器作耳环，它的叫声像玉石碰击声。这座山，宜于女子居住。畛水从山中流出，向北流去，注入黄河。山中有一种鸟，名叫鴢，它的形体像野鸭，身躯是青色的，浅红的眼睛，红色的尾巴，人如果吃了这种鸟的肉便可望子孙繁衍。山中有一种草，形状如同蓑草，但茎是方的，开着黄色的花朵，结的是红色的果实，它的根像西芎的根，它的名字叫荀草。人如果吃了这种草，便能使肤色润洁变得漂亮，如同美人。

原文

又东十里，曰騩（guī）山，其上有美枣，其阴有㻬琈之玉。正回之水出焉，而北流注于河。其中多飞鱼①，其状如豚而赤文，服之不畏雷，可以御兵②。

注释

①飞鱼：与上文所述飞鱼的形状不同，当为同名异物。

②兵：指兵器的锋刃。

译文

再向东十里的地方，叫做騩山。山上生长着茂密的枣林，山背阴的北坡，遍布着叫做㻬琈的美玉。山中有溪水流出，汇成河流，名叫正回水，它向北流去，注入黄河。河中生长着许多飞鱼，它的形体与猪相似，但身上有花纹。人们如果吃了这种鱼，便能猛增胆力，不畏惧雷鸣，还可以避免兵乱之灾。

原文

又东四十里，曰宜苏之山，其上多金玉，其下多蔓居之木①。滽滽（yōng）之水出焉，而北流注于河，是多黄贝。

注释

①蔓荆：一种灌木，长在水边，苗茎蔓延，高一丈多，六月开红白色花，九月结成的果实上有黑斑，冬天则叶子凋落。

译文

再向东四十里的地方，叫做宜苏山。山上遍布着璀璨的美玉和大量金属，山上草木葱茏，其中，蔓荆这类灌木尤为繁茂。山中的溪水潺潺流出，汇成河流，叫做滽滽水，向北流去，注入黄河，水中生长着很多黄色的贝。

原文

又东二十里，曰和山，其上无草木而多瑶、碧，实惟河之九都[①]。是山也五曲，九水出焉，合而北流注于河，其中多苍玉。吉神泰逢司之[②]，其状如人而虎尾，是好居于萯(bèi)山之阳，出入有光。泰逢神动天地气也。

注释

①都：汇聚。

②吉神：对神的美称，即善神的意思。

译文

再向东二十里的地方，叫做和山。山顶光秃荒芜，没有生长树木花草，满山遍野有晶莹的瑶和碧这类美玉，闪烁着光芒，这里实际是黄河的九条水源汇聚的地方。这座山蜿蜒回曲，曲回五重，九条水从这座山中发源，汇合成一条巨流，向北注入黄河，水中蕴藏着许多名贵的青玉。吉神泰逢管辖这座山，泰逢神的形貌与人相同，但却长着一条虎尾。泰逢神往往居住在萯山向阳的南坡，每出入于这座山，都发出神奇的光彩。泰逢神具有变幻莫测的法力，可以动天地之气。

原文

凡萯山之首，自敖岸之山至于和山，凡五山，四百四十里。其祠：泰逢、熏池、武罗皆一牡羊副（pì）[①]，婴用吉玉。其二神用一雄鸡瘗之。糈用稌。

注释

①副：裂开，剖开。

译文

萯山山系，自敖岸山起，到和山为止，共有五座大山，长达四百四十里。在这些山中的祠堂里，有泰逢、熏池、武罗等神仙，在祭祀这些神仙时，将一头公羊劈开作为祭品，还需要用晶莹的莢玉所做成的玉器。其余两座山中的两个神仙，在祭祀时，将一只公鸡埋在地下，祭祀用的精米是稻米。

原文

中次四山厘山之首，曰鹿蹄之山，其上多玉，其下多金。甘水出焉，而北流注于洛，其中多泠(gān)石[①]。

注释

①泠石：一种柔软如泥的石头。

译文

中央第四列山系釐山山系的开头一座山，叫做鹿蹄山。山上遍布着璀璨的美玉，山的下边遍布着金子。溪水从山中流出，汇成河流，叫做甘水，它滔滔向北流去，注入洛水，水中有很多像泥一样柔软的石头。

原文

西五十里，曰扶猪之山，其上多礝(ruǎn)石[①]。有兽焉，其状如貉(hé)而人目[②]，其名曰麐(yín)。虢水出焉，而北流注于洛，其中多礝石[③]。

注释

①礝：也写成"碝""瑌"。礝石是次于玉一等的美石。白色的礝石如冰一样透明，而水中的礝石是红色的。

②貉：也叫狗獾，是一种野兽。外形像狐狸而体态较肥胖，尾巴较短，尾毛蓬松，耳朵短而圆，两颊有长毛，体色棕灰。

③礝石：就是礝石。

译文

向西五十里的地方，屹立着一座高山，它名叫扶猪山。山上遍布着许多礝石。山中生长着一种兽，它的形体与貉相似，但长着一副人面，它名叫麐。溪水从山中流出，汇成大河，名叫虢水，向北流去，注入洛水，水中遍布着礝石。

原文

又西一百二十里，曰厘山，其阳多玉，其阴多蒐（sōu）[1]。有兽焉，其状如牛，苍身，其音如婴儿，是食人，其名曰犀渠。滽滽之水出焉，而南流注于伊水。有兽焉，名曰獭（jié），其状如獳（nòu）犬而有鳞[2]，其毛如彘鬣。

注释

①蒐：即茅蒐，现在称作茜（qiàn）草。它的根是紫红色，可作染料，并能入药。

②獳犬：发怒样子的狗。

译文

再向西一百二十里的地方，屹立着一座巍峨的大山，叫做釐山。山向阳的南坡，遍布着璀璨的美玉；山背阴的北坡，生长着茂密的茜草。山中奔跑着一种兽，它的形体很像牛，苍色的体躯，它的叫声如同婴儿啼哭。这种野兽凶残贪婪，能吃人，它名叫犀渠。滽滽水发源于这座山，向南流去，注入伊水。山中还生着一种兽，它的名字叫獭。它的形状像发怒之犬，身上长着鳞甲，毛从鳞甲与鳞甲之间长出，像是猪鬃一样。

原文

又西二百里，曰箕尾之山，多榖，多涂石①，其上多㻬琈之玉。

注释

①涂石：就是上文所说的汵石，石质如泥一样柔软。

译文

再向西二百里的地方，有一座高山巍然屹立，它名叫箕尾山。山上生长着茂盛的构树，山坡遍布着涂石，山顶蕴藏着很多叫㻬琈的精美玉石。

原文

又西二百五十里，曰柄山，其上多玉，其下多铜。滔雕之水出焉，而北流注于洛。其中多羬羊。有木焉，其状如樗，其叶如桐而荚实，其名曰茇（bá）①，可以毒鱼。

注释

①茇：学者认为"茇"可能是"芫"的误写。芫即芫华，也叫芫花，是一种落叶灌木，春季先开花，后生叶，花蕾可入药，根茎有毒性。

译文

再向西二百五十里的地方，有一座柄山，山中蕴藏着精美的玉石，山下蕴藏着丰富的黄铜。山溪潺潺流出，汇成河流，取名滔雕水，滚滚向北流去，注入洛水。水边生长着很多羬羊。山中树木丛生，苍翠葱郁，林中有一种树木，形状很像臭椿树，叶像梧桐树叶，长荚，荚内有果实，它的名字叫茇。这种树木叶子和果实都有毒，能毒死鱼类。

原文

又西二百里，曰白边之山。其上多金玉，其下多青、雄黄。

译文

再向西二百里的地方，屹立着一座高山，叫做白边山。山上遍布着丰富的金属资源和晶莹的玉石，山下遍布着青色的石头和雄黄。

原文

又西二百里，曰熊耳之山，其上多漆，其下多棕。浮濠之水出焉，而西流注于洛，其中多水玉，多人鱼。有草焉，其状如苏而赤华①，名曰葶(tíng)苧(nìng)，可以毒鱼。

注释

①苏：即紫苏，又叫山苏，一年生草本植物，茎干呈方形，叶子紫红色。枝、叶、茎、果都可作药用。

译文

再向西二百里的地方，有一座巍峨的高山，叫做熊耳山。山中树木葱茏，山顶漆树成林，山下全是棕树。溪水涓涓流出，汇成河流，叫做浮濠水，它向西流去，注入洛水，水中蕴藏着许多精美的玉石，生活着许多人鱼。山中草木丛生，其中有一种草，形状如同紫苏，却开着红色的花朵，名叫葶苧。这种草有毒，能将鱼毒死。

原文

又西三百里，曰牡山，其上多文石，其下多竹箭、竹䉋(méi)。其兽多㸲(zuó)牛、羬(qián)羊，鸟多赤鷩(biē)①。

注释

①赤鷩：即鷩雉，也叫锦鸡，像野鸡而小一些，冠子羽毛都很美，五色艳丽。和上文所说的赤鷩同属野鸡的种类，形状大同小异，故名称上也往往混同。

译文

再向西三百里的地方，有一座山屹立着，它名叫牡山，山顶上遍布着五颜六色的花纹石；山下树林茂密，郁郁葱葱，生长着竹箭和竹䉋。山上生长着很多走兽，其中最多的是㸲牛、羬羊，还生长着许多飞禽，尤以赤鷩为最多。

原文

又西三百五十里，曰讙（huān）举之山。雒（luò）水出焉，而东北流注于玄扈之水。其中多马肠之物[①]。此二山者，洛间也。

注释

①其中：指玄扈山中。据《水经注·洛水》，知玄扈水发源于玄扈山。可见，此处是有省文的。马肠：即上文所说的怪兽马腹，人面虎身，叫声如婴儿哭，吃人。另雒水即洛水。

译文

再向西三百五十里的地方，屹立着一座高山，叫做讙举山。洛水发源于这座山，向东北方向流去，注入玄扈水，水中生长着许多马肠之类的动物。在讙举山和玄扈山之间，夹着奔腾激越的洛水。

原文

凡厘山之首，自鹿蹄之山至于玄扈之山，凡九山，千六百七十里。其神状皆人面兽身。其祠之：毛用一白鸡，祈而不糈，以采衣(yì)之①。

注释

①衣：用作动词，穿的意思。这里是包裹的意思。

译文

厘山的最头部分，从鹿蹄山开始，一直到玄扈山为止，共有九座大山，蜿蜒长达一千六百七十里。这些山中的神仙，都是人面兽身。在神祠中进行祭祀，毛物选用一只完整的白鸡取血涂祭，并用彩色的东西把鸡加以装饰，不选用精米作祭品。

原文

中次五经薄山之首，曰苟林之山，无草木，多怪石。

译文

中央第五列山系薄山山系的开头一座山，叫做苟林山。山上光秃荒芜，没有树木花草，满山遍野怪石嶙峋。

原 文

东三百里,曰首山,其阴多榖柞(zuò)[①],其草多茮(zhú)芫[②]。其阳多㻬琈之玉,木多槐。其阴有谷,曰机谷,多鴩(dì)鸟,其状如枭而三目,有耳,其音如録,食之已垫[③]。

注释

①柞:柞树,也叫蒙子树、凿刺树、冬青,常绿灌木,初秋开花,雌雄异株,花小,黄白色,浆果小球形,黑色。

②茮:即山蓟,是一种可作药用的草,又分为苍茮、白茮二种。苍茮是多年生直立草本植物,可以入药。白茮是多年生草本植物,根状茎可以入药。芫:即芫华,其实是落叶灌木,因树形矮小,被看作草。花可以药用,根可以毒死鱼。

③垫:一种因低下潮湿而引发的疾病。

译 文

向东三百里的地方,屹立着一座巍峨的高山,叫做首山。山背阴的北坡,生长着构树和柞树,草丛翠绿,其间尤以山蓟、芫花最为茂盛;山向阳的南坡,遍布着一种叫㻬琈的美玉,生长的树丛中,尤以槐树为最多。山的北面,沟壑纵横,其中有一道深谷,叫做机谷。在机谷中生长的飞禽,尤以鴩鸟最多,它的形体如枭鸟,但长着三只眼,还有耳朵,它叫的声音很像鹿鸣。人如果吃了这种鸟的肉,可以医治好湿气病。

原文

又东三百里，曰县𨝚(zhú)之山，无草木，多文石。

译文

再向东三百里的地方，屹立着一座高山，叫做县𨝚山。山上光秃荒芜，没有生长草木，满山遍布着绚丽多彩的花纹石。

原文

又东三百里，曰葱聋之山，无草木，多㻋(bàng)石[1]。

注释

①㻋石：即玤石，是次于玉石一等的石头。

译文

再向东三百里的地方，巍然屹立着一座山峰，叫做葱聋山。山巅荒芜光秃，没有生长花草树木，满山遍布着可以用来做佩饰的精美的石头。

原文

东北五百里，曰条谷之山，其木多槐桐，其草多芍药、虋(mén)冬[1]。

注释

①芍药：多年生草本植物，初夏开花，与牡丹花相似，可供观赏，而根茎可以入药。亹冬：俗作门冬，有两种，一是麦门冬，也叫沿阶草，多年生常绿草本植物，须根常膨大成纺锤形，可以作药用；二是天门冬，也叫天冬草，多年生攀援草本植物，地下有簇生纺锤形肉质块根，可以作药用。

译文

向东北方向五百里的地方，巍然屹立着一座高山，叫做条谷山。山上树木郁郁葱葱，尤以槐树和桐树最为繁盛；山中杂草丛生，芍药花娇艳妩媚，天门冬和麦门冬也翠绿常青。

原文

又北十里，曰超山，其阴多苍玉，其阳有井①，冬有水而夏竭。

注释

①井：井是人工开挖的，泉是自然形成的，而本书记述的山之所有皆为自然事物，所以，这里的井当是指泉眼下陷而低于地面的水泉，形似水井，故称。

译文

再向北十里的地方，巍然屹立着一座高山，叫做超山。山背阴的北坡，遍布着精美的苍玉；山向阳的南坡，有一眼泉水。这些井，冬天有水，而夏天反会干涸。

原文

又东五百里，曰成侯之山，其上多櫄(chūn)木①，其草多芁(jiāo)②。

注释

①櫄木：据古人说，这种树与高大的臭椿树相似，树干可以作车辕。

②芁：就是秦艽，一种可作药用的草。

译文

再向东五百里的地方，叫做成侯山。山顶树木葱茏，尤以木材可以做车辕的椿树最为茂盛；山中草类丛生，药草秦艽草最为茂盛。

原文

又东五百里，曰朝歌之山，谷多美垩(è)。

译文

再向东五百里的地方，叫做朝歌山。山中峡谷纵横，谷中有各种颜色的垩土。

原文

又东五百里，曰槐山，谷多金锡①。

注释

①锡：这里指天然锡矿石，而非提炼的纯锡。以下同此。

译文

再向东五百里的地方，叫做槐山。山谷中蕴藏着丰富的黄金和锡。

原文

又东十里，曰历山，其木多槐，其阳多玉。

译文

在槐山以东十里的地方，叫做历山。在葱茏的森林中，以槐树生长最为茂盛，山向阳的南坡，遍布着璀璨的美玉。

原文

又东十里，曰尸山，多苍玉，其兽多麖（jīng）①。尸水出焉，南流注于洛水，其中多美玉。

注释

①麋:鹿的一种,体型较大。

译文

向东十里的地方,叫做尸山。山中遍布着晶莹的苍玉,山中有很多野兽,尤其以水鹿为最多。尸水从山中流出,汇成河流,滔滔向南流去,注入洛水,水中蕴藏着很多美玉。

原文

又东十里,曰良余之山,其上多穀柞,无石。余水出于其阴,而北流注于河;乳水出于其阳,而东南流注于洛。

译文

再向东十里的地方,是良余山。山上林木苍翠,构树、柞树生长得特别茂密,山中没有石头;溪水从山的北面流出,汇成河流,叫做余水,向北流去注入黄河。溪水从山的南面流出,汇成河流,叫做乳水,向东南流去,注入洛水。

原文

又东南十里,曰蛊尾之山,多砺石、赤铜。龙余之水出焉,而东南流注于洛。

译文

再向东南十里的地方，叫做蛊尾山。山中遍布着许多磨刀石和黄铜。溪水从山中流出，汇成河流，叫做龙余水，向东南流去注入洛水。

原文

又东北二十里，曰升山，其木多榖、柞、棘，其草多藷萸(yǔ)蕙[1]，多寇脱[2]。黄酸之水出焉，而北流注于河，其中多璇(xuán)玉[3]。

注释

①藷萸：也叫山药。它的块茎不仅可以食用，并且可作药用。蕙：一种香草。

②寇脱：古人说是一种生长在南方的草，有一丈多高，叶子与荷叶相似，茎中有瓤，纯白色。

③璇玉：古人说是质料成色比玉差一点的玉石。

译文

再向东北二十里的地方，屹立着一座高山，叫做升山。山上林木葱茏，构树、柞树和酸枣树生长得尤为茂盛。在丛生的杂草中，山药和惠草尤为茂盛，寇脱草也很茂密。溪水从山中流出，汇成河流，叫做黄酸水，水流向北，注入黄河，水中有很多仅次于玉石的精美石头。

原文

又东二十里，曰阳虚之山，多金，临于玄扈之水[①]。

注释

①玄扈：相传，在仓颉为帝时，到南方巡游狩猎，曾登上高耸阳虚的山顶，并亲自涉于玄扈水，正是这时青文把神书授给了仓颉。

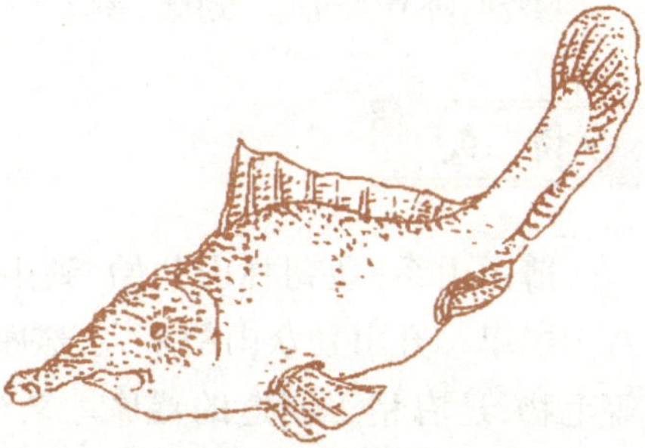

译文

再向东二十里的地方，是阳虚山。山中遍布着丰富的黄金，这座山高耸在玄扈水的岸上。

原文

凡薄山之首，自苟林之山至于阳虚之山，凡十六山，二千九百八十二里。升山，冢也，其祠礼：太牢，婴用吉玉。首山，魋也[①]，其祠用稌、黑牺太牢之具、糵（niè）酿[②]；干儛[③]，置鼓；婴用一璧。尸水，合天也，肥牲祠之；用一黑犬于上，用一雌鸡于下，刉（jī）一牝羊[④]，献血。婴用吉玉，采之，飨之。

注释

①魋:通“神”,神灵。

②糵酿:糵,酒曲,酿酒用的发酵剂。糵酿就是用酒曲酿造的醴(lǐ)酒。这里泛指美酒。

③干儛:古代在举行祭祀活动时跳的一种舞蹈。干,即盾牌,是古代一种防御性兵器。儛,同“舞”。干儛就是手拿盾牌起舞,表示庄严隆重。

④刉:亦作“刏”。划破,割。

译文

薄山山系,从苟林山开始,到阳虚山,共有十六座大山,蜿蜒长达二千九百八十二里。升山是众山的宗主,这座山上祠堂中祭神的礼仪是用整个牛、猪、羊等毛物,还有精玉制造的器皿。祭祀首山的神,用稻谷及完整的牛、羊、猪等毛物,还有精酿的美酒,人们还得击鼓跳持盾之舞,并配以荚玉。尸水,是能够上通到天界,在祭祀天神时,用肥牲畜一头,把一头黑狗放在上边,把一母鸡放在下边,杀牛羊,取牛羊之血,进行血祭。器皿要用精美的玉石制成,并用缯彩来装饰祭品,还要进行祈祷,劝神仙享用食物。

原文

中次六经缟(gǎo)羝(dī)山之首,曰平逢之山,南望伊、洛,东望谷城之山,无草木,无水,多沙石。有神焉,其状如人而二首,名曰骄虫,是为螫虫[①],实惟蜂、蜜之庐[②]。其祠之,用一雄鸡,禳而勿杀[③]。

注释

①螫虫：指一切身上长有毒刺能伤人的昆虫。

②蜜：也是一种蜂。

③禳：祭祀祈祷神灵以求消除灾害。

译文

中央第六列山系缟羝山的开头一座山，叫做平逢山。在平逢山的顶巅，可以南望伊水和洛水，东望谷城山。山中没有生长花草树木，荒芜光秃，而且没有水溪，沙石遍布整个山坡。山中居住着一个神仙，他的形貌与人相似但却长着两个头，他名叫骄虫。他实际上是一切螫虫的首领，并且这里是群蜂集聚的地方。在祭祀这位神仙时，用一只公鸡作祭品，作为祭品的公鸡，不杀死，而是祈祷后把它放掉。

原文

西十里，曰缟羝之山，无草木，多金玉。

译文

向西四十里的地方，是缟羝山。山上光秃荒芜，没有生长花草树木，满山遍野黄金闪闪发光，玉石晶亮。

原文

又西十里，曰廆(guī)山，多琈玗之玉。其阴有谷焉，名曰雚(guàn)谷，其木多柳楮，其中有鸟焉，状如山鸡而长尾，赤如丹火而青喙，名曰鸰(líng)鹦(yāo)，其鸣自呼，服之不眯(mì)①。交觞(shāng)之水出于其阳，而南流注于洛；俞随之水出于其阴，而北流注于谷水。

注释

①眯：梦魇。

译文

再向西十里的地方，是廆山。满山遍野，琈玗美玉晶莹发光。山的北面，峡谷横贯，叫做雚谷，山谷中林木苍翠，柳树和楮树郁郁葱葱。山中生长着一种飞鸟，它的形体很像山鸡，但长着长长的尾巴，身上长着红色的羽毛，而嘴巴是青色的，它的名字叫鸰鹦，它的叫声是自呼其名，人们吃了这种鸟肉，可以不患梦魇。水溪从山中涓涓流出，汇集成河流，叫做交觞水，它发源于山的南坡，向南流去注入洛水；俞随水发源于这座山的北麓，向北流去，注入谷水。

原文

又西三十里，曰瞻诸之山，其阳多金，其阴多文石。谢(xiè)水出焉，而东南流注于洛；少水出其阴，而东流注于谷水。

译文

再向西三十里的地方，是瞻诸山。山向阳的南坡，黄金遍布，闪闪发光；山背阴的北坡，各种花纹的石头，五颜六色，绚丽多彩。谢水发源于这座山，滔滔向东南流去，注入洛水。在山的北麓，水源奔出，汇成河流，叫做少水，向东流去，注入谷水。

原文

又西三十里，曰娄涿（zhuō）之山，无草木，多金玉。瞻水出于其阳，而东流注于洛；陂（bēi）水出于其阴，而北流注于谷水，其中多茈石、文石。

译文

再向西三十里的地方，是娄涿山。山顶光秃，没有生长花草树木，黄金和美玉遍布山坡。瞻水发源于这座山的南麓，向东滔滔流去，注入洛水；陂水发源于这座山的北麓，向北滔滔流去，注入谷水，水中遍布着紫色石头和有花纹的石头。

原文

又西四十里，曰白石之山。惠水出于其阳，而南流注于洛，其中多水玉。涧水出于其阴，西北流注于谷水，其中多麋（méi）石、栌丹①。

注释

①麋石：麋，通“眉”，眉毛。麋石即画眉石，一种可以描饰眉毛的矿石。栌丹：栌，通“卢”。卢是黑色的意思。卢丹即黑丹砂，一种黑色矿物。

译文

再向西四十里的地方，是白石山。惠水发源于白石山南麓，向南滔滔流去注入谷水，水中遍布着美玉。涧水发源于白石山北麓，向西北滔滔流去注入谷水，水中遍布着许多画眉石和黑丹砂。

原文

又西五十里，曰谷山，其上多榖，其下多桑。爽水出焉，而西北流注于谷水，其中多碧绿①。

注释

①碧绿：据学者研究，可能指现在所说的孔雀石，色彩艳丽，可以制作装饰品和绿色涂料。

译文

再向西五十里的地方，是谷山。山顶构树茂密，山下桑林成荫。山溪从山中涓涓流出，汇成河流，叫做爽水，向西北滔滔流去注入谷水，水中遍布着很多孔雀石。

原文

又西七十二里，曰密山，其阳多玉，其阴多铁。豪水出焉，而南流注于洛，其中多旋龟，其状鸟首而鳖尾，其音如判木[①]。无草木。

注释

①判木：劈木头。

译文

再向西七十二里的地方，是密山。山向阳的南坡玉石遍布，山背阴的北坡，蕴藏着丰富的铁矿。水从山中流出，汇成河流，名叫豪水，水流向南，注入洛水，水中生长着许多旋龟，它的形体是鸟头鳖尾，它的叫声好像劈木头发出的声音。密山山顶光秃，没有生长花草树木。

原文

又西百里，曰长石之山，无草木，多金玉。其西有谷焉，名曰共谷，多竹。共水出焉，西南流注于洛，其中多鸣石[①]。

注释

①鸣石：古人说是一种青色玉石，撞击后发出巨大鸣响，七八里以外都能听到，属于能制作乐器的磬石之类。

译文

再向西一百里的地方，是长石山。山顶光秃，没有生长树木花草，但山上金玉遍布，闪闪发光。山的西边，深深的峡谷，横贯山前，名字叫共谷，谷中丛竹茂密。共水从山中流出，滔滔向西南流去，注入洛水，水中遍布着鸣石。撞击鸣石，七八里路都能听到。

原文

又西一百四十里，曰傅山，无草木，多瑶碧。厌染之水出于其阳，而南流注于洛，其中多人鱼。其西有林焉，名曰墦(fán)冢。谷水出焉，而东流注于洛，其中多珚(yān)玉[①]。

注释

①珚玉：玉的一种。

译文

再向西一百四十里的地方，屹立着一座高山，叫做傅山。山上光秃，没有生长树木花草，但遍布着许多晶莹的美玉。厌染水从傅山南麓流出，向南流去注入洛水，水中生长着许多人鱼。在傅山西面，有一茂密的森林，叫做墦冢。谷水从山中流出，向东流去注入洛水，水中有许多美玉。

原文

又西五十里，曰橐（tuó）山，其木多樗，多櫄（bèi）木[1]，其阳多金玉，其阴多铁，多萧[2]。橐水出焉，而北流注于河。其中多脩辟之鱼，状如黾（měng）而白喙[3]，其音如鸱（chī），食之已白癣。

注释

①櫄木：古人说这种树在七、八月间吐穗，穗成熟后，像似有盐粉沾在上面。
②萧：蒿草的一种。
③黾：青蛙的一种。

译文

再向西五十里的地方，屹立着一座高山，叫做橐山。山顶林木苍翠，尤以臭椿树和櫄树最茂盛。山向阳的南坡金玉遍地，灿灿发光，山背阴的北坡，蕴藏着丰富的铁矿，还生长着许多蒿草。橐水从山中流出，向北流去注入黄河。水中生长着许多脩辟鱼，这种鱼的形状像蛙却长着白色的嘴巴，它的叫声如同猫头鹰鸣叫，人们如果吃了这种鱼的肉，可以医治白癣病。

原文

又西九十里，曰常烝（zhēng）之山，无草木，多垩。潐（qiáo）水出焉，而东北流注于河，其中多苍玉。菑（zī）水出焉，而北流注于河。

译文

再向西九十里的地方，屹立着一座高山，叫做常烝山。山顶光秃，没有生长树木花草，满山遍布着各种颜色的垩土。潐水发源于这座山，流向东北，注入黄河，水中遍布着精美的玉石。菑水也发源于这座山，北流注入黄河。

原文

又西九十里，曰夸父之山，其木多棕枏，多竹箭，其兽多㸲牛、羬羊，其鸟多赤鷩（biē），其阳多玉，其阴多铁。其北有林焉，名曰桃林，是广员三百里，其中多马。湖水出焉，而北流注于河，其中多珚玉。

译文

再向西九十里的地方，屹立着一座高山，叫做夸父山。山顶树木葱茏，尤以棕树和楠树最为繁盛。竹林丛生，苍翠欲滴。山中生长着许多飞禽走兽，兽中多㸲牛和羬羊，鸟中多赤鷩。山向阳的南坡，晶莹的玉石闪闪放光；山背阴的北坡蕴藏着丰富的铁矿。夸父山的北面，有一片树林，叫做桃林，占地面积浩瀚，方圆达三百里。林中生长着很多精美的马。山中细流涓涓而出，汇成河流，叫做湖水，向北流去注入黄河，水中遍布美玉。

原文

又西九十里，曰阳华之山，其阳多金玉，其阴多青、雄黄，其草多藷藇，多苦辛，其状如橚（xiāo）[①]，其实如瓜，其味酸甘，食之已疟。杨水出焉，而西南流注于洛。其中多人鱼。门水出焉，而东北流注于河，其中多玄𥕢（sù）。𫄧（jí）姑之水出于其阴，而东流注于门水，其上多铜。

注释

①橚：同"楸"。楸树是落叶乔木，树形高大，树干端直。夏季开花，籽实可作药用，主治热毒及各种疮疥。

译文

再向西九十里的地方，屹立着一座高山，叫做阳华山。在山向阳的南坡，遍布着灿灿黄金和晶莹的美玉，山背阴的北坡，遍布着石青和雄黄。山中杂草丛生，其中尤以山药最为茂盛，还生长着许多苦辛，它的形状如楸木，结的果实像瓜，味道酸中带甜。人如果吃了这种果实，能够医治好疟疾。溪水从山中缓缓流出，汇集成河，叫做杨水，向西南流去，注入洛水，水中生长着很多人鱼。门水也发源于阳华山，滔滔向东北流去，注入黄河，水中有很多黑色磨刀石。𫄧姑水发源于阳华山的北麓，蜿蜒向东流去，注入门水，两岸蕴藏着丰富的铜矿。

原文

凡缟羝山之首，自平逢之山至于阳华之山，凡十四山，七百九十里。岳在其中[①]，以六月祭之，如诸岳之祠法，则天下安宁。

注释

①岳：高大的山。

译文

缟羝山的最头部分，从平逢山起，到阳华山止，共有十四座山，蜿蜒七百九十里。中岳在其中，每年岁中，即六月左右，必祭祀诸山神仙。祭祀的礼仪，同其他岳的祭祀形式一样，祷祭以后，天下就会太平。

原文

中次七经苦山之首，曰休与之山。其上有石焉，名曰帝台之棋[1]，五色而文，其状如鹑卵。帝台之石，所以祷百神者也，服之不蛊。有草焉，其状如蓍（shī）[2]，赤叶而本丛生，名曰夙条，可以为簳（gǎn）[3]。

注释

①帝台：神人之名。棋：指博棋，古时一种游戏用具。

②蓍：蓍草，又叫锯齿草，蚰蜒草，多年生直立草本植物，叶互生，长线状披针形。古人取蓍草的茎作占筮之用。

③簳：小竹子，可以做箭杆。

译文

中央第七列山系苦山系的开头一座山，叫做休与山。山上有种小石子，名叫帝台之棋。这些石子，五彩缤纷，鲜艳夺目，形状像是鹌鹑的蛋。帝台之石，是用以祷祀百神的，人们如果佩戴这种帝台石，便可以不受邪毒侵染。山中杂草丛生，其中有一种草，其形状像蓍草，长着红色的叶子，木本丛生，叫做夙条，可以用来做箭杆。

原文

东三百里，曰鼓钟之山，帝台之所以觞(shāng)百神也①。有草焉，方茎而黄华，员叶而三成②，其名曰焉酸，可以为毒③。其上多砺，其下多砥。

注释

①觞：向人敬酒或自饮。这里指设酒席招待。

②成：重，层。

③为毒：除去毒性物质。

译文

向东三百里的地方，屹立着一座高山，叫做鼓钟山，是神仙帝台在这里敲钟击鼓宴会天神的地方。山中草木丛生，有一种草，茎是方的，开着黄色的花朵，叶子是圆形的，可以治毒。山的上上下下，遍布着磨刀石。

原文

又东二十里，曰苦山。有兽焉，名曰山膏，其状如豚，赤若丹火，善詈(lì)①。其上有木焉，名曰黄棘，黄华而员叶，其实如兰，服之不字②。有草焉，员叶而无茎，赤华而不实，名曰无条③，服之不瘿。

注释

①詈：骂，责骂。

②字：怀孕，生育。

③无条：与上文所述无条草的形状不一样，属同名异物。

译文

再向东二十里的地方，有座山巍然屹立，叫做苦山。山中生长着一种兽，叫做山膏。它的形貌像猪，长着红色的毛，像丹火一样火红，这种兽特别善于骂人。山中树木葱茏，有一种叫做黄棘的树木，开着黄色的花朵，圆圆的叶子。结的果实，像兰草的果实，如果吃了它，便会失去生育能力。山中生长着一种草，叶子是圆形的，而没有茎，开着红色的花朵，却不结果实，它的名字叫无条。人们吃了这种果实，脖颈上便不会生瘤子。

原文

又东二十七里，曰堵山，神天愚居之，是多怪风雨。其上有木焉，名曰天楄(biān)，方茎而葵状，服者不哽(yè)①。

注释

①哽：食物塞住咽喉。

译文

再向东二十七里的地方，耸立着一座苍翠的大山，叫做堵山。神仙天愚居住在这座山中，经常掀起怪风怪雨。山上生长着一种树木，它的名字叫做天楄，方茎而形状像葵花。人们如果吃了这种树的枝叶，便不会哽噎。

原文

又东五十二里，曰放皋之山。明水出焉，南流注于伊水，其中多苍玉。有木焉，其叶如槐，黄华而不实，其名曰蒙木，服之不惑。有兽焉，其状如蜂，枝尾而反舌，善呼，其名曰文文。

译文

再向东五十二里的地方，屹立着一座雄伟的高山，叫做放皋山。溪水从山中流出，汇成河流，叫做明水。河水滔滔向南流去，注入伊水，水中遍布着苍玉。山中有一种树木，叶子像槐叶，开着黄花，但不结果实，它的名字叫蒙木。人们如果吃了这种果实，就不会糊涂。山中有一种野兽，长的形貌像蜂，尾部分叉，舌头反长着，善于鸣叫，它的名字叫文文。

原文

又东五十七里，曰大苦(kǔ)之山，多㻬琈之玉，多麋玉①。有草焉，其状叶如榆，方茎而苍伤②，其名曰牛伤③，其根苍文，服者不厥④，可以御兵。其阳狂水出焉，西南流注于伊水，其中多三足龟，食者无大疾，可以已肿。

注释

①麋玉：据古人说，可能就是瑂玉，一种像玉的石头。

②苍伤：就是苍刺，即青色的棘刺。

③牛伤：如同说牛棘。

④厥：古代中医学上指昏厥或手脚逆冷的病症，即突然昏倒，不省人事，手脚僵硬冰冷。

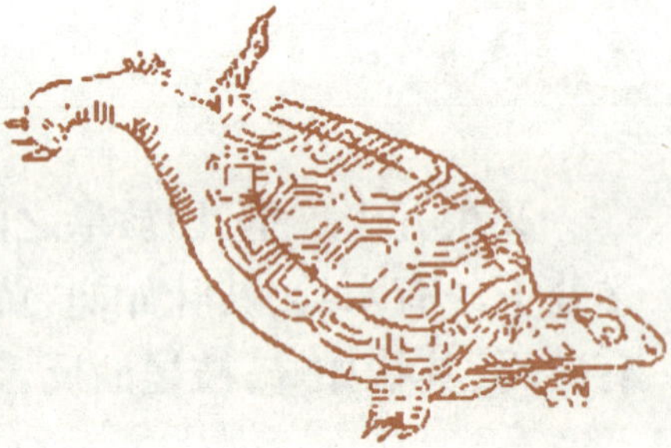

译文

再向东五十七里的地方，屹立着一座峰峦，叫做大苦山。满山遍布着精美的㻬琈玉，五颜六色的彩石。山中生长着一种草，它的叶子像榆树叶，茎是方的，上面长着棘刺，它的名字叫牛伤。它的根部有青色的斑纹，人们如果吃了这种草，可以不昏厥，还可以增强体力，以防御兵灾。狂水发源于这座山的南麓，向西南流去，注入伊水。水中生长着很多三足龟，人们吃了这种龟肉，可以不生大病，还可以消除痈肿。

原文

又东七十里，曰半石之山。其上有草焉，生而秀①，其高丈余，赤叶赤华，华而不实，其名曰嘉荣，服之者不霆②。来需之水出于其阳，而西流注于伊水，其中多鲶(lún)鱼，黑文，其状如鲋，食者不睡。合水出于其阴，而北流注于洛，多螣(téng)鱼③，状如鳜(guì)④，居逵(kuí)⑤，苍文赤尾，食者不痈，可以为瘘(lòu)⑥。

注释

①秀：草类植物结实。这里指不开花就先结出果实。

②霆：响声又震人又迅疾的雷。

③螣鱼：也叫瞻星鱼，体粗壮，亚圆筒形，后部侧扁，有粗糙骨板。

④鳜：鳜鱼，也叫鯚花鱼、桂鱼，体侧扁，背部隆起，青黄色，有不规则黑色斑纹，口大，下颌突出，鳞小，圆形。

⑤逵：四通八达的大路。这里指水底相互贯通着的洞穴。

⑥瘘：人的脖子上生疮，长时间不愈，常常流脓水，还生出蛆虫，古时把这种病状称作瘘。

译文

再向东七十里的地方，屹立着一座山峰，叫做半石山。山上生长着一种异草，长得茂盛高大，高一丈余。它长着红色的叶子，开着红色的花，但不结果实，它的名字叫嘉荣。人们如果吃了这种草，可以不畏惧打雷。来需水发源于半石山的南麓，滔滔向西流去，注入伊水。水中生长着很多鲶鱼，身上有黑色花纹，形体同鲫鱼相似。人们吃了这种鱼，会精神饱满，不容易瞌睡。合水发源于半石山的北麓，滔滔向北流去，注入洛水，水中生长着很多䲢鱼。这种鱼形状如同桂鱼一样，潜居在水中有洞穴潜通的地方，身上长着苍色花纹，拖着红色的尾巴。人们如果吃了这种鱼，便不患痈肿，还能治疗颈部肿大病。

原文

又东五十里，曰少室之山，百草木成囷（qūn）①。其上有木焉，其名曰帝休，叶状如杨，其枝五衢（qú）②，黄华黑实，服者不怒。其上多玉，其下多铁。休水出焉，而北流注于洛，其中多鯑（tì）鱼，状如盩（zhōu）蜼（wèi）而长距③，足白而对，食者无蛊疾，可以御兵。

注释

①囷：圆形谷仓。

②衢：交错歧出的样子。

③盩蜼：据古人说是一种与猕猴相似的野兽。

译文

再向东五十里的地方，屹立着一座高山，叫做少室山。它百草繁盛，林木葱茏，草木聚拢，如圆谷仓的形状。山上生长着一种树木，名字叫帝休。叶子形状如杨树叶，枝条交错，向五方伸展，开黄花，果实黑色。人们如果吃了这种果实，就会心平气和，不会发怒。山上遍布着晶莹的玉，山下蕴藏着丰富的铁矿。休水从山中流出，汇成河流，向北流去，注入洛水，水中生长着很多鯑鱼，这种鱼形体如长尾猴，却长着长长的足爪，脚白但足趾相向。人们吃了这种鱼，可以不患疑心病，能增强勇气体力，以防御兵灾。

原文

又东三十里，曰泰室之山。其上有木焉，叶状如梨而赤理，其名曰栯（yù）木，服者不妒。有草焉，其状如茱（zhú），白华黑实，泽如贝蘡（yīng）薁（yù）[1]，其名曰䔄草[2]，服之不眯[3]。上多美石。

注释

①蘡薁：一种藤本植物，俗称野葡萄。夏季开花，果实黑色，可以酿酒，也可入药。

②䔄草：与上文所述䔄草的形状不一样，当是同名异物。

③眯：昏暗。引申为眼目不明。

译文

再向东三十里的地方，屹立着一座高山，叫做泰室山。山中生长着一种树木，叶子的形状像梨树叶，而木质是红色的，它名叫栯木，人们如果吃了这种树木的枝叶，便会增强修养不嫉妒别人。山中生长着一种草，它的形状如白术，开着白色花朵，结黑色的果实，闪闪有光泽，犹如山葡萄，它名叫䔄草。人们如果吃了这种草，眼睛就不会昏花。山上多精美的石头。

原文

又北三十里，曰讲山，其上多玉，多柘（zhè）、多柏。有木焉，名曰帝屋，叶状如椒[1]，反伤赤实[2]，可以御凶。

注释

①椒：有三种，一种是木本植物，即花椒；一种是藤本植物，即胡椒；一种是蔬类植物。这里指花椒，枝干有针刺，叶子坚而滑泽，果实红色，种子黑色，可以入药，也可调味。

②反伤：指倒生的刺。

译文

再向北三十里的地方，叫做讲山。山中遍布着晶莹的美玉，苍松翠柏，柘树簇拥。山中有一种树，名叫帝屋。它的叶子的形状像花椒树叶，树干上生着下勾的刺，结红色的果实。人们用这种树的木头，可以抵御凶兽的侵袭。

原文

又北三十里，曰婴梁之山，上多苍玉，錞于玄石①。

注释

①錞：依附。

译文

再向北三十里的地方，屹立着一座高山，叫做婴梁山。山上蕴藏着很多苍玉，这些玉都依附在黑色的石头上。

原文

又东三十里，曰浮戏之山。有木焉，叶状如樗而赤实，名曰亢木，食之不蛊。汜水出焉，而北流注于河。其东有谷，因名曰蛇谷，上多少辛[①]。

注释

①少辛：即细辛，一种药草。

译文

再向东三十里，叫做浮戏山。山中生长着一种树木，叶子长得像椿叶，结红色的果实，它的名字叫亢木，人们吃了这种树的果实，可以驱虫除邪。汜水发源于这座山，向北滔滔流去，注入黄河。山的东边，有一道幽谷，谷里有很多蛇，因而叫蛇谷，里面有很多叫细辛的药材。

原文

又东四十里，曰少陉(xíng)之山。有草焉，名曰岗(gāng)草，叶状如葵，而赤茎白华，实如蘡(yīng)薁(yù)，食之不愚。器难之水出焉，而北流注于役水。

译文

再向东四十里的地方，屹立着一座高山，叫做少陉山。山中生长着一种草，叫岗草，草的叶子的形状像葵花叶，而茎是红色的，开着白色花朵，结的果实像野葡萄。人们如果吃了这种东西，能益人心智，不愚蠢。器难水发源于少陉山，向北滔滔流去，注入役水。

原文

又东南十里，曰太山。有草焉，名曰梨，其叶状如荻(qiū)而赤华①，可以已疽。太水出于其阳，而东南流注于役水；承水出于其阴，而东北流注于役水。

注释

①荻：一种蒿类植物，叶子是白色，像艾蒿却分杈多，茎干尤其高大，约有一丈余。

译文

再向东南十里的地方，屹立着一座高山，叫做太山。山中有一种草，叫做梨。它的叶子像艾蒿叶，开红色的花。这种草可以入药，能够治愈痈疽。溪水从山的南面流出汇成太水，向东南流去，注入役水；溪水在山的南面汇成承水，向东北流去，注入役水。

原文

又东二十里，曰末山，上多赤金。末水出焉，北流注于役水。

译文

再向东二十里的地方，屹立着一座山，叫做末山。山上遍布着闪闪发光的黄金。溪流从山中流出，汇成河水，叫做末水，向北流去，注入役水。

原 文

又东二十五里，曰役山，上多白金，多铁。役水出焉，北注于河。

译 文

再向东二十五里的地方，屹立着一座山峰叫做役山。山上遍布着闪闪发光的白金，蕴藏着丰富的铁矿。溪水从山中流出，汇成河流，叫做役水，向北流去，注入黄河。

原 文

又东三十五里，曰敏山。上有木焉，其状如荆，白华而赤实，名曰蓟(jì)柏，服者不寒。其阳多㻬琈之玉。

译 文

再向东三十五里的地方，屹立着一座巍峨的高山，叫做敏山。山上树木葱茏，其中有一种树木，形状像荆棘，开白色花朵，结红色果实，这种树名叫蓟柏。人们如果吃了这种树的果实，能使身体增加热量，不怕寒冷。山向阳的南坡，遍布着㻬琈玉。

原 文

又东三十里，曰大騩(guī)之山，其阴多铁、美玉、青垩。有草焉，其状如蓍(shī)而毛，青华而白实，其名曰蒗，服之不夭，可以为腹病。

译文

再向东三十里的地方，屹立着巍峨的高山，叫做大騩山。山背阴的北面，蕴藏着丰富的铁，遍布着晶莹的玉，还有遍地的白色土。山中草丛茂密，其中有一种异草，它长的形状像蓍草，但长着绒毛，开青色的花朵，结白色的果实，它名叫蒗。人们吃了这种草的果实，能够延年益寿，还可以医治肠胃上的病。

原文

凡苦山之首，自休与之山至于大騩之山，凡十有九山，千一百八十四里。其十六神者，皆豕（shǐ）身而人面①。其祠：毛牷（quán）用一羊羞②，婴用一藻玉瘗（yì）③。苦山、少室、太室皆冢也。其祠之：太牢之具，婴以吉玉。其神状皆人面而三首。其余属皆豕身人面也。

注释

①豕：猪。

②牷：毛色纯一的全牲。全牲指整只的牛羊猪。羞：进献食品。这里指贡献祭祀品。

③藻玉：带有彩色纹理的玉。

译文

苦山山系，自休与山起，到大騩山止，共十九座巍峨的山峰，蜿蜒达一千一百八十四里。在这些山中居住的神仙里，有十六位神仙是猪身而人面。在祠堂中祭祀这些神仙，用带毛的牲口，用一头羊进献，并用五彩花纹的精美玉器加以埋葬。苦山、少室、太室这三座山，实际上是众山的宗主，在这三座山上祭祀神仙，是用带毛的牲口牛、羊、猪等，还用晶莹美玉制成的器皿。这里的神仙的形貌都是长着人面，但有三个头，其余十六座山的山神，都是猪身人面。

原文

中次八经荆山之首，曰景山，其上多金玉，其木多杼（shù）檀[①]。雎（jū）水出焉，东南流注于江，其中多丹粟，多文鱼。

注释

①杼：就是栎树。

译文

中央第八列山系荆山山系的开头一座山，叫景山。山上遍布着闪闪发光的黄金、晶莹透明的美玉。山中林木苍翠，栎树和檀树郁郁葱葱。溪水涓涓从山中流出，汇成河流，叫做雎水，向东南流去，注入大江。水中沉积着红色的细沙，游弋着色纹斑斓的文鱼。

原文

东北百里，曰荆山，其阴多铁，其阳多赤金，其中多犛（máo）牛[①]，多豹虎，其木多松柏，其草多竹，多橘櫾（yòu）[②]。漳水出焉，而东南流注于睢，其中多黄金，多鲛（jiāo）鱼[③]。其兽多闾麋。

注释

①犛牛：一种毛皮纯黑的牛，属于牦牛之类。

②櫾：同"柚"。柚子与橘子相似而大一些，皮厚而且味道酸。

③鲛鱼：就是现在所说的鲨鱼，体型很大，性凶猛，能吃人。

译文

东北一百里的地方，屹立着一座高山，叫做荆山。山背阴的北面，蕴藏着丰富的铁矿；山向阳的南坡，遍布着闪闪发光的黄金。山中生长着许多牦牛，生长着许多猛虎和凶豹。山上苍松翠柏，竹草丛生，橘树和柚树枝繁叶茂。溪水从山中流出，汇成河流，叫做漳水，向东南流去，注入睢水。水中蕴藏着丰富的黄金，鲛鱼在水中游弋。山中野兽成群，尤以山驴和驼鹿最多。

原文

又东北百五十里，曰骄山，其上多玉，其下多青雘，其木多松柏，多桃枝钩端。神蟲（tuó）围处之，其状如人面，羊角虎爪，恒游于睢漳之渊，出入有光。

译文

再向东北一百五十里的地方，屹立着一座高山，叫做骄山。山上遍布着晶莹闪光的美玉，山下盛产色彩艳丽的青雘。山中树木葱茏，苍松翠柏，桃枝钩端这类小竹丛生。神䰠围居在这里，它长着人面、羊角和老虎的爪子，经常云游于睢水和漳水这个深水渊中，出入时闪闪发光。

原文

又东北百二十里，曰女几之山，其上多玉，其下多黄金，其兽多豹虎，多闾麋麖(jīng)麂(jǐ)①，其鸟多白鷮(jiāo)②，多翟，多鸩(zhèn)③。

注释

①麂：一种小鹿。

②白鷮：也叫"鷮雉"，一种像野鸡而尾巴较长的鸟，常常是一边飞行一边鸣叫。

③鸩：鸩鸟，传说中的一种身体有毒的鸟，体形大小如雕鹰，羽毛紫绿色，长脖子红嘴巴，吃有毒蝮蛇的头。

译文

再向东北二十里的地方，叫做女几山。山上遍布着晶莹的美玉，山下遍布着闪闪发光的黄金，山间猛兽成群，猛虎凶豹出没山巅，山驴和麂结队而行。山中林木葱茏，山中鸟尤以翟鸟和有毒的鸩鸟为最多，还有很多长尾巴的野鸡。

原文

又东北二百里，曰宜诸之山，其上多金玉，其下多青雘。洈(guǐ)水出焉，而南流注于漳，其中多白玉。

译文

再向东北二百里的地方，有座山巍然屹立，叫做宜诸山。山上遍布着黄金和美玉，山下遍布着可以作颜料的五光十色的青雘。洈水发源于这座山，向南流去，注入漳水，水中有很多晶莹的玉石。

原文

又东北三百五十里，曰纶山，其木多梓楠，多桃枝，多柤(zhā)栗橘櫾①，其兽多闾麈(zhǔ)麢(líng)㚟(chuò)②。

注释

①柤：柤树的形状像梨树，而树干、树枝都是红色的，开黄色花朵，结黑色果子。

②麢：一种大鹿。㚟：形貌与兔子相似，却长着鹿脚，皮毛是青色。

译文

再向东北三百五十里的地方，叫做纶山。山中树木葱茏，有梓树、楠木、桃枝竹、山楂树、栗树、橘树、柚树，树种繁多，生长茂盛。山中的兽类有山驴、驼鹿羚羊和㚟等。

原文

又东二百里，曰陆郈(guǐ)之山，其上多㻬琈之玉，其下多垩，其木多杻橿。

译文

再向东二百里的地方，叫做陆郈山。山上遍布着㻬琈玉，山下遍布着各种白色土。山中树木葱茏，杻树和橿树交错横生，枝繁叶茂。

原文

又东百三十里，曰光山，其上多碧，其下多木。神计蒙处之，其状人身而龙首，恒游于漳渊，出入必有飘风暴雨①。

注释

①飘风：旋风，暴风。

译文

再向东一百三十里的地方，叫做光山。山上遍布着晶莹的碧玉，山下水泽浩渺。神计蒙就居住在这里。其貌是人身龙头，经常出入遨游于漳潭。当神计蒙行动时，会风雨并行雷电交加。

原文

又东百五十里，曰岐山，其阳多赤金，其阴多白珉（mín）[1]，其上多金玉，其下多青雘，其木多樗。神涉鼉（tuó）处之，其状人身而方面三足。

注释

①珉：一种似玉的美石。

译文

再向东一百五十里的地方，叫做岐山。山向阳的南坡，黄金闪闪发光；山背阴的北面，有很多精美的白珉石，耀人眼目。山顶金玉遍布，山的下面，堆积着色彩绚丽的青雘，林木郁郁葱葱，尤以臭椿树最为茂盛。神涉鼉就居住在这里，这个神仙的形貌是：人身、方脸，有三只脚。

原文

又东百三十里，曰铜山，其上多金银铁，其木多榖柞柤（zhā）栗橘櫾（yǒu），其兽多豹[1]（zhuó）。

注释

①豹：豹是身上有豹纹的一种野兽。

译文

再向东一百三十里的地方，屹立着巍峨的高山，叫做铜山。山中蕴藏着丰富的黄金、白银和铁。山中林木葱郁，构树、柞树、祖梨树、栗子树、橘树和柚树，枝繁叶茂。山中生长着很多走兽，其中以豿为最多。

原文

又东北一百里，曰美山，其兽多兕（sì）牛，[1]多闾麈（zhǔ），多豕（shǐ）鹿，其上多金，其下多青雘。

注释

①兕：犀牛的一种。

译文

再向东北一百里的地方，叫做美山。山中生长着很多走兽，尤以野牛、山驴、驼鹿、野猪和鹿为最多；山上遍布着闪闪发亮的黄金，山下遍布着五彩缤纷的青雘。

原文

又东北百里，曰大尧之山，其木多松柏，多梓桑，多机[1]，其草多竹，其兽多豹、虎、麢（líng）、㚟（chuò）。

注释

①机：机木树，就是桤(qī)木树。是一种落叶乔木，木材坚韧，生长很快，容易成林。

译文

再向东北一百里的地方，屹立着一座高山，叫做大尧山。山上苍松翠柏，梓桑繁茂，还有很多机木树，也生长得很茂盛，竹丛也生机勃勃。山间的兽类，种类众多，其中有豹子、老虎、羚羊和形似兔而足像鹿的㲋等。

原文

又东北三百里，曰灵山，其上多金玉，其下多青雘，其木多桃李梅杏。

译文

再向东北三百里的地方，叫做灵山。山上金玉遍布，山下青雘遍地，林木葱茏，桃、李、梅、杏争妍斗奇，万紫千红。

原文

又东北七十里，曰龙山，上多寓木[①]，其上多碧，其下多赤锡[②]，其草多桃枝钩端。

注释

①寓木：又叫宛童，即寄生树。又分两种，叶子是圆的叫做茑木，叶子像麻黄叶的叫做女萝。因这种植物是寄寓在其他树木上生长的，像鸟站立树上，所以称作寄生、寓木、茑木。俗称寄生草。

②锡：和本书中所记载的金、银、铜、铁等都是指未经提炼的矿石或矿砂一样，这里的锡也是指未经提炼的锡土矿。以下同此。

译文

再向东北七十里的地方，叫做龙山。山顶生长着寄生树，山中有很多晶莹的美玉，山下有许多纯净的红锡。杂草丛生，桃树枝、钩端藤等枝繁叶茂。

原文

又东南五十里，曰衡山，上多寓木榖柞，多黄垩、白垩。

译文

再向东南五十里的地方，有一座山，叫衡山。山上有很多寄生树、构树、柞树，还有很多黄色和白色的垩土。

原文

又东南七十里，曰石山，其上多金，其下多青雘，多寓木。

译文

再向东南七十里的地方，叫做石山。山上黄金遍布，闪闪发光；山下遍布青雘，寄生树丛生，枝叶繁盛。

原文

又南百二十里，曰若山，其上多㻬琈之玉，多赭，多封石[①]，多寓木，多柘（zhè）。

注释

①封石：据古人说是一种可作药用的矿物，味道是甜的，没有毒性。

译文

再向南一百二十里的地方，叫做若山。山中遍布着㻬琈玉、赭石和可以入药的邽石；寄生树和柘树枝繁叶茂，郁郁葱葱。

原文

又东南一百二十里，曰彘山，多美石，多柘。

译文

再向东南一百二十里的地方，叫彘山。山中遍布着绚丽多彩的精美石头，柘树葱茏，生机勃勃。

原文

又东南一百五十里，曰玉山，其上多金玉，其下多碧、铁，其木多柏。

译文

再向东南一百五十里的地方，叫做玉山。盛产金属和玉石，山下遍布着碧玉和铁矿石，山中树木葱茏，松柏常青。

原文

又东南七十里，曰讙山，其木多檀，多封石，多白锡。郁水出于其上，潜于其下，其中多砥砺。

译文

再向东南七十里的地方，叫做讙山。山上树木茂盛，檀树葱茏苍翠，山中遍布着封石和白锡。溪水从山中流出，汇集成为河流，叫做郁水，滔滔向山下流去，然后潜流在山下。水里遍布着磨刀石。

原文

又东北百五十里，曰仁举之山，其木多穀柞，其阳多赤金，其阴多赭。

译文

再向东北一百五十里的地方，叫做仁举山。树木覆盖山野，构树和柞树苍翠茂盛。山向阳的南坡，遍布黄金，山背阴的北面，遍布着赭石。

原文

又东五十里，曰师每之山，其阳多砥砺，其阴多青雘，其木多柏，多檀，多柘，其草多竹。

译文

再向东五十里的地方，叫做师每山。山向阳的南面，遍布着各种各样的磨刀石；山背阴的北面，遍布着绚丽多彩的青雘。山中树木苍翠，松柏常青，檀树和柘树繁茂，草类以丛生的矮竹子居多。

原文

又东南二百里，曰琴鼓之山，其木多穀、柞椒柘[1]，其上多白珉，其下多洗石，其兽多豕鹿，多白犀，其鸟多鸩。

注释

①椒：据古人说，这种椒树矮小而丛生，如果在它下面有草木生长就会被刺死。与上文所记椒树指花椒树者似略有不同。

译文

再向东南二百里的地方，叫做琴鼓山。山中林木葱茏，构树、柞树、花椒树和柘树，生长得特别茂盛。山上多产精美的白珉石，山下遍布着洗石。在山中生长的兽中，以野猪、鹿和白犀牛最多，鸟群中，以鸩鸟最多。

原文

凡荆山之首，自景山至琴鼓之山，凡二十三山，二千八百九十里。其神状皆鸟身而人面。其祠：用一雄鸡祈瘗，用一藻圭，糈用稌。骄山，冢也。其祠：用羞酒少牢祈瘗，婴毛一璧。

译文

荆山山系，从景山起，到琴鼓山止，共二十三座大山，蜿蜒长达二千八百九十里。这些山中居住的神仙，都是鸟身人面。在祭祀时，用一只完整的雄鸡取血涂祭后埋在地下，还用精玉雕制的藻圭玉器，祭祀用的米是稻谷。骄山，是众山的宗主，在祭祀骄山上的神仙时，用精良的美酒，并用牛、羊和猪等作祭品，取血涂祭后埋于地下，还用一块晶莹的美玉向神仙祭祀。

原文

中次九经岷山之首，曰女几之山，其上多石涅[①]，其木多杻橿，其草多菊、茮(zhú)[②]。洛水出焉，东注于江[③]。其中多雄黄，其兽多虎、豹。

注释

①石涅：当即涅石，一种矿物，可做黑色染料。

②菊：通称菊花，品种繁多，有九百种，于是古人将其概括为两大类，一类是栽种在庭院中供观赏的，叫真菊；一类是在山野生长的，叫野菊，别名叫苦薏。这里就是指野菊。

③江：古人单称"江"或"江水"而不贯以名者，则大多是专指长江，这里即指长江。但本书记述山丘河流的方位走向都不甚确实，所述长江也不例外，与今天用科学方法测量出的长江不甚相符。现在译"江"或"江水"为"长江"，只是为了使译文醒目而有别于其他江水。以下同此。

译文

中央第九列山系岷山山系的开头一座山，叫做女几山。山中遍布着许多涅石，山顶树木苍翠，杻树和橿树枝叶茂盛，杂草丛生，菊和白术争艳。洛水发源于这座山，向东流去，注入长江。山中雄黄遍地，虎豹成群。

原文

又东北三百里，曰岷山。江水出焉，东北流注于海，其中多良龟，多鼍（tuó）①。其上多金玉，其下多白珉。其木多梅棠，其兽多犀、象，多夔（kuí）牛②，其鸟多翰、鷩（biē）③。

注释

①鼍：古人说是长得像蜥蜴，身上有花纹鳞，大的长达二丈，皮可以制作鼓用。也就是现在所说的扬子鳄，俗称猪婆龙。这种鳄鱼可以听人语。帝颛顼曾经命令扬子鳄演奏音乐，它便躺下，扬起自己的尾巴，敲击自己的肚皮，发出"英英"的响声。

②夔牛：古人说是一种重达几千斤的大牛。

③翰：就是上文所说的白翰鸟，野鸡的一种。鷩：就是上文所说的赤鷩鸟，现在叫锦鸡。

译文

再向东北三百里的地方，叫做岷山。江水发源于这座山，向东北流去注入大海，水中生长着很多品种优良的乌龟和扬子鳄。另外，岷山山顶遍布金玉，山下遍布着白珉石。树木葱茏，覆盖山野，梅树和海棠树，争奇斗艳。山中群兽奔驰，犀牛、大象和夔牛为最多；林间百鸟争鸣，尤以白翰鸟、赤鷩鸟为最多。

原文

又东北一百四十里，曰崃山。江水出焉，东流注于大江。其阳多黄金，其阴多麋麈（zhǔ），其木多檀柘，其草多䪥（xiè）韭，多药、空夺①。

注释

①药：指白芷，一种香草。空夺：就是上文所说的寇脱。

译文

再向东北一百四十里的地方，叫做崃山。邛水发源于这座山，滔滔向东流去，注入大江。山向阳的南坡，遍布着灿灿黄金；山背阴的北坡，麋和麈相追逐。山中林木苍翠，檀树和柘树交错生长，杂草丛生，其中野韭菜、白芷和寇脱最多。

原文

又东一百五十里，曰崌(jú)山。江水出焉，东流注于大江，其中多怪蛇[①]，多鳌(zhì)鱼[②]。其木多楢(yóu)杻[③]，多梅梓，其兽多夔牛、麢、犀、兕。有鸟焉，状如鸮(xiāo)而赤身白首，其名曰窃脂，可以御火。

注释

①怪蛇：据古人讲，有一种钩蛇长达几丈，尾巴分叉，在水中钩取岸上的人、牛、马而吞食掉。怪蛇就指这样一类的蛇。

②鳌鱼：不详何种鱼。

③楢：一种木材刚硬的树木，可以用作制造车子的材料。

译文

再向东一百五十里的地方，叫做崌山。溪水从山中流出，汇成大河，名叫沫水，滔滔向东流去，注入大江。水中生有许多怪蛇，鳌鱼也不少。山中林木苍翠，楢树和杻树枝繁叶茂，梅树和梓树簇拥成林。山中群兽奔驰追逐，兽中以夔牛、羚羊、犀牛和兕为最多。林中群鸟飞翔，其中有种怪鸟，形体同鸮相似，但身披红色羽毛，头是白色的，它的名字叫窃脂。这种鸟可以预知火警，人们可以利用它，防止火灾发生。

原文

又东三百里，曰高梁之山，其上多垩，其下多砥砺，其木多桃枝、钩端。有草焉，状如葵而赤华、荚实、白柎，可以走马。

译文

再向东三百里的地方，叫做高梁山。山中堆积着大量的垩土，山下堆积着大量的磨刀石。山顶树木葱茏，桃竹枝和钩端藤枝叶茂盛。山中杂草丛生，内有一种草，形状如葵花，但开着红色花朵，长着白色的花萼，荚中结着果实。马吃了这种草，会更加健壮，奔跑得更快。

原文

又东四百里，曰蛇山，其上多黄金，其下多垩，其木多栒(xún)，多豫章，其草多嘉荣、少辛。有兽焉，其状如狐，而白尾长耳，名㹃(sì)狼，见则国内有兵。

译文

再向东四百里的地方，叫做蛇山。山上遍布着闪闪发光的黄金，山下堆积着大量的垩土。山中树木葱茏，品种繁多，有栒树和豫树、樟树等。杂草丛生，品种繁多，有嘉荣草、少辛草比较多。山中奔驰着一种兽，它长的形体同狐狸相似，长着白色尾巴、大而长的耳朵，它名叫貊狼。这种兽是不祥之物，只要它一出现，国家就会发生内乱，并有兵灾。

原文

又东五百里，曰鬲山，其阳多金，其阴多白珉。蒲鸏之水出焉，而东流注于江，其中多白玉。其兽多犀、象、熊、罴，多猿、蜼(wěi)①。

注释

①蜼：据古人说是一种长尾巴猿猴，鼻孔朝上，尾巴分叉，天下雨时就自己悬挂在树上，用尾巴塞住鼻孔。

译文

再向东五百里的地方，叫鬲山。山向阳的南坡盛产黄金；山背阴的北面遍布着白珉石。蒲鸏水发源于这座山，向东流去，注入江水。水中遍布着晶莹的白色玉石。山中群兽奔逐，犀牛、大象、狗熊和罴等尤多；山中还生活着许多猿猴和长尾猿。

原文

又东北三百里，曰隅阳之山，其上多金玉，其下多青雘，其木多梓桑，其草多茈。徐之水出焉，东流注于江，其中多丹粟。

译文

再向东北三百里的地方，叫做隅阳山。山上遍布着闪闪放光的黄金、晶莹绚丽的美玉，山下盛产可以做各色颜料的青雘。山中林木葱茏，梓树和桑树繁茂，杂草丛生，紫草翠绿。徐水发源于这座山，向东流去，注入江水。水中堆积着精细的丹砂。

原文

又东二百五十里，曰岐山，其上多白金，其下多铁，其木多梅梓，多杻楢。减水出焉，东南流注于江。

译文

再向东二百五十里，叫做岐山。山上有闪闪发光的白金，山下有丰富的铁矿石。山中树木苍翠，梅树和梓树茂密，杻树和楢树丛生。减水从岐山中流出，向东南流去，注入江水。

原文

又东三百里，曰勾㭐(mí)之山，其上多玉，其下多黄金，其木多栎柘，其草多芍药。

译文

再向东三百里的地方，叫做勾栋山。山顶多晶莹的美玉，山下多灿灿黄金。山中树林葱茏，栎树和柘树苍翠茂盛。花草也十分繁茂，其中尤以芍药最为娇艳诱人。

原文

又东一百五十里，曰风雨之山，其上多白金，其下多石涅，其木多棷(zōu)椫(shàn)①，多杨。宣余之水出焉，东流注于江，其中多蛇。其兽多闾、麋，多麈(zhǔ)、豹、虎，其鸟多白鷮(jiāo)。

注释

①棷：不详何样树木。椫：椫树，也叫白理木。木质坚硬，木纹洁白，可以制作梳子、勺子等器物。

译文

再向东一百五十里的地方，屹立着一座高山，叫做风雨山。山上遍布着闪闪发光的白金，山下有很多的石涅，树木繁茂，以棷树、椫树和杨树为多。宣余水发源于这里，向东流去，注入江水，其中有很多水蛇。山巅奔跑着很多野兽，山驴、鹿、麈、豹和虎等最多。山林中百鸟飞翔，其中最多的是白鷮鸟。

原文

又东二百里，曰玉山，其阳多铜，其阴多赤金，其木多豫、章、楢、杻，其兽多豖、鹿、麢、㚟(chuò)，其鸟多鸩。

译文

再向东北二百里的地方，叫做玉山。山向阳的南坡，遍布着铜；山背阴的北坡，遍布着黄金。山中林木茂盛，豫树、樟树、楢树、杻树等，枝繁叶茂。山巅奔驰着很多野兽，其中有野猪、鹿和羚羊等。山林中有鸟飞翔，其中最多的是有毒的鸩鸟。

原文

又东一百五十里，曰熊山。有穴焉，熊之穴，恒出入神人。夏启而冬闭；是穴也，冬启乃必有兵。其上多白玉，其下多白金。其木多樗柳，其草多寇脱。

译文

再向东一百五十里的地方，叫做熊山。山中有很多洞穴，这些洞穴是熊居住的地方，但也经常有神仙出入。这些洞穴，夏季洞门敞开，到冬季的时候，洞门便关闭了。这些洞穴如果出现了冬天洞门大开的情况，就会天下大乱，出现兵祸。山顶遍布着绚丽晶莹的玉石，山下遍布着闪闪发光的白金。山中树木葱茏，其中以臭椿树和柳树最为茂盛，草丛中生长着很多叫做寇脱的野草。

原文

又东一百四十里，曰騩山，其阳多美玉、赤金，其阴多铁，其木多桃枝、荆芑(qǐ)。

译文

再向东一百四十里的地方，叫做騩山。山向阳的南坡，遍布着晶莹的美玉、闪闪发光的黄金；山阴的北坡，遍布着铁。山中树木苍翠，竹桃披绿，牡荆树和枸杞树丛生。

原文

又东二百里，曰葛山，其上多赤金，其下多瑊(jiān)石[①]，其木多柤(zhā)、栗、橘、櫾(yòu)、楢、杻，其兽多麢㚟(chuò)，其草多嘉荣。

注释

①瑊石：是一种比玉差一等的美石。

译文

再向东二百里的地方，叫做葛山。山顶遍布黄金，山下遍布着像玉石的瑊石。山中林木葱茏，树种繁多，柤树、栗子树、橘树、柚树、楢树和杻树等，竞相生长。山中有许多奔驰的野兽，其中以羚羊和㚟为最多。在草丛中，有一种叫做嘉荣的野草，生长得特别茂盛。

原文

又东一百七十里，曰贾超之山，其阳多黄垩，其阴多美赭，其木多柤、栗、橘、櫾，其中多龙脩[1]。

注释

①龙脩：就是龙须草，与莞草相似而细一些，生长在山石缝隙中，草茎倒垂，可以用来编织席子。

译文

再向东一百七十里的地方，叫做贾超山。山向阳的南坡，遍布着黄色垩土；山背阴的北坡，遍布着漂亮的赭石。山上树木葱茏，柤树、栗子树、橘树、柚树，生长茁壮，枝叶苍翠。山中生长着很多草，其中以可以编织席子的龙须草为最多。

原文

凡岷山之首，自女几山至于贾超之山，凡十六山，三千五百里。其神状皆马身而龙首。其祠：毛用一雄鸡瘗，糈用稌。文山、勾檷(mí)、风雨、騩之山[1]，是皆冢也。其祠之：羞酒，少牢具，婴毛一吉玉。熊山，席也[2]。其祠：羞酒，太牢具，婴毛一璧。干儛，用兵以禳(ráng)[3]；祈，璆(qiú)冕舞[4]。

注释

①文山：指岷山。

②帝：主体。这里是首领的意思。

③禳：祭祷消灾。

④璆：同“球”。美玉。冕：即冕服，是古代帝王、诸侯及卿大夫的礼服。这里泛指礼服。

译文

岷山最头部分，自女几山起，到贾超山止，共十六座山，蜿蜒三千五百里。这些山中的神仙，都是长着马一样的身子，龙一样的头。在祭祀这些神仙时，用一只完整的公鸡，把鸡埋于地下，祭祀时用的米，是精选的稻米。文山、勾梂山、风雨山、騩山都是众山的宗主，在祭祀这些山中的神仙时，用牛和羊等牲畜，还要用精美的吉玉。熊山，是众山的首领。在祭祀时，要用美酒，牛、羊和猪牲畜，还有精美的玉石。在祭祷消除灾祸时，人们拿着干戚（盾斧）、干戈跳舞；在祈祷降福祥时，人们便穿袍戴帽，手持吉玉，跳美丽的舞蹈来博得神的欢心。

原文

中次十经之首，曰首阳之山①，其上多金玉，无草木。

注释

①首阳山：也称雷首山。

译文

中央第十列山系的头一座山，叫做首阳山。山中遍布着闪闪发光的黄金、晶莹的美玉，山顶光秃，没有生长花草树木。

原文

又西五十里，曰虎尾之山，其木多椒、椐(jū)[1]，多封石，其阳多赤金，其阴多铁。

注释

①椐：椐树，也叫灵寿木。树干上多肿节，古人用作手杖。

译文

再向西五十里的地方，叫做虎尾山。山中林木葱茏，其中花椒树和可以作拐杖的椐树生长得特别茂盛。山向阳的南坡，遍布着闪闪发光的黄金；背阴的北坡，遍布着许多铁矿石。

原文

又西南五十里，曰繁缋(huì)之山，其木多楢杻，其草多枝、勾[1]。

注释

①枝、勾：就是上文所说的桃枝竹、钩端竹，矮小而丛生。

译文

再向西南五十里的地方，叫做繁缋山。山上树林葱茏，楢树和杻树枝繁叶茂，草类中竹桃枝和钩端之类低矮竹丛生机勃勃。

原文

又西南二十里，曰勇石之山，无草木，多白金，多水。

译文

再向西南二十里，叫做勇石山。山顶光秃，没有生长花草树木，山中遍布闪闪发光的白金，山涧溪流淙淙，瀑布倒悬。

原文

又西二十里，曰复州之山，其木多檀，其阳多黄金。有鸟焉，其状如鸮，而一足彘尾，其名曰跂踵，见则其国大疫。

译文

再向西二十里的地方，叫做复州山。山间林木苍翠，檀树繁茂。山向阳的南坡，遍布着闪闪发光的黄金。山中飞翔着一种鸟，它的形状像猫头鹰，却长着一只脚，生着猪尾巴，它的名字叫做跂踵。这是一种不祥之鸟，如果它出现，全国便会出现大瘟疫。

原 文

又西三十里，曰楮山，多寓木，多椒、椐，多柘，多垩。

译 文

再向西三十里的地方，叫做楮山。山中有很多寄生树、花椒树、椐树和柘树等，山中还遍布着白垩土。

原 文

又西二十里，曰又原之山，其阳多青臒，其阴多铁，其鸟多鸜(qú)鹆(yù)。

译 文

再向西二十里的地方，叫做又原山。山向阳的南坡，遍布着五颜六色的青臒；山背阴的北坡，遍布着许多铁。山中百鸟飞鸣，其中以八哥鸟为最多。

原 文

又西五十里，曰涿(zhuó)山，其木多榖柞杻，其阳多㻬琈之玉。

译 文

再向西五十里的地方，叫做涿山。山中林木葱茏，构树、柞树和杻树苍翠繁茂。山向阳的南坡，遍布着叫做㻬琈的精美玉石。

原文

又西七十里，曰丙山，其木多梓、檀，多弞(shěn)杻[1]。

注释

①弞杻：杻树的树干都是弯曲的，而弞杻的树干长得比较直，不同于一般的杻树。

译文

再向西七十里的地方，叫做丙山。山中树林葱茏，梓树和檀树苍翠繁茂，还有很多长得很高的弞杻树。

原文

凡首阳山之首，自首山至于丙山，凡九山，二百六十七里。其神状皆龙身而人面。其祠之：毛用一雄鸡瘗，糈用五种之糈[1]。堵山[2]，冢也，其祠之：少牢具，羞酒祠，婴毛一璧瘗。騩山，帝也，其祠羞酒，太牢具，合巫祝二人儛[3]，婴一璧。

注释

①五种之糈：指黍、稷、稻、粱、麦五种粮米。

②堵山：指楮山。

③巫：古代称能以舞降神的人，即女巫。祝：古代在祠庙中主管祭礼的人，即男巫。

译文

首阳山系，自首阳山起，到丙山止，共有九座山，蜿蜒二百六十七里。这些山中的神仙，都是龙的身子、人的面孔。在祭祀这些神仙时，用一公鸡，埋于地下，供奉的米，是用精选的黍、稷、稻、粱、麦等五种米。楮山，是众山的宗主，在祭祀这里的神仙时，用牛、羊和猪等作供品，还要用美酒祭奠，并使用精美的玉器。騩山，是众山的首领，在祭祀时，应献美酒，并具以猪、羊、牛等毛牲畜，具以美玉器皿，让巫师和祝师二人在神前跳舞。

原文

中次一十一山经荆山之首，曰翼望之山。湍(zhuān)水出焉，东流注于济；贶(kuàng)水出焉，东南流注于汉，其中多蛟①。其上多松柏，其下多漆梓，其阳多赤金，其阴多珉(mín)。

注释

①蛟：据古人说是像蛇的样子，却有四只脚，小小的头，细细的脖子，脖颈上有白色肉瘤，大的有十几围粗，卵有瓮大小，能吞食人。

译文

中央第十一列山系荆山山系的开头一座山叫做翼望山。湍水发源于这座山，向东流去，注入济水。贶水发源于这座山，向东南流去，注入汉水。水中生活着很多像蛇而有四足的蛟。山中苍松翠柏，山下漆树和梓树生长茂盛。山向阳的南坡，遍布着黄金；山背阴的北面，遍布着珉石。

原文

又东北一百五十里，曰朝歌之山。潕(wǔ)水出焉，东南流注于荥(xíng)，其中多人鱼。其上多梓、枏，其兽多麢、麋。有草焉，名曰莽(mǎng)草①，可以毒鱼。

注释

①莽草：就是上文所说的芒草，又叫鼠莽。

译文

再向东北一百五十里的地方，叫做朝歌山。潕水发源于这座山，向东南流去，注入荥水，水中生长着许多人鱼。山上树木葱茏，梓树和楠树苍翠茂盛；山中群兽争逐，其中最多的是羚羊和麋鹿。山中还生长着一种怪异的草，叫做莽草。这种草有毒性，能毒死鱼。

原文

又东南二百里，曰帝囷(qūn)之山，其阳多㻬琈之玉，其阴多铁。帝囷之水出于其上，潜于其下，多鸣蛇。

译文

再向东南二百里的地方，叫做帝山。山向阳的南坡，遍布着叫做㻬琈的精美玉石；山背阴的北坡，遍布着许多铁。帝囷水从山巅奔涌而出，然后潜于山下，水中有很多会鸣叫的水蛇。

原文

又东南五十里，曰视山，其上多韭。有井焉①，名曰天井，夏有水，冬竭。其上多桑，多美垩、金、玉。

注释

①井：也和上文所说的井一样，是指自然形成的水泉，而非人工挖掘的水井。古人把四周高峻中间低洼的地形，或四面房屋和围墙中间的空地称作天井，因其形如井而露天。所以，这里也把处在低洼地的水泉叫做天井。

译文

再向东南五十里的地方，叫做视山。山上韭草生长繁盛。视山中有一口深井叫天井，夏季水满，冬季枯竭无水。山中桑树枝繁叶茂，山坡上遍布着绚丽的垩土、闪闪发光的黄金和晶莹的美玉。

原文

又东南二百里，曰前山，其木多槠（zhū）①，多柏，其阳多金，其阴多赭。

注释

①槠：槠树，结的果实如同橡树的果实，可以吃，木质耐腐蚀，常用来作房屋的柱子。

译文

再向东南二百里的地方，叫前山。山中林木葱茏，松柏常青，槠树翠绿，生长茂盛。山向阳的南坡，遍布着黄金；山背阴的北面，遍布着赭石。

原文

又东南三百里，曰丰山。有兽焉，其状如猿，赤目、赤喙、黄身，名曰雍和，见则国有大恐。神耕父处之，常游清泠（líng）之渊，出入有光，见则其国为败。有九钟焉，是知霜鸣。其上多金，其下多榖、柞、杻、橿。

译文

再向东南三百里的地方，叫做丰山。山中有兽奔驰，它长的形貌很像猿猴，但眼睛是红的，嘴是红色的，身上的毛皮是黄色的，它名叫雍和。它一旦出现，国家就有大乱的可能，会出现恐慌状态。神仙耕父居住在这里，还常常到清泠渊游玩，出入湖泊时，闪闪发光。如果神耕父出现在某一国，这个国家便会败落。山上有九口大钟，这些钟对霜季特别敏感，每到降霜时，钟便应和霜的降落鸣响起来。山顶遍布着黄金；山下溪水淙淙，树木繁盛，其中以构树、柞树、杻树和橿树等最为茂密。

原文

又东北八百里，曰兔床之山，其阳多铁，其木多槠（zhū）芧（xù）[①]，其草多鸡谷，其本如鸡卵，其味酸甘，食者利于人。

注释

①芧:芧树,即栎树。果实叫橡子、橡斗。树皮可以饲养蚕,树叶可以做染料。

译文

再向东北八百里的地方,叫做兔床山。山向阳的南坡,遍布着铁。山中树木茂盛,其中尤以栗树最多。杂草丛生,其中以鸡谷草为最多,它的根部形状像鸡蛋,味道酸甜相间,人们吃了以后,可以增强体质,延年益寿。

原文

又东六十里,曰皮山,多垩,多赭,其木多松柏。

译文

再向东六十里的地方,叫做皮山。山中有白垩土和赭石等。山间林木葱茏,松柏常青。

原文

又东六十里,曰瑶碧之山,其木多梓枏,其阴多青雘,其阳多白金。有鸟焉,其状如雉,恒食蜚[①],名曰鸩[②]。

注释

①蜚：一种有害的小飞虫，形状椭圆，散发恶臭。

②鸩：鸩鸟，和上文所说的有毒鸩鸟不是一种鸟，是同名异物。

译文

再向东六十里的地方，叫做瑶碧山。山间林木葱郁，梓树和楠树生长旺盛。山背阴的北面，有很多可以作染料用的青雘；山向阳的南面，遍布着闪闪发光的白金。山林中百鸟争鸣，有一种鸟，形体同野鸡相似，经常吃臭虫，它的名字叫鸩。

原文

又东四十里，曰支离之山。济水出焉，南流注于汉。有鸟焉，其名曰婴勺，其状如鹊，赤目、赤喙、白身，其尾若勺，其鸣自呼。多㸲牛、多羬羊。

译文

再向东四十里的地方，叫做支离山。济水发源于这座山，向南流去，注入汉水。山中飞翔着一种鸟，叫做婴勺。它的形状像喜鹊，但长着红色的眼睛，红色的嘴，身披白色羽毛，它的尾巴像酒勺子，它鸣叫的声音便是自呼其名。山中还有很多㸲牛、羬羊。

原文

又东北五十里，曰袟（zhì）箇（diāo）之山，其上多松、柏、机、桓（huán）①。

注释

①机：即桤（qī）树。桓：桓树，树叶像柳叶，树皮是黄白色。古人说它又叫无患树，可以洗涤衣服，除去污垢。

译文

再向东北五十里的地方，屹立着一座高山，叫做袟箇山。山中树林茂盛，松柏常青，机桓苍翠。

原文

又西北一百里，曰堇（qín）理之山，其上多松柏，多美梓，其阴多丹雘，多金，其兽多豹虎。有鸟焉，其状如鹊，青身白喙，白目白尾，名曰青耕，可以御疫，其鸣自叫。

译文

再向西北一百里的地方，叫做堇理山。山中树木葱茏，松柏苍翠，优良的梓树长得也很茂盛。山背阴的北面，遍布着可以做颜料的五光十色的丹雘，还有很多闪闪发光的黄金。山中猛兽追逐，虎豹成群。山林中飞鸟争鸣，有一种鸟，它长的形状像喜鹊，身披青色羽毛，长着白色的嘴，白色的眼睛，白色的尾巴，它的名字叫青耕，这种鸟可以使人免受瘟疫的侵害。它的叫声就是自呼其名。

原文

又东南三十里，曰依轱（kū）之山，其上多杻橿，多苴（jū）[①]。有兽焉，其状如犬，虎爪有甲，其名曰獜（lín），善驶（yāng）坌（fèn），食者不风。

注释

①苴：通“柤”。即柤树。

译文

再向东南三十里的地方，叫做依轱山。山中林木丛生，杻树、橿树生长茂密，还生长着很多柤梨树。山中生长着一种兽，它的形体同狗相似，但脚生老虎爪，身披鳞甲，它名叫獜，善于跳跃扑腾。人们如果吃了这种兽肉，就不会得风痹病。

原文

又东南三十五里，曰即谷之山，多美玉，多玄豹，多闾麈，多麢㚟。其阳多珉，其阴多青雘。

译文

再向东南三十里的地方，叫做即谷山。山中遍布着晶莹的美玉，奔跑着成群的、凶猛的黑豹，还有很多山驴、驼鹿和羚羊、㚟等。山向阳的南坡，遍布着绚丽多彩的珉石；山背阴的北面，遍布着各种颜色的青雘。

原文

又东南四十里，曰鸡山，其上多美梓，多桑，其草多韭。

译文

再向东南四十里的地方，叫做鸡山。山中林木葱郁，秀美的梓树挺拔而立，枝繁叶茂的桑林遍布山崖，草类中韭草丛生，生机蓬勃。

原文

又东南五十里，曰高前之山。其上有水焉，甚寒而清，帝台之浆也，饮之者不心痛。其上有金，其下有赭。

译文

再向东南五十里的地方，叫做高前山。山中溪流淙淙，水流清澈，水温低寒，这是帝台遗留的琼浆，人们如果饮了这种泉水，便不会患心痛病。山上黄金资源丰富，遍布山崖；山下则堆积着赭石。

原文

又东南三十里，曰游戏之山，多杻、橿、穀，多玉，多封石。

译文

再向东南三十里的地方，叫做游戏山。山中林木葱茏，杻树和橿树苍翠繁茂，构树枝叶垂荫。山间有很多美丽的玉石，以及精美的封石。

原文

又东南三十五里，曰从山，其上多松柏，其下多竹。从水出于其上，潜于其下，其中多三足鳖，枝尾①，食之无蛊疾。

注释

①枝：分支的，分叉的。

译文

再向东南三十五里的地方，叫做从山。山间绿树成荫，松柏苍翠，生长繁茂。山下竹草丛生，生机蓬勃。山间小溪淙淙流出，汇成河流，叫从水，流至山下以后，便潜入地下。水中生长着很多三足鳖，尾部分叉。这种三足鳖，可以入药，人如果吃了它，便不会神经错乱。

原文

又东南三十里，曰婴硜(zhēn)之山，其上多松柏，其下多梓、櫄(chūn)①。

注释

①櫄：又叫杶树，形状像臭椿树，树干可制作车辕。

译文

再向东南三十里的地方，叫做婴硜山。山间林木青翠，松柏繁盛；山下梓树、椿树成林，亭亭玉立。

原文

又东南三十里，曰毕山。帝苑之水出焉，东北流注于視(qìn)，其中多水玉，多蛟。其上多㻬琈之玉。

译文

再向东南三十里的地方，叫做毕山。山间流水淙淙，汇成河流，叫做帝苑水，水流向东北，注入視水。水中遍布着水晶，生长着很多蛟龙。山上有很多晶莹的美玉。

原文

又东南二十里，曰乐马之山。有兽焉，其状如彙(huì)，赤如丹火，其名曰狭(lì)，见则其国大疫。

译文

再向东南二十里的地方，屹立着一座雄伟的高山，叫做乐马山。山中生长着一种野兽，它的形貌同刺猬很相像，身披红色皮毛，它名叫狭。只要它一出现，国家就会流行瘟疫，危及人们的健康和生命。

原文

又东南二十五里，曰葴(jiān)山，瀙水出焉，东南流注于汝水，其中多人鱼，多蛟，多颉(xié)①。

注释

①颉：据古人说是一种皮毛青色而形态像狗的动物。可能就是今天所说的水獭(tǎ)。

译文

再向东南二十五里的地方，屹立着一座巍峨的高山，叫做葴山。山中溪水缓缓流出，汇成河流，叫做瀙水，向东南流去，注入汝水。水中生活着很多人鱼，很多蛟，和很多像黑狗一样的颉。

原文

又东四十里,曰婴山,其下多青雘,其上多金玉。

译文

再向东四十里的地方,屹立着一座巍峨的高山,叫做婴山。山下遍布着五颜六色的青雘,山上遍布着闪闪发光的黄金和晶莹的美玉。

原文

又东三十里,曰虎首之山,多苴(zhā)、椆(diāo)、椐[①]。

注释

①椆:据古人说是一种耐寒冷而不凋落的树木。

译文

再向东三十里的地方,屹立着一座巍峨的高山,叫做虎首山。山中林木葱茏,柤梨树、耐冬的椆树和可以用来做拐杖的椐树生长繁茂。

原文

又东二十里,曰婴侯之山,其上多封石,其下多赤锡。

译文

再向东二十里的地方，屹立着一座巍峨的高山，叫做婴侯山。山顶遍布着许多封石，山下遍布着许多纯净的赤锡。

原文

又东五十里，曰大孰之山。杀水出焉，东北流注于溉水，其中多白垩。

译文

再向东五十里的地方，屹立着一座巍峨的高山，叫做大孰山。山中溪流淙淙，汇成河流，叫做杀水，水向东北流去，注入溉水。山中遍布着白垩土。

原文

又东四十里，曰卑山，其上多桃、李、苴、梓，多纍(lěi)①。

注释

①纍：又叫做滕，古人说是一种与虎豆同类的植物。虎豆是缠蔓于树枝而生长的，所结豆荚，成熟后是黑色，有毛刺外露，像老虎指爪，而荚中豆子有斑点，像老虎身上的斑纹，所以又叫虎纍。虎纍，即今所说的紫藤。纍，同“藟”，蔓生植物。

译文

再向东四十里的地方，叫做卑山。山中林木葱茏，桃李争艳，相梨树和梓树俊秀挺拔；山中还生长着很多紫藤树。

原文

又东三十里，曰倚帝之山，其上多玉，其下多金。有兽焉，状如猷（fèi）鼠，白耳白喙，名曰狙（jū）如，见则其国有大兵。

译文

再向东三十里的地方，叫做倚帝山。山上遍布着晶莹的美玉，山下遍布着灿灿发光的黄金。山中生长着一种奇异的野兽，它的形状很像猷鼠，生着白色的耳朵，白色的嘴，它的名字叫狙如。这种兽是不吉祥的，只要它一出现，国家就会出现动乱，就会有兵灾。

原文

又东三十里，曰鲵（ní）山，鲵（ní）水出于其上，潜于其下，其中多美垩（è）。其上多金，其下多青雘（huò）。

译文

再向东三十里的地方，屹立着一座巍峨的高山，叫鲵山。鲵水发源于这座山的山顶，流到山谷，潜入地下。水边遍布着绚丽多彩的白垩。山顶黄金遍布，闪闪发光；山下青雘遍布，五光十色，耀人眼目。

原文

又东三十里，曰雅山。澧(lǐ)水出焉，东流注于视水，其中多大鱼。其上多美桑，其下多苴(zhā)，多赤金。

译文

再向东三十里的地方，屹立着一座高山，叫做雅山。澧水发源于这座山，向东流去，注入视水。水中生长着许多大鱼。山顶桑树葱绿，山下生长着许多苴梨树，还遍布着许多黄金。

原文

又东五十里，曰宣山。沦水出焉，东南流注于溉水，其中多蛟(jiāo)。其上有桑焉，大五十尺，其枝四衢(qú)，其叶大尺馀，赤理黄华(huā)青柎(fū)，名曰帝女之桑。

译文

再向东五十里的地方，屹立着一座高山，叫做宣山。沦水发源于这座山，向东流去，注入溉水。水中生长着许多蛟。山中生长着一棵巨大的桑树，树围达五十丈，树枝交错生长向四方延伸。桑叶很大，有一尺多长，木质红色，长着青色的花房，开着黄花，这株桑树名叫帝女桑。（据传，南方东帝的女儿，学道成仙后，居住在南阳宣山的桑树上，东帝用火将桑树点燃，东帝女儿便升天而去了。这棵桑树后来便叫帝女桑。）

原文

又东四十五里，曰衡山，其上多青雘(huò)，多桑，其鸟多鸜(qú)鹆(yù)。

译文

再向东四十五里的地方，屹立着一座巍峨的高山，叫做衡山。山中遍布着五颜六色的青雘，树木苍翠，桑树成林；山林中八哥最多。

原文

又东四十里，曰丰山，其上多封石，其木多桑，多羊桃，状如桃而方茎，可以为(wéi)皮张(zhàng)。

译文

再向东四十里的地方，屹立着一座高山，叫做丰山。山中遍布着封石，满山遍野林木葱茏，桑树成荫；还有许多羊桃，也生长得特别茂盛。这种羊桃的形状同一般的桃树一样，但茎是方的，从茎上剥下的皮，可以入药，用来治疗皮肤肿胀病。

原文

又东七十里，曰妪(yù)山，其上多美玉，其下多金，其草多鸡谷(gǔ)。

译文

再向东七十里的地方，屹立着一座山，叫做妪山。山中有晶莹的美玉、闪光的黄金。山上杂草丛生，以鸡谷草长得最为繁密。

原文

又东三十里，曰鲜(xiǎn)山，其木多楢(yóu)、杻(niǔ)、苴(zhā)，其草多亹(mén)冬，其阳多金，其阴多铁。有兽焉，其状如膜犬，赤喙(huì)、赤目、白尾，见(xiàn)则其邑有火，名曰狏(yí)即。

译文

再向东三十里的地方，屹立着一座高山，叫做鲜山。山中树木葱茏，楢树、杻树和苴梨树长得特别茂盛。山间杂草丛生，亹冬草长得特别繁密。山向阳的南坡，遍布着闪闪发光的黄金；山背阴的北坡，遍布着铁矿石。山中生长着一种奇怪的野兽，它长的形状很像西方的狼狗，嘴是红色的，眼睛也是红色的，尾巴却是白色的。这是一种不吉祥的兽，只要它一出现，就会发生火灾，它名叫狏即。

原文

又东三十里，曰皋(gāo)山，其阳多金，其阴多美石。皋水出焉，东流注于澧(lǐ)水，其中多脃(cuì)石。

译文

再向东三十里的地方，屹立着一座高山，叫做皋山。山向阳的南坡，遍布着闪光的黄金；山背阴的北面，遍布着绚丽的美石。皋水发源于这座山，向东流去，注入澧水。水中有很多薄而易碎的脆石。

原文

又东二十五里，曰大支之山，其阳多金，其木多榖(gǔ)、柞(zuò)，无草。

译文

再向东二十五里的地方，屹立着一座高山，叫做大支山。山向阳的南坡，遍布着闪闪发光的黄金。山中树木葱茏，其中榖树和柞树等生长得特别茂盛，山中没有生长杂草。

原文

又东五十里，曰区(gōu)吴之山，其木多苴(zhā)。

译文

再向东五十里的地方，屹立着一座高山，叫做区吴山。山中树木葱茏，苴梨树长得特别繁盛。

原文

又东五十里，曰声匈之山，其木多榖（gǔ），多玉，上多封石。

译文

再向东五十里的地方，叫做声匈山。山中林木葱茏，榖树翠绿。山巅有很多晶莹的玉石和封石。

原文

又东五十里，曰大騩（guī）之山，其阳多赤金，其阴多砥石。

译文

再向东五十里的地方，屹立着一座高山，叫做大騩山。山向阳的南坡，遍布着黄灿灿的黄金，山背阴的北坡遍布着磨刀石。

原文

又东十里，曰踵（zhǒng）臼（jiù）之山，无草木。

译文

再向东十里的地方，屹立着一座高山，叫做踵臼山。山上没有生长花草树木。

原　文

又东北七十里，曰历石之山，其木多荆(jīng)芑(qǐ)，其阳多黄金，其阴多砥石。有兽焉，其状如貍(lí)，而白首虎爪(zhǎo)，名曰梁渠，见(xiàn)则其国有大兵。

译　文

再向东北七十里的地方，屹立着一座高山，叫做历石山。山中林木葱茏，牡荆和枸杞丛生。山向阳的南坡遍布着闪闪发光的黄金，山背阴的北面遍布着磨刀石。山中生长着一种野兽，它的形体很像野猫，头是白色的，爪子如同老虎爪子，它的名字叫梁渠。只要它一出现，国内就会有兵戈之乱。

原　文

又东南一百里，曰求山。求水出于其上，潜于其下，中有美赭(zhě)。其木多苴(zhā)，多䉋(mèi)。其阳多金，其阴多铁。

译　文

再向东南一百里的地方，屹立着一座高山，叫做求山。求水从山巅流出，潜流入山下，山中有美丽多彩的赭石。林木葱茏，苴梨苍翠，竹箭丛生。山向阳的南坡，遍布着灿灿黄金；山背阴的北坡，遍布着铁矿石。

原文

又东二百里,曰丑阳之山,其上多椆(chóu)、椐(jū)。有鸟焉,其状如乌而赤足,名曰軹(zhǐ)鵌(tú),可以御火。

译文

再向东二百里的地方,屹立着一座高山,叫做丑阳山。山中林木葱郁,椆树和椐树生长得特别繁茂。山林中有一种鸟,它的形体很像乌鸦,但脚是红色的,它的名字叫軹鵌。这种鸟可以预知火情,人们运用这种鸟的特殊性能预防火灾。

原文

又东三百里,曰奥山,其上多柏(bǎi)、杻(niǔ)、橿(jiāng),其阳多㻬(tú)琈(fú)之玉。奥水出焉,东流注于视水。

译文

再向东三百里的地方,屹立着一座高山,叫做奥山。山中林木葱茏,松柏苍翠,杻树和橿树茂密繁盛。山向阳的南坡,遍布着晶莹的㻬琈玉。奥水流出,向东流去,注入视水。

原文

又东三十五里，曰服山，其木多苴（zhā），其上多封石，其下多赤锡。

译文

再向东三十五里的地方，屹立着一座高山，叫做服山。山中树木郁郁葱葱，尤其以苴梨树生长得特别茂盛。山顶遍布着封石，山下遍布着纯净的赤锡。

原文

又东百十里，曰杳（yǎo）山，其上多嘉荣草，多金、玉。

译文

再向东一百一十里的地方，屹立着一座高山，叫做杳山。山中草木丛生，嘉荣草生长得特别茂盛。山中遍布着黄灿灿的金子和晶莹的美玉。

原文

又东三百五十里，曰几（jī）山，其木多楢（yóu）、檀（tán）、杻（niǔ），其草多香。有兽焉，其状如彘（zhì），黄身、白头、白尾，名曰闻獜（lín），见（xiàn）则天下大风。

译文

再向东三百五十里的地方，屹立着一座山，叫做几山。山中森林郁郁葱葱，楢树、檀树和杻树生长得特别繁密。山中生长着一种野兽，它长的形状像猪，但身上的毛皮是黄色的，头是白色的，尾巴也是白色的，它的名字叫做闻獜。这种兽能预知大风的到来，只要它一出现，天下就会刮起狂风。

原文

凡荆(jīng)山之首，自翼望之山至于几(jī)山，凡四十八山，三千七百三十二里。其神状皆彘(zhì)身人首。其祠(cí)：毛用一雄鸡祈(qí)、瘗(yì)，婴用一珪(guī)，糈(xǔ)用五种之精。禾山，帝也，其祠：太牢之具，羞瘗倒(dào)毛，婴用一璧。牛无常。堵山、玉山，冢(zhǒng)也，皆倒(dào)祠，羞用少(shào)牢，婴用吉玉。

译文

荆山的最头部分，从翼望山起，到几山为止，共有四十八座大山，蜿蜒三千七百三十二里。这里的神仙都是猪身人首，在祭祀这些神仙时，毛牲畜要用一只雄鸡取血涂祭，然后把鸡埋进土里。米是用从五谷中选出来的精米，还要把一块美玉埋在地下。禾山，是众山的首领，这里祭祀的方法，与其他山不同，是用牛、羊和猪等毛牲畜作祭品，祭献后倒埋；有时用牛，有时不用，还要用一块美玉。堵山和玉山，是众山的宗主，在祭祀神仙时，用牲畜毛物和晶莹的美玉祭献后倒埋。

卷六　海外南经

原　文

地之所载，六合之间[①]，四海之内，照之以日月，经之以星辰，纪之以四时[②]，要之以太岁[③]。神灵所生，其物异形，或夭或寿，唯圣人能通其道。

注　释

①六合：古人以东、西、南、北、上、下六方为六合。

②四时：古人以春、夏、秋、冬四季为四时。

③太岁：又叫岁星，即木星。木星在黄道带里每年经过一宫，约十二年运行一周天，所以古人用以纪年。

译　文

大地承载着上下四方之物，四海之内，日月照耀着，星辰在天空闪烁，春夏秋冬划分了一年四季，又有年岁以正天时。这大地上造化所生成的各物有不同的形状，有的早夭，有的长寿，只品德高尚的人才能探知其中的奥秘。

原文

海外自西南陬(zōu)至东南陬者[1]。

注释

①陬：角。又本书自《海外南经》以下各篇，大概最早成书时先有图画，后有文字，而文字只是说明图画的，所以，每篇一开始都有表示方位的一句话，像本篇的“海外自西南陬至东南陬者”一句就是。

译文

海外山系是自西南角到东南角各地的山。

原文

结匈国在其西南[1]，其为人结匈[2]。

注释

①其：代指邻近结匈国的灭蒙鸟。而灭蒙鸟在结匈国的北边，参看本书《海外西经》。

②结匈：可能指现在所说的鸡胸。匈，同“胸”。

译文

鸡胸国在海外的西南，那儿的人都长着像鸡胸一样的胸骨。

原文

南山在其东南①。自此山来，虫为蛇，蛇号为鱼。一曰南山在结匈东南。

注释

①其：也是代指灭蒙鸟，否则，后面“一曰南山在结匈东南”一句就重复而多余了。以下同此。

译文

南山在鸡胸国的东南。从南山里来的人，把虫都称为蛇，而把蛇叫做鱼。也有说南山在鸡胸国东南方的。

原文

比翼鸟在其东，其为鸟青、赤，两鸟比翼。①一曰在南山东。

注释

①比翼鸟：之所以叫比翼鸟，是因为这种鸟只有一个翅膀一只眼睛，单独一只不会飞，两只鸟在一起才能飞起来。

译文

比翼鸟生长在海外的东边。比翼鸟是一只身上长着红色羽毛的鸟和一只为青色羽毛的鸟，只有两只鸟的翅膀配合才能飞翔。也有的说，比翼鸟生在南山的东边。

原文

羽民国在其东南，其为人长头，身生羽。一曰在比翼鸟东南，其为人长颊(jiá)①。

注释

①颊：面颊，脸的两侧。

译文

羽民国生长在海外的东南方，羽民国的人长着一个像鸟一样的长长的头，身上长满了羽毛。另一种说法是羽民国生长在比翼鸟的东南方，这里的人面颊尖长，像鸟儿一样。

原文

有神人二八，连臂，为(wèi)帝司夜于此野。在羽民东。其为(wéi)人小颊(jiá)赤肩。

译文

有个名叫二八神的神人。二八神面颊狭小，红色的肩膀，两只手臂是连在一起长的，他的职责是专为天帝在此野巡夜。二八神白天隐形，夜间出现。

原文

毕方鸟在其东，青水西，其为(wéi)鸟一脚。一曰在二八神东。

译文

毕方鸟在海外的东边生长，毕方鸟生长的地方有条河，叫青水河，它在青水的西面。毕方鸟生了一张像人的面孔，只有一只脚。也有的说毕方鸟生在二八神的东边。

原文

讙(huān)头①国在其南，其为(wéi)人人面有翼，鸟喙(huì)，方捕(bǔ)鱼。一曰在毕方东。或曰讙(huān)朱国。

注释

①讙(huān)头郭璞注："讙(huān)兜，尧臣，有罪，自投南海而死。帝怜之，使其子居南海而祠之。画亦似仙人也。"讙(huān)兜，尧之佞(nìng)臣。《庄子·在宥(yòu)》："尧于是放讙(huān)兜于崇山。"《书·虞书·舜典》："放驩(huān)兜于崇山。"《史记·五帝本纪》："讙(huān)兜曰：'共(gōng)工旁聚布功，可用。'"

译文

讙头国在海外的南边。这儿的人面孔像人但却有两只翅膀，但嘴巴像鸟喙，擅长捕鱼。也有说讙头国在毕方东边的，也有人说讙头国就是讙朱国。（讙头国的祖先是一名叫驩兜的人，因犯有不肖之罪，惭愧不已，自投南海而死。帝尧怜悯他，遂让他的儿子居住在南海，其子孙繁衍，便成了讙头国。）

原文

厌(yàn)火[1]国在其南，其为(wéi)人兽身黑色，火出其口中。一曰在讙(huān)朱东。

注释

①厌(yàn)火：郭璞注"言能吐火。画似猕猴而黑也。"袁珂校(jiào)注"珂案：厌，音yàn，义同餍(yàn)，饱也，足也。"

译文

厌火国在海外的南边。厌火国的人身子像猕猴，一身黑毛，口中能吐出火来。也有说厌火国在讙头国东边。（厌火国有一种食火兽叫祸斗。明冯梦龙在《情史》卷十九中，记述了一个《白螺天女》的故事：有个人名叫吴堪，自幼双亲故世。后来得到一枚白螺，回到家中，那白螺变成仙女，帮他做饭做家务。县官是个老色鬼，企图把吴堪的妻子弄到手，便向吴堪要蛤蟆毛和鬼臂，后又向他要祸斗。白螺女便牵来一只像猴一样的兽给了县官。这野兽吃火拉火，结果把县官及他全家都烧死了。）

原文

三珠树在厌(yàn)火北,生赤水上,其为(wéi)树如柏(bǎi),叶皆为(wéi)珠。一曰其为(wéi)树若彗。

译文

三珠树在厌火国的北边,生长在赤水河上游。三珠树的样子像松柏,叶子像一粒粒的珍珠,也有的说这种树形状像扫帚一样。(黄帝游历到赤水河北岸,登昆仑丘,归来时曾将一颗玄珠失落在那里。先后派了几个人均没找到,后派象去,终于找到了玄珠。这就是三珠树的传说之一。)

原文

三苗国在赤水东,其为(wéi)人相随。一曰三毛国。

译文

三苗国在赤水河之东,他们外出时总是扶老携幼,成群结队而行。因三苗与"三毛"声音相近,故也有的称之为三毛国。(早先,帝尧以天下禅让给舜,三苗部落的首领反对这一决定,帝尧一怒之下便杀了他。因为这件事,发生了三苗部落老百姓的叛乱。他们成群结队迁徙到南海定居,后来便形成了三苗国。)

原文

臷(zhì)国在其东,其为(wéi)人黄,能操弓射蛇。一曰臷国在三毛东。

译文

臷国在它的东边。臷国的人皮肤是黄色的，擅长弯弓射蛇。也有的说，臷国在三毛国的东边。

原文

贯匈国在其东，其为(wéi)人匈有窍。一曰在臷(zhí)国东。

译文

贯胸国在它的东边，贯胸国的人胸上都生有一个透过胸腔的洞。有的说贯胸国在臷国的东边。（大禹杀了防风氏。禹的儿子启建立了夏后氏王朝，很有德政，于是两条龙降伏于他。大禹便派一个姓范的人保护着自己出游，经过南方某地，防风神正巧遇见禹，便弯弓射禹。两条龙突然爆出一声霹雳，飞升而去。防风神见状十分惊惧，就用刀自贯其胸而死。禹反而同情怜悯他，用不死药救活了他。从此他的胸上便留下了一个洞，所以其后代便叫贯胸国。）

原文

交胫国在其东，其为(wéi)人交胫。一曰在穿匈东。

译文

交胫国在海外的东边，这个国家的人两脚是左右交叉着的，走路时也是交叉着双脚。也有的说交胫国在贯胸国的东边。（交胫国的人，生在南定县。足骨没有关节，身上长着很长的毛，卧倒或跌倒时需要有人扶才能重新站起来。）

原文

不死民在其东，其为(wéi)人黑色，寿，不死。一曰在穿匈国东。

译文

不死民国在海外的东方。这个国的人皮肤黑得像炭一样，而且长生不老。另一说不死民国在贯胸国的东部。

原文

反舌国①在其东，其为(wéi)人反舌。一曰在不死民东。

注释

①反舌国：或作“岐舌国”。“岐舌”即歧舌、支舌，谓其舌分叉如蛇信。

译文

反舌国在海外的东边，另一说法是反舌国在不死民国的东边。（这个国的国民，我们听不懂他们的话，但他们自己互相可以听懂。因此，人们认为，他们舌根在前面，舌尖在喉部，所以叫反舌国。）

原文

昆仑虚在其东，虚四方。一曰在反舌东，为(wéi)虚四方。

译文

昆仑虚在海外的东边，它的底部向四面八方延伸很远。一说它在海外的东部，另一说是在反舌国的东部。

原文

羿(yì)与凿齿战于寿华之野，羿(yì)射杀之。在昆仑虚东。羿(yì)持弓矢，凿齿持盾。一曰持戈。

译文

羿与凿齿在南方一个叫寿华之野的地方厮杀，最后，勇敢善战的羿把凿齿杀死了。这次争斗，羿手使弓箭，凿齿用盾戟。也有的说凿齿持戈战的。

原文

三首国在其东，其为(wéi)人一身三首。一曰在凿齿东。

译文

三首国在海外的东边。国中的人有一个身子上生着三颗脑袋。还有一种说法认为在凿齿的东边。(三首国的人，虽只是一口气，但呼吸时各从各的鼻孔进出；一个脑袋上的眼睛看东西，其他两个脑袋上的眼睛也同时看到了；一张嘴吃东西，另外两张嘴巴也不馋了。)

原文

周饶①国在其东，其为（wéi）人短小，冠（guàn）带。一曰焦饶（yáo）②国在三首东。

注释

①周饶：侏儒。《大荒东经》："有小人国，名靖（jìng）人。"袁珂校（jiào）注："靖（jìng）人、僬侥（yáo）、周饶、侏儒，并一声之转。"

②焦饶：即僬侥，《汉语大词典》："僬侥（yáo）：1. 古代传说中的矮人，因以为其国名。《列子·汤问》：'帝凭怒，侵减龙伯之国使厄，侵小龙伯之民使短。至伏羲神农时，其国人犹数十丈。从中州以东四十万里得僬侥（yáo）国，人长一尺五寸。'杨伯峻集释引殷（yīn）敬顺释文：'僬侥（yáo）音谯尧，短人国名也。'按：明·孙瑴《古微书·诗含神雾》作'焦侥（yáo）'。清·陈维崧《满江红·赠大西洋鲁君》：'海外海，光如漆；国外国，天无日。话僬侥（yáo）龙伯，魂摇股栗。'2. 古代西南少数民族名。《国语·鲁语下》：仲尼曰：'僬侥（yáo）氏长三尺，短之至也。'韦昭注：'僬侥（yáo），西南蛮之别也。'《后汉书·明帝纪》：'西南夷哀牢、儋耳、僬侥、槃木、白狼、动黏诸种，前后慕义贡献；西域诸国遣子入侍。'3. 指卑微年幼之人或卑鄙小人。宋·苏轼《刘丑厮》诗：'相国有折胁，封侯或吹箫。人事岂易料，勿轻此僬侥。'"焦饶即僬侥也。

译文

周饶国在海外的东边。周饶国人身材短小,但穿衣戴帽同普通人一样讲究。还有的说周饶国在三首国的东方。(周饶国,就是人们常说的小人国。小人国的人,个子七八寸,为人文质彬彬,很讲礼貌,寿命可长达三百岁。他们行走如飞,日行千里,什么野兽也不敢冒犯他们。这种小人只怕一种叫海鹄的鸟,因为海鹄一遇上他们,便不由分说把他们吞入肚里,但这种小人在海鹄肚里并不死。这种小人也乘车马,如果人捉到他把他吃了,人便可成为神仙。)

原文

长(cháng)臂国在其东,捕(bǔ)鱼水中,两手各操一鱼。一曰在焦侥(yáo)东,捕鱼海中。

译文

长臂国在海外的东部。长臂国的人以捕鱼为生,他们捕鱼的本领非常高,常常可以两只手同时各抓到一条鱼。另一说是长臂国在焦侥国的东边,以海上捕鱼为业。

原文

狄(dí)山,帝尧葬于阳,帝喾(kù)葬于阴。爰(yuán)有熊、罴(pí)、文虎、蜼(wèi)、豹、离朱、视肉。吁(xū)咽(yīn)[①]、文王皆葬其所。一曰汤(tāng)山。一曰爰(yuán)有熊、罴(pí)、文虎、蜼(wèi)、豹、离朱、鸱(chī)久、视肉、虖(hū)交。有范林[②]方三百里。

注释

①吁咽：袁珂注“吁咽与文王并列，疑当是人名。《大荒南经》云：‘帝尧、帝喾、帝舜葬于岳山。’郭璞注：‘即狄山也。’则所谓吁咽者，或当是舜之析音，吁咽相切(qiè)，其音近舜，狄山之吁咽，当即岳山之舜也。”

②范林：袁珂校(jiào)注：“郭璞云‘言林木氾(fàn)滥布衍也。’郝懿行云：‘范林，《海内南经》作氾林，范、氾通。’珂案《海内北经》亦作‘氾林’。”

译文

北狄多崇山峻岭。帝尧葬在狄山的南面，帝喾葬在狄山的北面，那儿有熊、罴、身上长花纹的虎、猕猴、离朱鸟和视肉牛等野兽。吁咽、文王也都葬在那儿。另一说法认为狄山也就是汤山，那儿有上边说的多种野兽。周围是范林，方圆达三百里。

原文

南方祝融，兽身人面，乘(chéng)两龙。

译文

南方有个神叫祝融，长着兽身人面，常乘两条龙飞行。(祝融是黄帝的儿子。)

卷七　海外西经

原文

海外自西南陬至西北陬者。

译文

再说海外自西南角至西北角吧。

原文

灭蒙鸟在结匈国北，为鸟青，赤尾。

译文

灭蒙鸟在结匈国的北部，鸟的羽毛是青色的，尾巴是红色的。

原文

大运山高三百仞①,在灭蒙鸟北。

注释

①仞:古代的八尺合一仞。

译文

大运山高三百仞,在灭蒙鸟之北。

原文

大乐之野,夏后启于此儛(wǔ)《九代》①,乘两龙,云盖三层。左手操翳(yì)②,右手操环,佩玉璜(huáng)③。在大运山北。一曰大遗之野。

注释

①夏后启:传说是夏朝开国君主大禹的儿子,夏朝第一代国君。夏后,即夏王。儛:同“舞”。

②翳:用羽毛做的像伞形状的华盖。

③璜:一种半圆形玉器。

译文

那儿有处大乐野,夏后启在此按《九代》乐曲翩翩起舞,并乘两条龙,飞腾于云雾之中。他左手拿着用羽毛做的华盖,右手持一玉环,腰间佩璧玉。这大乐之野便在大运山之北。也有的说那儿叫大遗野。

原文

三身国在夏后启北,一首而三身。

译文

三身国在夏后启所在地方的北部。三身国的人长着一个脑袋三个身子。

原文

一臂国在其北,一臂、一目、一鼻孔。有黄马,虎文,一目而一手①。

注释

①手:这里指马的腿蹄。

译文

在三身国的北部，有个地方人称一臂国。一臂国的人只生有一只胳臂，一只眼睛，一个鼻孔。那儿还生长着一种黄色的马，身上有老虎皮毛一样的花纹。这种黄马也只生一只眼睛，一条腿。

原文

奇(jī)肱(gōng)之国在其北。其人一臂三目，有阴有阳，乘文马[①]。有鸟焉，两头，赤黄色，在其旁。

注释

①文马：即吉良马，白身子红鬃毛，眼睛像黄金，骑上它，寿命可达一千年。

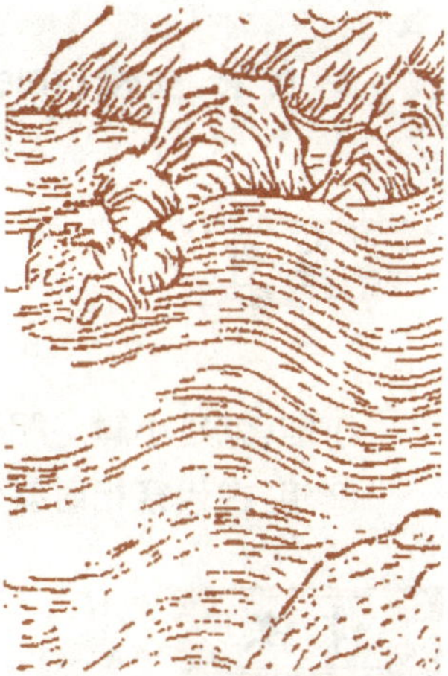

译文

奇肱之国在一臂国的北部。那儿的人一只胳膊，三只眼睛，眼睛有阴有阳，常乘一种叫吉良的马。那儿还生长着一种鸟，长着两个头，羽毛是红黄色的，栖息在人身旁。

原文

形天与帝至此争神[①]，帝断其首，葬之常羊之山。乃以乳为目，以脐为口，操干戚以舞。

注释

①形天：即刑天，是神话传说中一个没有头的神。形，通“刑”，割、杀之意。天是颠顶之意，指人的头。刑天就是砍断头。所以，此神原本无名，在被断首之后才有了刑天神的名称。

译文

刑天与黄帝为了争夺神位，发生了一场厮杀。末后，黄帝砍断了刑天的头，把他埋葬在常羊山麓。他以乳头当作眼睛，以肚脐为口，手操盾牌大斧继续挥舞着，欲与黄帝再决雌雄。

原文

女祭、女薎(miè)在其北，居两水间，薎操鱼䱇[①]，祭操俎[②]。

注释

①䱇：就是小觯。䱇是古代的一种酒器。

②俎：古代祭祀时盛供品的礼器。

译文

在刑天与黄帝发生争战的北边，有两条小河，两河之间，居住着两个女神，一个叫女祭，一个叫女薎。女薎手里老拿着鳝鱼，女祭手拿一块肉案。

原文

䳐(cì)鸟、鸇(zhān)鸟，其色青黄，所经国亡。在女祭北。䳐鸟人面，居山上。一曰维鸟，青鸟、黄鸟所集。

译文

䳐鸟和鸇鸟，生长在女祭神的北部。它们的颜色是青色或黄色的，它经过哪里，哪里便有亡国之祸。䳐鸟有一副人的面孔，生活在山上，也有的称它们叫维鸟，是青鸟和黄鸟聚焦在一起的混称。

原文

丈夫国在维鸟北，其为人衣冠带剑。

译文

丈夫国在维鸟的北边，丈夫国的人衣帽整齐，随身都佩带宝剑，一身英雄气概。

原文

女丑之尸，生而十日炙杀之①。在丈夫北。以右手鄣其面②。十日居上，女丑居山之上。

注释

①炙：烧烤。

②鄣：同"障"。挡住，遮掩。

译文

在丈夫国的北部，有具女丑的尸体，是天上十个太阳一起出来照射死的。她死后右手遮在脸上。十个太阳在天上炙热地照射着，女丑的尸体就躺在山上。

原文

巫咸国在女丑北，右手操青蛇，左手操赤蛇。在登葆山，群巫所从上下也。

译文

巫咸国在女丑的北边。巫咸国的人右手持一条青蛇，左手持一条红蛇。那儿有座登葆山，巫咸国的人可以从登葆山上下往来于天上人间。

原文

并封①在巫咸东，其状如彘(zhì)，前后皆有首，黑。

注释

①并封:即《大荒西经》之“屏(píng)蓬”。

译文

并封这种兽生在巫咸国的东边,长得同猪差不多,但身子前后各有一个猪头,浑身生着黑毛。

原文

女子国在巫咸北,两女子居,水周之。一曰居一门中。

译文

女子国在巫咸国之北,有两个女子住在一起,四面有个水池环绕着。一种说法是居于一门中。(女子国四周那个池子叫黄池,女子下池洗浴,出浴后便怀孕了,如果生下男孩,那么到三岁便要死去。所以这个国家只有女子,没有男人。女子国离九嶷山二万四千里。)

原文

轩(xuān)辕(yuán)之国在穷山之际,其不寿者八百岁。在女子国北。人面蛇身,尾交首上。

译文

轩辕国在女子国之北，接近一座名叫穷山的地方。轩辕国人长寿的要活八百岁。轩辕国人长得人头蛇身，尾巴可以绕到头上。

原文

穷山在其北，不敢西射，畏轩辕之丘。在轩辕国北。其丘方，四蛇相绕。

译文

穷山位于轩辕国的北部。射箭的人因敬畏黄帝的威灵，不敢向西射箭，因那儿有座轩辕丘，是黄帝居住的地方。那是座方正的山丘，有四条巨蛇在四面护卫着。

原文

诸沃(wò)之野，鸾鸟自歌，凤鸟自舞。凤皇卵，民食之；甘露，民饮之，所欲自从(cóng)也。百兽相(xiāng)与(yǔ)群居。在四蛇北。其人两手操卵食之，两鸟居前导之。

译文

在四蛇之北，有诸沃之野，在那儿，各种鸾鸟和凤凰自由自在地鸣转飞舞。诸沃的居民吃凤凰的卵，饮甘露，想得到的无所不有。那儿还有各种野兽与居民安然相居。诸沃之民两手拿凤凰蛋而食，前面有两只鸟飞舞着，就像在引导他们向前一样。

原文

龙鱼陵居在其北，状如鲤。一曰鰕（xiā）[1]。即有神圣乘（chéng）此以行九野。一曰鳖鱼在沃（wò）野北，其为（wéi）鱼也如鲤。

注释

①鰕：大鲵（ní）。《尔雅·释鱼》："鲵之大者谓之鰕。"鰕，《辞海》《汉语大字典》《汉语大词典》音 xiā，郭璞音 xiá。

译文

龙鱼在诸沃野之北，可居水中，又可居山陵之上，形状同鲤鱼相似，有一种说法认为龙鱼像鰕鱼神人可以乘上它到处飞行。还有一种说法认为鳖鱼在沃野的北边这种鱼形状和鲤鱼相似。

原文

白民之国在龙鱼北，白身被（pī）发（fà）。有乘（chéng）黄[1]，其状如狐，其背上有角，乘（chéng）之寿二千岁。

注释

①乘黄：郭璞注："即飞黄也。"

译文

白民国在龙鱼生活之地的北边，白民国人皮肤如同雪一样白，披头散发。那儿有种野兽名叫乘黄，样子像狐狸，但它背上长角，乘上它可以长寿至两千岁。

原文

肃慎之国①在白民北，有树名曰雒(luò)棠(táng)，圣人代立，于此取衣。

注释

①肃慎国：此肃慎国在西北。中国史书中的肃慎在东北，是满族的祖先。

译文

肃慎国在白民国之北。那儿生长着一种树，名叫雒棠。国中若有圣明的天子继位，这种树便生出木皮来，供给国人制作衣服，因为这里的人平常是不穿衣服的。

原文

长(cháng)股之国在雒(luò)棠(táng)北，被(pī)发(fà)。一曰长脚。

译文

长股国在雒棠国之北。那儿的人披头散发。也有的叫它为长脚国。(长脚国的人,两条腿特别长,很擅长在沿海捕鱼。原因可能是他们双腿绑上了两根木,他们也因此做各种游戏,像今天的踩高跷一样。)

原文

西方蓐(rù)收,左耳有蛇,乘(chéng)两龙。

译文

西方有神名称蓐收。他的左耳中有一条小蛇,乘两条龙而行。(蓐收是金神,长得人面虎爪,全身长白毛,手执大钺,在天上主管刑罚。)

卷八　海外北经

原文

海外自西北陬(zōu)至东北陬者。①

注释

①陬:角,角落。

译文

再从海外西北角向东北角看吧。

原文

无启(qǐ)之国在长股东,为人无启①**。**

注释

①无启：无嗣。传说无启国的人住在洞穴中，平常吃泥土，不分男女，一死就埋了，但他们的心不腐朽，死后一百二十年就又重新化成人。

译文

无启国在长股国的东边，国中之人并无繁衍子孙后代。

原文

钟山之神，名曰烛阴，视为昼，瞑为夜，吹为冬，呼为夏，不饮，不食，不息，息为风，身长千里。在无启之东。其为物，人面，蛇身，赤色，居钟山下。

译文

钟山山神的名字叫烛阴。它眼睁开，便是白天；闭上眼，就是黑夜。它用嘴猛吹，天下就变为冬天；用嘴呵气便成为夏天。它不饮水，不吃东西，不呼吸，它一呼吸便化为风。它身长足有一千里。它居住在无启国的东边。长得人面蛇身，全身红彤彤的，居住在钟山脚下。

原文

一目国在其东，一目中其面而居。

译文

一目国在钟山的东边。一目国的人,只在脸的中部有一只眼睛。

原文

柔利国在一目东,为人一手一足,反膝,曲足居上。一云留利之国,人足反折。

译文

在一目国的东边,有个柔利国。那儿的人只有一条胳膊一条腿,膝盖是向外反卷的,脚也反卷朝上,像是折了似的。还有一种说法认为柔利国也"留利国",国中人脚是反折着的。

原文

共工之臣曰相柳氏,九首,以食于九山。相柳之所抵,厥(jué)为泽溪①。禹杀相柳,其血腥,不可以树五谷种②。禹厥之,三仞三沮③,乃以为众帝之台④。在昆仑之北,柔利之东。相柳者,九首人面,蛇身而青。不敢北射,畏共工之台。台在其东,台四方,隅有一蛇⑤,虎色⑥,首冲南方。

注释

①厥:通"撅",掘。

②五谷:五种谷物。泛指庄稼。

③三:表示多数。仞:充满。沮:败坏。这里是陷落的意思。

④众帝：指帝尧、帝喾、帝丹朱、帝舜等传说中的上古帝王。

⑤隅：角落。

⑥虎色：虎文，即老虎皮毛的颜色纹理。

译文

共工的大臣有个名叫相柳的，有九颗头，九颗头分别在九座山上吃东西。相柳所经过的地方，就会掘为一片沼泽和溪流。后来，大禹杀死了相柳。相柳的血腥臭难闻，相柳的血流过的地方，谷种撒下去都不会发芽。大禹动手掘填被相柳血膏浸坏的土地，几次填好那些坏土都塌陷下去。因为那儿土地太湿润，只好堆起湿土作为众帝之台。这土台在昆仑山以北，柔利国的东边。相柳的外貌狰狞，它长着九个脑袋，每只脑袋都是人的面孔，他有一条青蛇的身子。善射的人因敬畏共工之台的圣灵，不敢向北射箭。共工台在相柳的东边，台呈四方形，每一角有一条虎纹蛇，它们即相柳，他的头平常总是朝着南方。

原文

无肠之国在深目东，其为人长而无肠。

译文

在深目国的东边，有个无肠国。那个国家的人个头高大，肚子里没有肠子。

原文

聂(shè)耳之国在无肠国东,使两文虎①,为人两手聂其耳②。县(xuán)居海水中③,及水所出入奇物。两虎在其东④。

注释

①文虎:即雕虎,老虎身上的花纹如同雕画似的。

②聂:通"摄"。握持。

③县:通"悬"。无所依倚。这里是孤单的意思。

④两虎:即指上文的两文虎,原来图上的画像就是如此。这种说明图上画面的物像、人形、山状、方向、位置等文字,自《海外南经》以下比比皆是。因为原画已失,仅剩说明文字,图画与文字不能配合着视读,所以,文中所指所述往往有不甚了了之感。

译文

在无肠国的东面,有个聂耳国。那儿的人,每人使唤两只花斑大虎。聂耳国的人耳朵大得出奇,平时要用两手托着双耳垂。他们居住在海中的孤岛上,能入水获得海中各种精怪的东西。两文虎在聂耳国的东面。

原文

夸父与日逐走,入日①。渴,欲得饮,饮于河、渭,河、渭不足,北饮大泽。未至,道渴而死。弃其杖,化为邓林。

注释

①入日：意思是追赶上了太阳。

译文

夸父追赶太阳，到了接近太阳的地方，口渴得要命，便一口气把黄河和渭水两条河的水喝了个精光，还不解渴，他还想去喝北方大泽的水，但是还没赶到，半路上就渴死了。他死时所扔掉的拐杖变成了邓林。

原文

禹所积石之山在其东[①]，河水所入。

注释

①禹所积石之山：是一座山，即禹所积石山。传说大禹曾疏通积石山而导引黄河水流过。此积石山是另一座山，不是这里所说的禹所积石山。

译文

在夸父国的东边，有一座山名叫禹所积石山，是黄河流入的地方。

原文

拘瘿（yǐng）之国在其东，一手把瘿[①]。一曰利瘿之国。

注释

①瘿：因脖颈细胞增生而形成的囊状性赘生物，多肉质，比较大。

译文

在禹所积石山的东边，有个国家叫拘瘿国。拘瘿国的人，行走时常一只手托住自己颈脖子的肉瘤。还有另一种说法是拘瘿国又称利瘿国。

原文

寻木长千里，在拘瘿南，生河上西北。

译文

寻木是一种特别高大的树，高可达千里，它生在拘瘿国之南，黄河上游的西北方。

原文

跂踵国在拘瘿东①，其为人大，两足亦大。一曰大踵②。

注释

①跂踵：走路时脚跟不着地。
②大踵：脚是反转长的，走路时行进的方向和脚印的方向是相反的。

译文

跂踵国在拘缨国的东部。肢踵国的人身材高大，两只脚尤其大。所以也叫大踵国。

原文

欧丝之野在大踵东，一女子跪据树欧丝①。

注释

①据树：据古人解说，是凭依桑树一边吃桑叶一边吐出丝，像蚕似的。这大概是图画上的形状。欧：同“呕”。吐。

译文

欧丝之野在大踵国之东。那儿有一个女子跪在树旁靠着大树吐丝。

原文

三桑无枝，在欧丝东，其木长百仞①，无枝。

注释

①仞：古时八尺为一仞。

译文

在欧丝之野的东边，有三桑树。三桑树都高达百丈，但没有枝叶，只剩下了光秃秃的树干。

原文

范林方三百里，在三桑东，洲环其下。

译文

在三桑树的东边，有片树林称为范林，方圆三百里，它的下面都是沙洲。

原文

务隅（yú）之山①，帝颛（zhuān）顼（xū）葬于阳，九嫔（pín）葬于阴。一曰爰（yuán）有熊、罴（pí）、文虎、离朱、鸱（chī）久、视肉。

注释

①务隅之山：即《大荒北经》之附禺（yú）之山、《海内东经》之鲋鱼之山。鲋（fù）鱼山：一名高阳山，又名青冢山。在今河南省濮（pú）阳市附近。传说帝颛顼高阳氏葬于此山之阳。今河南省内黄县梁庄镇三杨庄村顿丘故城西北有颛顼陵。

译文

务隅山，天帝颛顼葬在此山的南面，九位嫔妃葬在此山的北边。有的说山中有熊、花斑虎、离朱鸟、猫头鹰和永远也吃不完的视肉等野兽。

原文

平丘在三桑东，爰(yuán)有遗(yí)玉[1]、青马、视肉、杨柳、甘柤(zhā)、甘华(huā)，百果所生。有两山夹上谷，二大丘居中，名曰平丘。

注释

①遗玉：郭璞云："遗玉，玉石。"《字汇·玉部》："瑿(yī)，黑玉。"《本草纲目·木部·瑿》："时珍曰：'瑿即琥珀之黑色者也，或因土色熏染，或是一种木沈(shěn)结成，未必是千年琥珀复化也。'"《说文·玉部》："琀(hán)，送死口中玉也。……遗(wèi)玉也。"段玉裁注："谓赠遗(wèi)之玉也，蒙上送死言之。何休曰：'知死者赠禭(suì)。'禭(suì)犹遗(wèi)也。《大(tài)宰》《典瑞》皆言'大丧赠玉'。注云：'盖璧也。'"张舜徽约注："段氏谓蒙上文言之，是也。《周礼·大(tài)宰》：'大丧赞赠玉含玉。'郑(玄)注：'赠玉，既 所以送先王。含玉，死者口实，天子以玉。'贾(公彦)疏云：'含玉，始死用之；赠玉，于葬乃用。'据此，可知古者大丧赠玉，所以送葬也。许君叙次，先含玉，后赠玉，实本礼经。"按《山海经》中的"遗(yí)玉"，当为黑玉。

译文

平丘在三桑树的东边。那儿有千年的玉石、青马、视肉、杨柳、甜柤梨、甘华树等各种果木。在两座山谷之中,有两座大丘,就是平丘。

原文

北海内有兽,其状如马,名曰骟(táo)駼(tú)[1]。有兽焉,其名曰驳(bó),状如白马,锯牙,食虎、豹。有素兽焉,状如马,名曰蛩(qióng)蛩(qióng)。有青兽焉,状如虎,名曰罗罗。

注释

①骟駼:《史记·卫将军骠(piào)骑列传》云:"右北平太守路博德属(zhǔ)骠(piào)骑将军(即霍去病),会与(yú)城,不失期,从至梼余(tú)山,斩首捕虏二千七百级,以千六百户封博德为(wéi)符离侯。"司马贞索隐:"音桃徒二音。"盖梼余(tú)山即产骟駼之山,在北海(今俄罗斯境内的贝加尔湖)附近。梼余(tú)之余不可繁化为(wéi)"餘"。

译文

北海内有一种兽,样子像马,名字叫骟駼,还有一种兽,它名叫驳,样子像白马,生有锯齿一样的利牙,专食虎豹。另外,还有种素色的异兽,也长得像马一样,名叫蛩蛩。还有一种青兽,样子像老虎,名叫罗罗。

(相传,春秋战国时代,齐桓公骑着马行走,老虎望见了吓得赶忙伏倒在地上。齐桓公便问管仲:"我只是骑了一匹马,老虎见了就不敢走了,这是什么原因?"管仲回答说:"你是不是骑着骏马迎着太阳而奔驰?"桓公说:"是呀。"管仲说:"这正是驳跑起来的样子啊!驳专吃虎豹,所以老虎一见就害怕了。")

原文

北方禺(yú)彊(qiáng)①,人面鸟身,珥(ěr)两青蛇,践两青蛇。

注释

①禺彊:郝懿行认为(wéi)即《大荒东经》中的禺(yú)京。《庄子·大宗师》:“禺强得之(指“道”),立乎北极。”

译文

最北方有个神人叫禺彊,长的人面鸟身。耳朵上穿有两条青蛇,脚下踏着两条青蛇。(这是他是风神的时候的形象。当他是水神的时候,他则是鱼的身子,有手有足,驾着两条龙。)

卷九 海外东经

原文

海外自东南陬(zōu)至东北陬者。①

注释

①陬:角,角落。

译文

现在再从海外东南角向东北角看吧!

原文

䞓(jiè)丘,爰有遗玉、青马、视肉、杨柳、甘柤、甘华。甘果所生。在东海,两山夹丘,上有树木。一曰嗟丘。一曰百果所在,在尧葬东。

译文

䟣丘，丘中有玉石、青马、视肉、杨柳、甜柤树、甘华树，上百种果树在那儿繁茂地生长。在东海，它处在两座中间山上长着树木。有的说叫它嗟丘的，也有说那里是盛产百果的地方，在埋葬尧帝的狄山的东面。

原文

大人国在其北，[①] 为人大，坐而削(shāo)船[②]。一曰在䟣(jiè)丘北。

注释

①大人国：大人国的胎儿要在母腹中孕育三十六年才生下来，一生下来便是白头发，而且身材异常高大，能乘云雨飞行却不会步行，可能是属于龙种一类。

②削船：削、梢二字同音假借。梢是长竿子，这里作动词用。梢船就是用长竿子撑船。

译文

大人国在健丘的北边。这个国的人个子比一般人要大得多，善于使船。一种说法认为大人国在䟣丘的北边。

原文

奢比之尸在其北[①]，兽身、人面、大耳，珥(ěr)两青蛇。一曰肝榆之尸在大人北。

注释

①奢比：也叫奢龙，传说中的神。

译文

奢比尸神在大人国的北面，身子像野兽，脸部像人，耳朵特大，耳朵上穿着两条青蛇。另一种说法是肝榆尸在大人国的北面。

原文

君子国在其北，衣冠带剑①，食兽，使二大虎在旁，其人好(hào)让不争。有薰华草，朝生夕死。一曰在肝榆之尸北。

注释

①衣冠：这里都作动词用，即穿上衣服戴上帽子。

译文

君子国在奢比尸神的北边。这里的人，衣冠楚楚，以兽肉为主食，左右常有两头大虎做侍从。君子国人，为人互尊互让，不相争执。那儿还生长着一种叫薰华的植物，这种植物，早晨生长出来，晚上就凋谢了。还有一种说法认为君子国在肝榆之尸的北边。

原文

虹(hóng)虹在其北[1],各有两首。一曰在君子国北。

注释

①虹虹:就是虹霓,俗称美人虹。据古人说,虹双出而颜色鲜艳的为雄,称作虹;颜色暗淡的为雌,称作霓。

译文

虹虹国在君子国的北边,它一端各有两个头。一种说法认为虹虹在君子国的北边。

原文

朝阳之谷,神曰天吴,是为水伯。在虹虹北两水间。其为兽也,八首人面,八足八尾,皆青黄。

译文

朝阳谷有神仙,他名叫天吴,这便是所谓的水伯,在虹虹北面的两条河之间。天吴这种神兽,长着八颗人脑袋,有八只脚八条尾,背长着青黄色的毛。

原文

青丘国在其北。[1]其人食五谷衣丝帛。其狐四足九尾。一曰在朝阳北。

注释

①青丘国：青丘国的人，以五谷杂粮为食，穿丝帛织成的衣服。九尾这种野兽，有的叫它三寿，有的叫王寿。大禹年已三十还未娶妻，到了涂山后，怕误了结婚的时间，使国人无制度可遵循，便说："我如果娶妻，必定有吉光才好。"话刚说完，便有一匹九尾白狐走到大禹面前。大禹高兴地说："白色表示我应穿的衣服，它九条尾巴是我为王的证据。"……大禹便在涂山娶妻，名叫女娇女攸。这匹九尾狐，便是青丘国的神兽九尾狐。

译文

青丘国在朝阳谷的北边。那里的人吃五谷，穿丝帛。那里有种狐狸，四只脚九条尾巴。另一种说法认为青丘国在朝阳谷的北面。

原文

帝命竖亥步①，自东极至于西极，五亿十选九千八百步②。竖亥右手把算③，左手指青丘北。一曰禹令竖亥。一曰五亿十万九千八百步。

注释

①竖亥：传说中一个走得很快的神人。

②选：万。

③算：通"筭"。古代人计数用的筹码。

译文

天帝命竖亥步量中国的疆域。竖亥从最东端一直走到最西端，共计有五亿十万九千八百步，竖亥右手持着计数用的算，左手指着青丘的北面。另一种说法是大禹命令竖亥测量大地，还有一种说法是测量出五亿十万九千八百步。

原文

黑齿国在其北，为人黑，食稻啖蛇①，一赤一青，在其旁。一曰在竖亥北，为人黑首，食稻使蛇，其一蛇赤。

注释

①啖：吃。

译文

黑齿国在竖亥的北边。黑齿国的人牙齿漆黑。那儿的人吃稻米，拿蛇作菜肴。有一红一青两条蛇在他的旁边。也有的说在竖亥之北有黑齿国，这里的人脑袋是黑的，他们吃稻米而使唤蛇。身旁有一条红蛇便是为他们使唤的。

原文

下有汤（yáng）谷①。汤谷上有扶桑，十日所浴，在黑齿北。居水中，有大木，九日居下枝，一日居上枝。

注释

①下有："下有"是针对"上有"而言。

译文

黑齿国的下面有汤谷。汤谷上有棵高大的扶桑神树，是天上十个太阳洗浴的地方。这高大的扶桑下半截在水中，树枝在水之上，九个太阳住在树的下枝上，一个太阳在上面的树枝上。

原文

雨师妾在其北，其为（wéi）人黑，两手各操一蛇，左耳有青蛇，右耳有赤蛇。一曰在十日北，为（wéi）人黑身人面，各操一龟。

译文

雨师妾国在汤谷的北面。那儿的人皮肤非常黑，两只手各操一条蛇，他们左耳还有条青蛇，右耳有条红蛇。也有的说雨师妾国在十个太阳洗浴地方的北面，身体很黑，双手各操一只乌龟。

原文

玄股之国在其北，其为（wéi）人股黑，衣（yì）鱼①食鴎（yōu）②。两鸟夹之。一曰在雨师妾（国）北。

注释

①衣鱼：穿以鱼皮制作的衣服。新中国成立前，赫哲族捕鱼为生，用鱼皮制衣。

②驱：同“鸥”。《汉语大字典》《汉语大词典》音ōu，郭璞音yōu。

译文

玄股国处在雨师妾国的北边。这个国家的人可以用鱼皮做衣服，以海鸥等水鸟为食。他们生活在两只鸟中间。还有一种说法认为毛民国在玄股国的北边。

原文

毛民之国在其北，为(wéi)人身生毛。一曰在玄股北。

译文

毛民国在玄股国的北面。那儿的人周身生有长长的黑毛。另一种说法是在玄股国的北面。（现在临海郡东南两千里的地方，有种毛人在大海洲岛上生活，他们身材短小，遍体生毛，像猪熊一样，他们穴居，不穿衣服。晋永嘉四年，吴郡司盐都尉戴逢在海边得到一条船，船上有男女四个人，样子都是这样。因言语不通，戴逢便把他们送往丞相府，还未到，半路上死了三个，只有一个男的活着。上边官府赐给他一个妻子，并且生了个儿子。后来他常出入于街市，渐渐懂人的语言，便自我介绍说他原是毛民国的人。）

原文

劳民国在其北，其为(wéi)人黑，食果草实。有一鸟两头。或曰教(jiào)民。一曰在毛民北，为(wéi)人面目手足尽黑。

译文

劳民国在毛民国的北边。那儿的人像雨师妾国的人一样，皮肤特别黑。有的称它为教民国。劳民国的人吃野果草种。那儿还生长一种两头鸟。还有一种说法认为在毛民国的北面，国中人脑面、眼皮、手脚都是黑的。

原文

东方句(gōu)芒①，鸟身人面，乘(chéng)两龙。

注释

①句芒：古代传说中的主木之官。又为木神名。《礼记·月令》："(孟春之月)其帝大(tài)皞，其神句芒。"郑玄注："句芒，少皞氏之子曰重(chóng)，为(wéi)木官。"

译文

东方有木神句芒，长着鸟的身子人的头，乘两条龙而行。(传说，有一次，郑穆公白天来到一座庙内，有个神进来，那神身子像鸟，四方脸盘。郑穆公见了吓得要跑。那神说："不必害怕，天帝知道你施行德政，派我赐你增寿十九年，使你国家繁荣昌盛，六畜兴旺。"穆公再叩头拜问："请问尊神之大名？"神说："我是句芒。")

原文

（西汉）建平元年[1]四月丙戌，待诏太常属臣（丁）望校（jiào）治，侍中光禄勋（xūn）臣（王）龚、侍中奉车都尉光禄大（dà）夫臣（刘）秀[2]领主省（xǐng）[3]。

注释

①建平元年：西汉哀帝（刘欣）乙卯年，公元前六年。

②刘秀：刘歆。西汉末古文经学派的开创者，目录学家、天文学家。字子骏，后改名秀，字颖叔。刘向之子。沛（今江苏沛县）人。曾任黄门郎、中垒校（xiào）尉尉之校（xiào），继承父业，总校（jiào）群书，撰成《七略》，包括辑略（总论）、六艺略、诸子略、诗赋略、兵书略、数术略和方技略。

③省（xǐng）：校（jiào）阅，校（jiào）勘。

译文

西汉建平元年四月丙戌，待诏太常属臣丁望校治，侍中光禄勋臣王龚、侍中奉车都尉光禄大夫臣刘秀负责校阅。

卷十　海内南经

原文

海内东南陬以西者。

译文

再看看东南角以西的各国吧！

原文

瓯居海中。闽在海中，其西北有山。一曰闽中山在海中。

译文

东瓯在海的中部。闽也在海中，它的西北山峦起伏。也有的说闽中的山也在海中。

原文

三天子鄣山在闽西海北。一曰在海中。

译文

三天子鄣山在闽的西北方。也有的说在海中。

原文

桂林八树，在番（pān）隅东。

译文

桂林八树这片林木在番禺的东边。

原文

伯虑国、离耳国、雕题国、北朐（qú）国皆在郁水南。郁水出湘陵南海。一曰相虑。

译文

伯虑国、离耳国、雕题国和北朐国，都在郁水的南边。郁水河从湘陵南山流出。也有的称为相虑国。

原文

枭阳国在北朐之西[1]。其为人人面长唇，黑身有毛，反踵，见人则笑，左手操管。

注释

①枭阳国：枭阳国的人很喜欢吃人，嘴特别大。他刚见到人便大笑，一笑则嘴唇能把上额都遮住，他笑过之后才吃人。当地人便在手臂上套两根竹管子，等他一抓人，人便把手从竹管中抽出，然后把他的嘴唇吹到额部而抓获他。

译文

枭阳国在北朐国的西边。枭阳国的人长得像人，人的面容，嘴唇很大，但有身黑毛，脚是反长的（脚板在后，脚跟在前），左手拿一个竹管子。

原文

兕在舜葬东，湘水南。其状如牛，苍黑，一角。

译文

兕生活在帝舜墓葬的东边，湘水的南边。它的样子像牛，一身黑毛，只生一只角。

原文

苍梧之山，帝舜葬于阳，帝丹朱葬于阴。[1]

注释

①丹朱：丹朱是帝尧的儿子，他是个不肖之子，骄奢淫逸，无恶不作，尧便率兵杀他。丹朱兵败，自悔有罪，投江而死。帝尧又同情他，允许他的妻子到南海生活，其子孙繁衍成了讙朱国。

译文

苍梧山的南边埋葬着帝舜，山的北边埋葬着帝丹朱。

原文

氾林方三百里[1]，在狌狌东。

注释

①氾林：就是前文所说的范林。

译文

氾林方圆三百里，在猩猩生活地的东边。

原文

狌狌知人名，其为兽如豕而人面，在舜葬西。

译文

猩猩能知道人的名字，身子长得像小猪而面目像人，生活在帝舜葬地的西边。

原文

狌狌西北有犀牛，其状如牛而黑。

译文

猩猩生活地的西北边有种兽叫犀牛，样子像牛，毛是黑色的。

原文

夏后启之臣曰孟涂，是司神于巴，巴人讼于孟涂之所，其衣有血者乃执之，是请生。居山上，在丹山①西。

注释

①丹山：即今之巫山。在四川、湖北两山边境。长江穿流其中，成为三峡。

译文

夏后启的大臣孟涂，在巴地做主管诉讼之神。当地人到孟涂那里告状，孟涂见其身上有血则是理屈的便捉起来，这是他爱护生灵的德政。孟涂住在山上，地址是巫山之西。

原文

窫(yà)窳(yǔ)居弱水中，在狌(xīng)狌(xing)之西，其状如貙(chū)，龙首，食人。

译文

窫窳的脑袋像龙头，居住在弱水之中。（古时，凡水道由于水浅或当地人民不习惯造船而舟楫不通，只用皮筏交通的，往往认为是水弱不能通舟，便称弱水。）在猩猩居住处的西边。窫窳这种怪兽异常凶猛，能吃人。（窫窳本是蛇身人首，后被贰负的下臣所杀，又变成了这种会吃人的怪兽。）

原文

有木，其状如牛，引之有皮，若缨、黄蛇。其叶如罗，其实如栾，其木若蓲(ōu)[1]，其名曰建木。在窫(yà)窳(yǔ)西弱水上。

注释

①蓲：通"枢(ōu)"。刺榆。《诗·唐风·山有枢》："山有枢，隰(xí)有榆。"孔颖达疏引郭璞曰："今之刺榆也。"

译文

有一种神树，样子像一头牛，剥下来的树皮，像人帽上的缨穗，也像黄蛇皮一样。叶子像网，它的果实圆如栾树，树干像刺榆，这种神树名叫建木。生在窫窳之西的弱水河畔。

原文

氐(dǐ)人国在建木西，其为(wéi)人人面而鱼身，无足。

译文

氐人国在建木的西边。氐人国的人长着人面鱼身，没有脚。

原文

巴蛇食象，三岁而出其骨，君子服之，无心腹之疾。其为(wéi)蛇青黄赤黑。一曰黑蛇青首，在犀(xī)牛西。

译文

巴蛇可以吃象，过三年才把象骨排泄出来。君子吃了巴蛇的肉，便可以除去心痛和肚子痛。巴蛇有黑蛇，有青黄蛇，都五彩斑斓。也有的说巴蛇是黑色身体和青色脑袋，在犀牛的西边。（巴蛇其实就是一种很大的蟒蛇，长十丈，身围七八尺，常在树上窥伺鹿兽，鹿兽经过时，便低头绕住它。一会儿鹿死了，先用唾液把它润湿，然后便整个吞下，鹿的骨角都从它的鳞甲之间钻出来，所以有巴蛇吞象之说。）

原 文

旄(máo)马,其状如马,四节有毛,在巴蛇西北,高山南。

译 文

旄马样子像普通的马,背膝及尾巴上却长着很长的毛。它长在巴蛇生长处的西北,一座高山的南麓。

卷十一　海内西经

原文

海内西南陬以北者。

译文

我们再来看海内西南角以北的各国吧！

原文

贰负之臣曰危[①]，危与贰负杀窫（yà）窳（yǔ）[②]。帝乃梏之疏属之山[③]，桎其右足[④]，反缚两手与发，系之山上木。在开题西北。

注释

①贰负：神话传说中的天神，样子是人的脸面蛇的身子。

②窫窳：也是传说中的天神，原来的样子是人的脸面蛇的身子，后被贰负及其臣子杀死而化成上文所说的样子——龙头，野猫身，并且吃人。

③梏：古代木制的手铐。这里是械系、拘禁的意思。

④桎：古代拘系罪人两脚的刑具。

译 文

贰负有个下臣名叫危。危与贰负合伙杀了窫窳。黄帝大怒，便把他俩捉住放在疏属山中。给他俩的右脚带上脚镣，并反缚其两只手，系在山中一棵树上。这个地方在开题国的西北。

原 文

大泽方百里，群鸟所生及所解。在雁门北。

译 文

大泽方圆百里，是群鸟生卵孵化幼鸟及脱换羽毛的地方。大泽在雁门的北边。

原 文

雁门山，雁出其间。在高柳北。高柳在代北。

译 文

雁门山，是大雁生活的地方。雁门山在高柳山的北面。高柳山在代山的北面。

原文

后稷之葬，山水环之。在氐国西①。

注释

①氐国：就是上文所说的氐人国。

译文

这是后稷死后埋葬的地方，周围有山水环绕着它。这个地方在氐人国的西边。

原文

流黄酆(fēng)氏之国，中方三百里①，有涂四方②，中有山。在后稷葬西。

注释

①中：域中，即国内土地的意思。
②涂：通“途”。道路。

译文

流黄酆氏国，其疆域方圆三百里。这个国道路四通八达，国中有一座大山。这个国家在后稷葬地的西边。

原文

流沙出钟山[①]，西行又南行昆仑之虚(qū)[②]，西南入海，黑水之山。

注释

①流沙：沙子和水一起流行移动的一种自然现象。

②虚：大丘。即指山。

译文

流沙是从钟山流出的，向西流再向南流到昆仑虚，向西南流进大海直到黑水山。

原文

海内昆仑之虚(qū)，在西北，帝之下都。昆仑之虚，方八百里，高万仞[①]。上有木禾，长五寻[②]，大五围。面有九井，以玉为槛(jiàn)[③]。面有九门，门有开明兽守之，百神之所在[④]。在八隅之岩，赤水之际，非夷羿莫能上冈之岩[⑤]。

注释

①仞：古代的八尺为一仞。

②寻：古代的八尺为一寻。

③槛：窗户下或长廊旁的栏杆。这里指井栏。

④百：并非实数，而是言其多。

⑤夷羿：即后羿，神话传说中的英雄人物，善于射箭，曾经射掉九个太阳，射死毒蛇猛兽，为民除害。

译文

海内的昆仑虚，在西北方，是黄帝在下界的都城。昆仑山，方圆八百里，高有一万丈。山顶上最高的地方长着一株大稻子，这株大稻子高达五寻，粗有五围。前有九眼泉井，并有九扇门。帝都宫殿的正门面对东方，迎着朝阳，叫做"开明门"。门前有一只神兽，叫开明兽。它威风凛凛地站在门前，面向东方，守护着这座"百神所在"的宫城。百神住的宫殿旁边有条河叫赤水河。这座山山势险峻，没有英雄射手羿的才艺是攀不上去的。

原文

赤水出东南隅，以行其东北。

译文

赤水河从昆仑虚的东南麓山谷中流出，向其东北方流去。

原文

河水出东北隅，以行其北，西南又入渤海，又出海外，即西而北，入禹所导积石山。

译文

河水这条河从昆仑虚东北角流出，从山北面流过，向西南流入渤海，又流出海外，即向西复向北流，流入大禹所疏导过的积石山中。

原文

洋(xiáng)水、黑水出西北隅，以东，东行，又东北，南入海，羽民南。

译文

洋水和黑水发源于昆仑虚的西北角，向东流，又向东北流，向南流入大海，流入羽民国的南边。

原文

弱水、青水出西南隅，以东，又北，又西南，过毕方鸟东。

译文

弱水和青水两条河发源于昆仑虚的西南角，向东，又向北，再转向西南，流过毕方鸟的东边。

原文

昆仑南渊深三百仞。开明兽身大类虎而九首，皆人面，东向立昆仑上。

译文

昆仑虚南面有个大渊，深约三百丈。那儿有个像虎一样的神兽，名叫开明兽。长有九颗人头，常面向东立于昆仑丘上。

原文

开明西有凤皇、鸾鸟，皆戴蛇践蛇，膺（yīng）有赤蛇。

译文

开明兽的西边有凤凰和鸾鸟，都是头上顶着蛇，爪下踩着蛇，胸前还挂一条红色的蛇。

原文

开明北有视肉、珠树、文玉树、玗(gān)琪(qí)树、不死树。凤皇、鸾鸟皆戴瞂(fá)①。又有离朱、木禾、柏(bǎi)树、甘水、圣木曼兑(ruì)②,一曰挺木牙交。

注释

①瞂(fá):盾。

②兑(ruì):袁珂校(jiào)注引清代臧庸曰:"挺木牙交为(wéi)曼兑(ruì)之异文,兑(ruì)读为(wéi)锐,挺当为(wéi)梃,字之讹(é)也。"

译文

开明兽的北边有视肉、三珠树、五彩玉树、赤玉树和可以用来炼不死药的不死树。凤凰和鸾鸟头上都戴着一种像盾一样的东西。那儿还有三足鸟、木禾、柏树、醴泉和吃了能使人充满智慧的圣树,还有一种说法认为圣槾兑叫做挺枒交。

原文

开明东有巫彭、巫抵、巫阳、巫履、巫凡、巫相，夹窫(yà)窳(yǔ)之尸，皆操不死之药以距之。窫(yà)窳(yǔ)者，蛇身人面，贰负臣所杀也。

译文

开明兽的东边有许多巫医，如巫彭、巫抵、巫阳、巫履、巫凡、巫相。他们围在窫窳的周围，都手拿不死药要叫窫窳死而复生。窫窳，长得蛇身人面，是被贰负和他的下臣危所杀死的。

原文

服常树，其上有三头人，伺琅(láng)玕(gān)树。

译文

服常树，也是一种神树，树上有一个长三个头的人，那人两眼乌溜溜地直盯着附近的一棵琅玕树。

原文

开明南有树鸟，六首；蛟、蝮、蛇、蜼(wèi)、豹、鸟秩树，于表池树木，诵鸟、鵕(sǔn)、视肉。

译文

开明兽的南边有树鸟，它有六个头。还有像蛇而又长有四只脚的蛟龙、蝮蛇、蛇、长尾猿和豹。还有一些鸟秩树，都生长在西王母的瑶池的周围。还有诵鸟、鹌，以及可以永远也吃不完的视肉，等等。

原文

蛇巫之山，上有人操柸（bàng）①而东乡（xiàng）立。一曰龟山。

注释

①柸：棒。袁珂校（jiào）注："郭璞云'柸或作棓（bàng），字同。'……昆仑山为（wéi）羿向西王母请不死药之地，而有关羿之神话中，又有逢（páng）蒙（méng）杀羿，及羿死于桃棓等神话。《孟子·离娄下篇》云：'逢蒙学射于羿，尽羿之道，思天下惟羿愈己，于是杀羿。'《淮南子·诠言篇》云：'羿死于桃棓。'许慎注：'棓，大杖，以桃木为（wéi）之，以击杀羿，由是以来鬼畏桃也。'则此'操柸棓而东乡（xiàng）立'于昆仑附近蛇巫山上之人，其伺羿而欲杀之之逢蒙乎？不可知矣。"

译文

蛇巫山上有人手持棍棒并面向东方。蛇巫山又被称作龟山。

原 文

西王母梯[1]几(jī)而戴胜(shèng),其南有三青鸟,为(wèi)西王母取食。在昆仑虚北。

注 释

①梯:郭璞注:"梯谓冯(píng)也。"冯,凭,靠着。

译 文

西王母头发蓬松,顶戴盔甲,在西王母南方有三只叫做青鸟的飞禽,每天为她叼来食物和用品。西王母住在昆仑山的北方。

卷十二　海内北经

原文

海内西北陬以东者。

译文

海内由西北角向东的国家地区、山丘河川依次如下。

原文

蛇巫之山，上有人操柸（bàng）而东向立[1]。一曰龟山。

注释

①柸：即“棓”，音义同而字形异。棓，同“棒”。棍子，大棒。

译文

蛇巫山，上面有人拿着一根棍棒向东站着。另一种说法认为蛇巫山叫做龟山。

原文

西王母梯几而戴胜①。其南有三青鸟，为西王母取食。在昆仑虚(qū)北。

注释

①梯：凭倚，凭靠。几：矮或小的桌子。胜：古时妇女的首饰。

译文

西王母靠倚着小桌案而头戴玉胜。在西王母的南面有三只勇猛善飞的青鸟，正在为西王母觅取食物。西王母和三青鸟的所在地是在昆仑山的北面。

原文

有人曰大行伯，把戈。其东有犬封国。贰负之尸在大行伯东。

译文

有个神人叫大行伯，手握一把长戈。在他的东面有犬封国。贰负之尸也在大行伯的东面。

原文

犬封国曰犬戎国，状如犬。有一女子，方跪进杯食①。有文马②，缟身朱鬣(liè)③，目若黄金，名曰吉量，乘之寿千岁。

注释

①方：正在。杯：同杯。

②文马：皮毛带有色彩花纹的马。

③缟：白色。

译文

犬封国也叫犬戎国，那里的人都是狗的模样。犬封国有一女子，正跪在地上捧着一杯酒食向人进献。那里还有文马，是白色身子红色鬃毛，眼睛像黄金一样闪闪发光，名称是吉量马，骑上它就能使人长寿千岁。

原 文

鬼国在贰负之尸北，为物人面而一目。一曰贰负神在其东，为物人面蛇身。

译 文

鬼国在贰负之尸的北面，那里的人物是人的面孔却长着一只眼睛。另一种说法认为贰负神在鬼国的东面，他是人的面孔而蛇的身子。

原 文

蜪(táo)犬如犬，青，食人从首始。

译 文

蜪犬的形状像一般的狗，全身是青色，它吃人是从人的头开始吃起。

原 文

穷奇状如虎，有翼，食人从首始。所食被发[①]。在蜪犬北。一曰从足。

注 释

①被发：即披发。被，通“披”。

译文

穷奇的形状像一般的老虎，却生有翅膀，穷奇吃人是从人的头开始吃。被吃的人是披散着头发的。穷奇在蜪犬的北面。另一种说法认为穷奇吃人是从人的脚开始吃起。

原文

帝尧台、帝喾台、帝丹朱台、帝舜台，各二台，台四方，在昆仑东北。

译文

帝尧台、帝喾台、帝丹朱台、帝舜台，各自有两座台，每座台都是四方形，在昆仑山的东北面。

原文

大蜂，其状如螽（zhōng）①；朱蛾，其状如蛾②。

注释

①螽：螽斯，一种昆虫，体呈绿色或褐色，样子像蚂蚱。
②蛾：古人说是蚍蜉，就是现在所说的蚂蚁。

译文

有一种大蜂，形状像螽斯；有一种朱蛾，形状像蚂蚁。

原文

阘(tà)非，人面而兽身，青色。

译文

阘非，长着人的面孔却是兽的身子，全身是青色。

原文

据比之尸，其为人折颈被发，无一手。

译文

天神据比的尸首，是折断了脖子而披散着头发，没了一只手。

原文

环狗，其为人兽首人身。一曰猬状如狗，黄色。

译文

环狗，这种人是野兽的脑袋人的身子。另一种说法认为是样子像狗，全身是黄色。

原文

袜(mèi)①，其为物人身、黑首、从(zòng)目②。

注释

①袜：即魅，古人认为物老则成魅。就是现在所说的鬼魅、精怪。
②从：通“纵”。

译文

袜，这种怪物长着人的身子、黑色脑袋、竖立的眼睛。

原文

戎，其为人人首三角。

译文

戎，这种人长着人的头而头上却有三只角。

原文

林氏国有珍兽，大若虎，五采毕具，尾长于身，名曰驺(zōu)吾，乘之日行千里。

译文

林氏国有一种珍奇的野兽，大小与老虎差不多，身上有五种颜色的斑纹，尾巴比身子长，名称是驺吾，骑上它可以日行千里。

原文

昆仑虚南所，有氾林方三百里[①]。

注释

①氾林：即上文所说的范林、泛林，意为树木茂密丛生的树林。

译文

昆仑山南面的地方，有一片方圆三百里的氾林。

原文

从(zhōng)极之渊,深三百仞[1],维冰夷恒都焉[2]。冰夷人面,乘两龙。一曰忠极之渊。

注释

①仞:古代的八尺为一仞。

②维:通"惟""唯"。独,只有。冰夷:也叫冯(píng)夷、无夷,即河伯,传说中的水神。

译文

从极渊有三百仞深,只有冰夷神常常住在这里。冰夷神长着人的面孔,乘着两条龙。另一种说法认为从极渊叫做忠极渊。

原文

阳汙(yū)之山,河出其中;凌门之山,河出其中。

译文

阳汙山,黄河的一条支流从这座山发源;凌门山,黄河的另一条支流从这座山发源。

原文

王子夜之尸，两手、两股、胸、首、齿，皆断异处。

译文

王子夜的尸体，两只手、两条腿、胸脯、脑袋、牙齿，都斩断而分散在不同地方。

原文

舜妻登比氏生宵明、烛光，处河大泽，二女之灵能照此所方百里。一曰登北氏。

译文

帝舜的妻子登比氏生了宵明、烛光两个女儿，她们住在黄河边上的大泽中，两位神女的灵光能照亮这里方圆百里的地方。另一种说法认为帝舜的妻子叫登北氏。

原文

东胡在大泽东。

译文

东胡位于大沼泽的东面。

原 文

夷人在东胡东。

译 文

夷人的位置的东胡的东面。

原 文

貊(mò)国在汉水东北,地近于燕(yān),灭之。

译 文

貊国在汉水的东北方,地理位置靠近燕国,被燕国灭亡了。

原 文

孟鸟在貊(mò)国东北,其鸟文赤、黄、青,东乡(xiàng)。

译 文

孟鸟在貊国的东北方向,那里的鸟的颜色有红色、黄色和青色的,朝向东方。

卷十三　海内东经

原文

海内东北陬以南者。

译文

海内由东北角向南的国家地区。

原文

钜燕在东北陬。

译文

大燕国在海内的东北角。

原文

国在流沙中者埻(dūn)端、玺㬇(huàn),在昆仑虚东南。一曰海内之郡,不为郡县,在流沙中。

译文

在流沙中的国家有埻端国、玺㬇国,都在昆仑山的东南面。另一种说法认为埻端国和玺㬇国是在海内建置的郡,不把它们称为郡县,是因为处在流沙中的缘故。

原文

国在流沙外者,大夏、竖沙、居繇(yáo)、月支之国。

译文

在流沙以外的国家,有大夏国、竖沙国、居繇国、月支国。

原文

西胡白玉山在大夏东,苍梧在白玉山西南,皆在流沙西,昆仑虚东南。昆仑山在西胡西。皆在西北。

译文

西方胡人的白玉山国在大夏国的东面，苍梧国在白玉山国的西南面，都在流沙的西面，昆仑山的东南面。昆仑山位于西方胡人所在地的西面。总的位置都在西北方。

原文

雷泽中有雷神，龙身而人头，鼓其腹①。在吴西。

注释

①鼓：这里是动词，即鼓动，振作。据传这位雷神只要鼓动他的肚子就会响起雷声。

译文

雷泽中有一位雷神，长着龙的身子人的头，他一鼓起肚子就响雷。雷泽在吴地的西面。

原文

都州在海中。一曰郁州。

译文

都州在海里。一种说法认为都州叫做郁州。

原文

琅(láng)邪(yá)台在渤海间①,琅邪之东②。其北有山。一曰在海间。

注释

①琅邪台:据古人讲,琅邪台本来是一座山,高耸突起,形状如同高台,所以被称为琅邪台。

②琅邪:指春秋时越王勾践修筑的琅邪台,周长七里,用来观望东海。

译文

琅邪山位于渤海与海岸之间,在琅邪台的东面。琅邪台的北面有座山。另一种说法认为琅邪山在海中。

原文

韩雁在海中,都州南。

译文

韩雁在海中,又在都州的南面。

原 文

始鸠在海中①,韩雁南。

注 释

①始鸠:也难以断定是国名,或鸟名。

译 文

始鸠在海中,又在韩雁的南面。

原 文

会(kuài)稽(jī)山在大楚南。

译 文

会稽山在大楚国之南。

原 文

岷(mín)三江:首大江出汶(wèn)山①,北江出曼山,南江出高山。高山在成都西。入海,在长(cháng)州南。

注释

①汶山：即岷山。岷山在四川省北部，绵延川、甘两省边境。近南北走向。海拔4000米左右，主峰雪宝顶（5588米）在松潘县东。5000米以上有现代冰川分布，多古冰川遗迹。长江、黄河分水岭，岷江、嘉陵江源地。富森林资源。1935年9月中国工农红军长征经此。按：古人认为(wéi)岷江为(wéi)长江上游，岷山为(wéi)长江源地。《史记·夏本纪》："汶、嶓(bō)既艺。"《书·禹贡》"汶"作"岷"。"汶"，《汉语大字典》《汉语大词典》音mín，《辞源》《辞海》音wèn。

译文

从岷山中流出三条江水，首先是长江从汶山流出，再者北江从曼山流出，还有南江从高山流出。高山坐落在成都的西面。三条江水最终注入大海，入海处在长州的南面。

原文

浙江①出三天子都，在其东。在闽西北，入海，馀暨(jì)南。

注释

①浙江：今钱塘江及其上游富春江和新安江。新安江源出安徽省休宁县六股尖东坡。

译文

浙江从三天子都山发源，三天子都山在蛮地的东面，闽地的西北面，浙江最终注入大海，入海处在馀暨的南边。

原文

庐江[1]出三天子都，入江，彭泽西。一曰天子鄣(zhāng)。

注释

①庐江：一名庐源水。源出今江西省婺(wù)源县西北庐岭山，西南流经德兴、乐(lè)平二县为(wéi)乐(lè)安江，经鄱(pō)阳县入鄱阳湖，入长江。

译文

庐江也从三天子都山发源，却注入长江，入江处在彭泽的西面。一种说法认为在天子鄣。

原文

淮(huái)水[1]出馀山，馀山在朝(zhāo)阳东，义乡西，入海，淮(huái)浦北。

注释

①淮水：淮河。源出河南省桐柏山，东流经河南、安徽等省到江苏省入洪泽湖。洪泽湖以下，主流出三河经高邮湖由江都三江营入长江(另一部分水流经苏北灌溉总渠在扁担港入黄海)。

译文

淮水从馀山发源，馀山坐落在朝阳的东面，义乡的西面。淮水最终注入大海，入海处在淮浦的北面。

原文

湘水[①]出舜葬东南陬(zōu)，西环之。入洞庭下。一曰东南西泽。

注释

①湘水：湘江。上源海洋河出广西东北海洋山西麓，同桂江上源漓江间有灵渠(湘桂运河)相通。东北流贯湖南省东部，经衡阳、衡山、株洲、湘潭、长沙等市县到湘阴县芦林潭入洞庭湖。

译文

湘水从帝舜葬地的东南角发源，然后向西环绕流去。湘水最终注入洞庭湖下游。一种说法认为注入东南方的西泽。

原文

汉水[①]出鲋(fù)鱼之山[②]，帝颛(zhuān)顼(xū)葬于阳，九嫔(pín)葬于阴，四蛇卫之。

注释

①汉水：《北堂书钞》卷九二引此经作“濮(pú)水”。“汉”的繁体字是“漢”，“濮”讹(é)为(wéi)“漢”。《辞海》：“濮水，古水名。(1)流经春秋卫地，即所谓‘桑间濮上’之濮。上下游各有二支：上游一支首受济(jǐ)水于今河南封丘县西，东北流；一支首受河(黄河)于今原阳县北，东流经延津县南；二支合流于长垣(yuán)县西。东流经县北至滑县东南，此下又分为(wéi)二：一支经山东东明县北，东北至鄄(juàn)城县南注入瓠(hù)子河；一支经东明县南，又东经菏泽北注入巨野泽。历代上下游各支时或此通彼塞(sè)，时或此塞(sè)彼通，故《汉书·地理志》《左传》杜预注、《水经注》《元和志》等书所载经流不尽相同。后因济(jǐ)水涸(hé)竭，黄河改道，故道渐堙(yīn)。明、清之际余流犹残存于长垣(yuán)、东明一带，俗称普河。(2)河南濮阳市因位于濮水之北而得名。汉水，一名汉江。长江最长支流。上源玉带河出陕西省西南部宁强县，东流到勉县东与褒河汇合后称汉江。东南流经陕西省南部、湖北省西北部和中部，在武汉市入长江。”

②鲋(fù)鱼山：一名高阳山，又名青冢山。在今河南省濮(pú)阳市附近。传说帝颛(zhuān)顼(xū)高阳氏葬于此山之阳。今河南省内黄县梁庄镇三杨庄村顿丘故城西北有颛顼陵。

译文

汉水从鲋鱼山发源，帝颛顼葬在鲋鱼山的南面，帝颛顼的九个嫔妃葬在鲋鱼山的北面，有四条巨蛇卫护着它。

原文

濛(méng)水①出汉阳西，入江，聂(shè)阳②西。

注释

①濛水：北魏·郦道元《水经注·江水一》："(南安)县(注：今夹江县)南有峨眉山，有濛水，即大渡水也。水发濛溪，东南流与俄水合。……大渡水又东入江，故《山海经》曰：'濛水出汉阳西，入江，聂(shè)阳西。'"据此濛水当在四川。

②聂阳：北魏·郦道元《水经注·江水一》："大渡水又东入江，故《山海经》曰：'濛水出汉阳西，入江，聂阳西。'"聂阳，未知何地。今滠水在湖北省。滠阳，在湖北省黄陂(pí)县。

译文

濛水从汉阳西面发源，最终注入长江，入江处在聂阳的西面。

原文

温水①出崆峒(tóng)，山在临汾南，入河，华(huà)阳北。

注释

①温水：郭璞云："水常温也。"据经文温水当在今山西省临汾市附近。

译文

温水从崆峒山发源，崆峒山坐落在临汾南面，温水最终注入黄河，入河处在华阳的北面。

原文

颍(yǐng)水[①]出少(shào)室[②]，少(shào)室山在雍(yōng)氏南，入淮(huái)西鄢(yān)北。一曰缑(gōu)氏。

注释

①颍水：颍河。淮河最大支流。在安徽省西北部及河南省东部。源出河南省登封市嵩山西南，东南流到周口市，纳沙河、贾鲁河，至安徽省寿县正阳关入淮河。

②少室：中岳嵩山西峰名少室，东峰名泰室(太室)，两峰相距十五里。在河南省登封市西北。

译文

颍水从少室山发源，少室山坐落在雍氏的南面，颍水最终在西鄢的北边注入淮水。一种说法认为在缑氏注入淮水。

原文

汝水[①]出天息山，在梁勉乡西南，入淮(huái)极西北。一曰淮(huái)在期思北。

注释

①汝水：古水名。上游即今河南北汝河；自郾城以下，故道南流至西平县东会沅(wǔ)水（今洪河），又南经上蔡县西至遂平县东会溱(qìn)水（今沙河）；此下即今南汝河及新蔡以下的洪河。元至正间于郾城堨(è)断南流，上游遂改道东出瀙(yīn)水（今沙河）入颍河，称北汝，下游改以沅水为(wéi)源，名南汝。明嘉靖末沅水又改道东出注澺(yì)水称为(wéi)洪河，南汝遂(suì)改以溱水为(wéi)源，如今势。

译文

汝水从天息山发源，天息山坐落在梁勉乡的西南，汝水最终在淮极的西北注入淮水。一种说法认为入淮处在期思的北面。

原文

泾水①出长城北山，山在郁(yù)郅(zhì)、长(cháng)垣(yuán)北，北入渭，戏(xī)②北。

注释

①泾水：泾河。渭河支流。在陕西省中部。源出宁夏回族自治区南部六盘山东麓，东南流经甘肃省，到陕西省高陵县境入渭河。

②戏：戏水。在陕西省临潼东。源出骊山，北流经古戏亭东，又北入渭。《史记·秦始皇本纪》："（秦二世）二年冬，陈涉所遣周章等将，西至戏，兵数十万。"戏亭在临潼东北，戏水西岸。又名幽王城、幽王垒。相传周幽王为博褒姒一笑而举烽火戏弄诸侯，后被犬戎击败，死于此。《国语·鲁语》："幽（周幽王）灭于戏。"

译文

泾水从长城的北山发源，北山坐落在郁郅长垣的北面，泾水最后流入渭水，入渭处在戎的北面。

原文

渭水①出鸟鼠同穴山，东注河，入华(huà)阴北。

注释

①渭水：渭河。黄河最大支流。在陕西省中部。源出甘肃省渭源县鸟鼠同穴山，东流横贯陕西省渭河平原，在潼关县入黄河。

译文

渭水从鸟鼠同穴山发源，向东流入黄河，入河处在华阴的北面。

原文

白水①了出蜀，而东南注江，入江州城下。

注释

①白水：白水江。源出今四川松潘东北，屈曲东南流，经甘肃文县，东南流至碧口西北与白龙江汇合，又东南流至四川广元西南入嘉陵江，嘉陵江南流至重庆市入长江。重庆市古称江州。

译文

白水从蜀地流出，然后向东南流而注入长江，入江处在江州城下。

原文

沅(yuán)水[1]山出象郡镡(xín)城西，入东注江，入下隽(juàn)西，合洞庭中。

注释

①沅水：沅江。在湖南省西部。上游称清水江，源出贵州省东南云雾山，自湖南省黔阳县黔城镇以下始名沅江。东北流经辰溪、沅陵、常德等市县，到汉寿县入洞庭湖。

译文

沅水从象郡镡城的西面发源，向东流而注入长江，入江处在下隽的西面，最后汇入洞庭湖中。

原文

赣(gàn)水[1]出聂(niè)都[2]东山，东北注江，入彭泽西。

注释

①赣水：赣江。江西省最大河流。东源贡水出武夷山，西源章水出大庾岭，在赣州汇合后称赣江。曲折北流，经吉安、清江(樟树镇)、丰城，到南昌以下分

为十数支，主流在星子县蛟塘东入鄱阳湖。

②聂都：在江西省崇义县。

译文

赣水从聂都东面的山中发源，向东北流而注入长江，入江处在彭泽的西面。

原文

泗(sì)水①出鲁东北而南，西南过湖陵西，而东南注东海，入淮(huái)阴北。

注释

①泗水：古河名。在山东省中部。源出山东泗水县东蒙山南麓，四源并发，故名。西流经泗水、曲阜、兖州，折南至济宁市东南鲁桥镇入运河。古泗水自鲁桥以下又南循今运河至南阳镇，穿南阳湖而南，经昭阳湖西、江苏沛县东，又南至徐州市东北循淤黄河东南流至淮阴西南，注入淮河。全长千数百里，是淮河下游第一大支流，故淮泗往往连称。金后自徐州以下一段，为黄河所夺，元后鲁桥、徐州间一段，又为南北漕运所经，成为大运河的一部分，泗水之称，从此即局限于上游鲁桥以上一段，以下则故道虽存，而名称已变。明隆庆、万历间，先后开新运河于昭阳湖、微山湖东，下接泇河以通运。泗源既被引入新运河，自南阳镇至徐州一段故道，不久即淤为平地。清咸丰五年(1855年)黄河北迁，金、元以来为黄河所占夺的徐州以下一段故道，亦归淤废。此后，古泗水中下游在名实两方面都不再存在。

译文

泗水从鲁地的东北方流出，然后向南流，再往西南流经湖陵的西面，然后转向东南而流入东海，入海处在淮阴的北面。

原文

郁(yù)水①出象郡,而西南注南海,入须陵东南。

注释

①郁水:汉、魏、南北朝时期的郁水,首受温水及夜郎豚水,至今广州市入海,凡今广西的右江、郁江、浔江及广东的西江皆称郁水。豚水即今北盘江,温水即今南盘江,二江与右江本不相通,古人不明了郁水源流,致有此误。南朝以后,郁水下游兼称西江。唐、宋、元时,常以左江为上源,明、清时,上源为左江、右江,合流后称郁江,也作大江;今广西东部桂平以下一段称为浔江。故今广西境内的郁江,只相当古郁水的一段。

译文

郁水从象郡发源,然后向西南流而注入南海,入海处在须陵的东南面。

原文

肄(yì)水①出临晋武西南,而东南注海,入番(pān)禺(yú)西。

注释

①肄水：郭璞云“肄水古又名秦水、溱水，源出湖南临武县南，北会武溪，又名武水，东南流折至广东韶关合浈水，为珠江的北江上源。北江今仍称肄水。临晋当为临武。”

译文

肄水从临晋武的西南方流出，然后向东南流而注入大海，入海处在番禺的西面。

原文

潢(huáng)水[①]出桂阳西北山，东南注肄(yì)水，入敦浦西。

注释

①潢水：《辞海》：“洭水，古水名。《水经·洭水注》：‘洭水出桂阳县……《山海经》谓之湟水。徐广曰，湟水一名洭水，亦曰灌水……桂水其别名也。’即今广东省西北的湟江、连江。后又将英德至清远一段北江称洭水。”

译文

潢水从桂阳西北的山中发源，向东南流而注入肄水，入肄处在敦浦的西面。

原文

洛水[①]出上洛西山，东北注河，入成皋（gāo）之西。

注释

①洛水：雒水。即今发源于陕南的洛河。三国时期魏改“雒”为“洛”。洛河源出陕西省洛南县西北秦岭山脉之老牛山，东南流经河南省卢氏县折向东北，在偃师县杨村附近纳伊河后称伊洛河，到巩县洛口以北入黄河。

译文

洛水从上洛西边的山中发源，向东北流而注入黄河，入河处在成皋的西边。

原文

汾水[①]出上窳（yǔ）北，而西南注河，入皮氏南。

注释

①汾水：汾河。黄河第二大支流，在山西省中部。源出宁武县管涔山，经太原市南流到新绛县折向西，在河津市西入黄河。

译文

汾水从上窳的北面流出，然后向西南流而注入黄河，入河处在皮氏的南面。

原文

沁(qìn)水[1]出井陉(xíng)山东，东南注河，入怀东南。

注释

①沁水：沁河。黄河下游支流。在山西省东南部。源出沁源县北太岳山东麓，南流到河南省武陟县入黄河。

译文

沁水从井陉山的东面发源，向东南流而注入黄河，入河处在怀的东南面。

原文

济(jǐ)水[1]出共(gōng)山南东丘，绝钜(jù)鹿[2]泽，注渤海，入齐琅(láng)槐[3]东北。

注释

①济水：古四渎之一。

②钜鹿：当为钜野，即巨野泽。古泽薮名。在今山东省巨野县北。

③琅槐：西汉县名。在今山东省广饶县东北。

译文

济水从共山南面的东丘发源，流过钜鹿泽，最终注入渤海，入海处在齐地琅槐的东北面。

原文

潦(liáo)水①出卫皋(gāo)东，东南注渤海，入潦阳。

注释

①潦水：辽河。我国东北地区南部大河。有东西两源：东辽河源出吉林省东辽县吉林哈达岭；西辽河上游北源西拉木伦河出内蒙古自治区克什克腾旗西南白岔山，南源老哈河出河北省平泉县光头山；东、西辽河在辽宁省昌图县古榆树附近汇合后始称辽河。下游段原与浑河汇合，至营口以下注辽东湾。1958 年改道，在辽中县六间房附近折向西，顺双台子河由盘山湾入海。

译文

潦水从卫皋的东面流出，向东南流而注入渤海，入海处在潦阳。

原文

虖(hū)沱水①出晋阳城南，而西至阳曲(qū)北，而东注渤海，入越章武北。

注释

①虖沱水：滹沱河。子牙河北源。在河北省西部。源出山西省五台山东北泰戏山，穿割太行山东流入河北平原，在献县县城附近和滏阳河汇合为子牙河。

译文

虖沱水从晋阳城南发源，然后向西流到阳曲的北面，再向东流而注入渤海，入海处在章武的北面。

原文

漳(zhāng)水①出山阳东，东注渤海，入章武南。

注释

①漳水：漳河。卫河支流。在河北、河南两省边境。有清漳河、浊漳河两源，均出山西省东南部，在河北省南部边境汇合后称漳河，东南流入卫河。

译文

漳水从山阳的东面流出，向东流而注入渤海，入海处在章武的南面。

卷十四　大荒东经

原文

东海之外有大壑[①]，少昊之国[②]。少昊孺帝颛顼于此[③]，弃其琴瑟[④]。

注释

①壑：坑谷，深沟。

②少昊：传说中的上古帝王，名叫挚，以金德王，所以号称金天氏。

③孺：通“乳”。用乳奶喂养。这里是抚育、养育的意思。颛顼：传说中的上古帝王，号称高阳氏，是黄帝的后代。

④琴瑟：古时两种拨弦乐器。

译文

东海之外有条大峡谷，少昊国便在这儿。少昊曾在这儿养育帝颛顼，并把他孩童时玩耍过的琴瑟丢弃在这儿。

原文

有甘山者，甘水出焉，生甘渊①。

注释

①渊：水流汇积就成为深渊。

译文

这儿有座山，叫甘山，是甘水的发源地，并在这儿形成一个大渊，叫甘渊。

原文

大荒东南隅有山，名皮母地丘。

译文

大荒的东南角有座大山，名叫皮母地丘山。

原文

东海之外，大荒之中，有山名曰大言，日月所出。

译文

在东海之外，大荒之中，有座山名叫大言山，是日月所出入的大山。

原文

有波谷山者，有大人之国，有大人之市，名曰大人之堂[①]。有一大人踆(cūn)其上[②]，张其两臂。

注释

①大人之堂：本是一座山，因为山的形状就像是一座堂屋，所以称作大人堂。

②踆：通“蹲”。

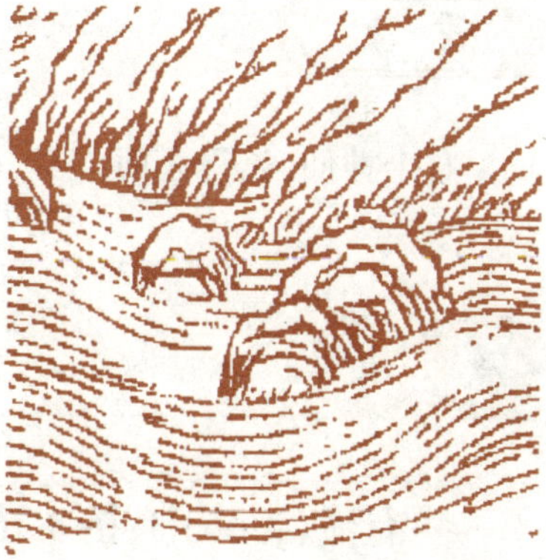

译文

在波谷山附近，有个国叫大人国。大人国有大人市，是大人们集会的场所，因其山形状像堂室一样，故也叫大人堂。有个高大的大人蹲在山上，伸着双臂。

原文

有小人国，名靖人[①]。

注释

①靖人：传说东北极有一种人，身高只有九寸，这就是靖人。靖的意思是细小的样子。靖人即指小人。

译文

有个小人国,人们称他们为靖人。

原文

有神,人面兽身,名曰犁䰱(líng)之尸。

译文

有个神仙,长得人面兽身,名叫犁䰱尸。

原文

有潏(jué)山,杨水出焉。

译文

有座潏山,杨水河从那儿发源。

原文

有蒍(wěi)国,黍食[①],使四鸟[②]:虎、豹、熊、罴。

注释

①黍：一种黏性谷米，可供食用和酿酒，古时主要在北方种植，脱去糠皮就称作黄米子。

②鸟：古时鸟兽通名，这里即指野兽。以下同此。

译文

附近有国名叫蔿国，只生产谷子，所以百姓光吃小米。能驯服四种兽：老虎、豹子、熊和罴。

原文

大荒之中，有山名曰合虚，日月所出。

译文

大荒之中，有座名叫合虚山的大山，是日月升起的地方。

原文

有中容之国。帝俊生中容①，中容人食兽、木实，使四鸟：豹、虎、熊、罴。

注释

①帝俊：本书屡屡出现叫帝俊的上古帝王，具体所指，各有不同，而神话传说，分歧已大，历时既久，更相矛盾，实难确指，只可疑似而已。以下同此。这里似指颛顼。中容：传说颛顼生有才子八人，其中就有中容。

译文

有个中容国。中容国的人是帝俊的后裔。中容国的人吃野兽及树上的果子，也能役使四种兽：豹子、老虎、熊、罴。

原文

有东口之山。有君子之国，其人衣冠带剑。

译文

有一山名叫东口山，山中有君子国。君子国的人衣冠整洁，佩带宝剑，且文质彬彬，大有君子之风。

原文

有司幽之国。帝俊生晏龙，晏龙生司幽，司幽生思土，不妻；思女，不夫[①]。食黍，食兽，是使四鸟。

注释

①思土不妻，思女不夫：神话传说他们虽然不娶亲，不嫁人，但因精气感应、魂魄相合而生育孩子，延续后代。

译文

有个司幽国。帝俊生下晏龙，晏龙生下司幽，司幽王生下思土。司幽还生下思女，思女没有出嫁。司幽国人以小米为主食，也能役使四兽。

原文

有大阿之山者。

译文

有座山叫大阿山。

原文

大荒中有山，名曰明星，日月所出。

译文

大荒中还有座明星山，是日月升起的地方。

原文

有白民之国。帝俊生帝鸿[①]，帝鸿生白民[②]，白民销姓，黍食，使四鸟：虎、豹、熊、罴。

注释

①帝俊：似指少典，传说中的上古帝王，娶有蟜氏，生黄帝、炎帝二子。帝鸿：即黄帝，姓公孙，居轩辕之丘，所以号称轩辕氏。有土德之瑞，所以又号称黄帝。取代神农氏为天子。

②生：在本书中，“生”字的用法，并不一定都指某人诞生某人，也多指某人所生存、遗存的后代子孙。这里就是指后代而言。以下这种用意尚多。

译文

有个白民国。追溯其祖先，帝俊生了帝鸿，帝鸿生了白民。白民国的人姓销，以黄米为食，能役使虎、豹、熊、罴四兽。

原文

有青丘之国。有狐，九尾。

译文

有个青丘国，那儿有种狐狸，长九条尾巴。

原文

有柔仆民，是维嬴土之国[1]。

注释

①嬴土：肥沃的土地。

译文

有称柔仆民的人，他们所在的国土很肥沃。

原文

有黑齿之国。帝俊生黑齿，姜姓，黍食，使四鸟。

译文

有个黑齿国，是帝俊所生的后裔，姓姜，以五谷为食，能役使虎、豹、熊、罴四兽。

原文

有夏州之国。有盖余之国。

译文

有两个国，一叫夏州国，一叫盖余国。

原文

有神人，八首人面，虎身十尾，名曰天吴。

译文

那儿有个神人，长着八颗人头，每个头上都有人的面孔，他有虎身，长有十根尾巴，名叫天吴。

原文

大荒之中，有山名曰鞠陵于天、东极、离瞀（mào），日月所出。有神名曰折丹，东方曰折，来风曰俊，处东极以出入风。

译文

大荒之中，有三座大山，一座叫鞠陵于天，一座叫东极，一座叫离瞀，日月从那儿出来。那儿有神人名叫折丹，东方只叫他折，从东方吹来的风叫俊，他在东极，能主管风吹风停。

原文

东海之渚中①，有神，人面鸟身，珥两黄蛇，践两黄蛇，名曰禺虢。黄帝生禺虢，禺虢生禺京②。禺京处北海，禺虢处东海，是为海神③。

注释

①渚：水中的小洲。这里指海岛。

②禺京：就是上文所说的风神禺虢。同一神人，一说是风神，一说是海神，大概因神话传说不同，或为一身而兼二职。

③惟：句中语助词，无意。

译文

在东海的小岛上，有个神，长得人头鸟身，耳朵里穿着两条黄蛇，脚下踩两条黄蛇，名叫禺虢。黄帝的后代是禺虢，禺虢的后代是禺京。禺京居住在北海，禺虢生活在东海，是各治一方的海神。

原文

有招摇山，融水出焉。有国曰玄股，黍食，使四鸟。

译文

有座招摇山，融水便从那儿发源。那儿有个国叫玄股国，吃五谷杂粮，能役使虎、豹、熊、罴四兽。

原文

有困民国，勾姓，而黍食。有人曰王亥，两手操鸟，方食其头[①]。王亥托于有易、河伯仆牛[②]。有易杀王亥[③]，取仆牛。河伯念有易[④]，有易潜出，为国于兽，方食之[⑤]，名曰摇民[⑥]。帝舜生戏[⑦]，戏生摇民。

注释

①方食其头：这是针对原画面上的图像而说的。

②仆：通“朴”。大。

③有易杀王亥：据古史传说，王亥对有易族人奸淫暴虐，有易族人愤恨而杀了他。

④河伯念有易：据古史传说，王亥的继承者率兵为王亥报仇，残杀了许多有易族人，河伯同情有易族人，就帮助残存的有易族人悄悄逃走。

⑤方食之：这也是针对原画面上的图像而说的。

⑥摇民：即困民国。

⑦帝舜：传说中上古时的贤明帝王。

译文

有个困民国，姓勾，以五谷为食。困民国有个王亥，两只手拿着一只鸟，要吃鸟头。王亥将所驯养的牛羊寄放在有易与河伯处。有易后来生歹心，杀了王亥，抢走了他的牛羊。河伯怜悯有易族人，就帮有易族人偷偷逃亡。既而因哀念有易，使得有易潜化而出，成为一兽国，名叫摇民国。帝舜的后裔是有易，有易的后裔是摇民。

原文

海内有两人①，名曰女丑②。女丑有大蟹③。

注释

①两人：下面只说了一个，大概文字上有逸脱。

②女丑：就是上文所说的女丑之尸，是一个女巫。

③大蟹：就是上文所说的方圆有一千里大小的螃蟹。

译文

海内有两个神人，其中一个名叫女丑。女丑那儿有只大蟹。

原文

大荒之中，有山名曰孽摇頵（jūn）羝（dī）。上有扶木①，柱三百里②，其叶如芥（jiè）③。有谷曰温源谷④。汤（yáng）谷上有扶木，一日方至，一日方出，皆载于乌⑤。

注释

①扶木：就是上文所说的扶桑树，太阳由此升起。

②柱：像柱子般直立着。

③芥：芥菜，花茎带着叶子，而叶子有叶柄，不包围花茎。

④温源谷：就是上文所说的汤谷，谷中水很热，太阳在此洗澡。

⑤乌：就是上文所说的踆乌、离朱乌、三足乌，异名同物，除过所长三只爪子外，其他形状像乌鸦，栖息在太阳里。

译文

大荒之中，有座山名叫孽摇頵羝山。山上有棵树叫扶桑，其树干高三百里，叶子像芥菜。有个山谷叫温源谷，也叫汤谷。汤谷上也长有扶桑。一颗太阳刚刚返回，另一颗太阳便立即出去，都是由三足乌驮着。

原文

有神，人面、犬耳、兽身，珥两青蛇，名曰奢比尸。

译文

有个神，长着人头，狗耳朵，身子像野兽，耳朵上有两条青蛇垂着，名叫奢比尸。

原文

有五采之鸟①，相乡弃沙②。惟帝俊下友③。帝下两坛，采鸟是司。

注释

①五采之鸟：即五采鸟，属鸾鸟、凤凰之类。采，通“彩”。彩色。

②乡：通“向”。弃沙：不详何意。有些学者认为“弃沙”二字是“媻娑”二字的讹误，而媻娑的意思是盘旋而舞的样子。

③惟：句首语助词，无意。

译文

有两只五彩羽毛的神鸟，相向婆娑起舞。只有帝俊不耻下交，以它为朋友，山下有帝舜的两座祭坛，由五彩鸟主管。

原文

大荒之中，有山名曰猗天苏门，日月所生。

译文

在大荒之中，有座山名为猗天苏门，是日月所出的地方。

原文

有壎（xuān）民之国。有綦（jì）山。又有摇山。有䰝（zèng）山。又有门户山。又有盛山。又有待山。有五采之鸟。

译文

那儿有个壎民国。有綦山、摇山、䰝山、门户山、盛山、待山，也有五彩鸟。

原文

东荒之中，有山名曰壑明俊疾，日月所出。有中容之国。

译文

在东荒之中，有一座壑明俊疾山，是日月所出的地方。附近有个中容国。

原文

东北海外，又有三青马、三骓①、甘华。爰有遗玉、三青鸟、三骓、视肉、甘华、甘柤。百谷所在②。

注释

①骓：马的毛色青白间杂。
②百谷：泛指各种农作物。百，表示多的意思，不是实指。

译文

东北海外，有青色的神兽三青马，赤色的三骓、甘华。那儿还有玉石、三青鸟、三骓马、视肉、甘华树，又有甘柤树，是五谷生长繁茂的地方。

原文

有女和月母之国。有人名曰鵷（yuān），北方曰鵷，来之风曰狻（yǎn），是处东极隅以止日月①，使无相间出没②，司其短长。

注释

①止：这里是控制的意思。

②间：这里是错乱、杂乱的意思。

译文

在女和月母国中，有个人名叫鹓，在北方叫鹓，在来风则叫他狻，他在东北角主察日月的出入，不使日月相间错，管其出入时间的长短。

原文

大荒东北隅中，有山名曰凶犁土丘。应龙处南极[1]，杀蚩尤与夸父[2]，不得复上，故下数旱[3]。旱而为应龙之状，乃得大雨。

注释

①应龙：传说中的一种生有翅膀的龙。

②蚩尤：神话传说中的东方九黎族首领，以金作兵器，能唤云呼雨。

③数：屡次，频繁。

译文

在大荒东北角上，有座山名叫凶犁土丘。应龙便在这座山的最南端。当初，因应龙钉死了蚩尤和夸父，故不能再上天界。天上没有它作雨降下来，故连年干旱。如这时人们做成假的应龙，便能久旱逢大雨。

原文

东海中有流波山,入海七千里。其上有兽,状如牛,苍身而无角,一足,出入水则必风雨,其光如日月,其声如雷,其名曰夔(kuí)。黄帝得之,以其皮为鼓,橛(jué)以雷兽之骨[①],声闻五百里[②],以威天下。

注释

①橛:通"撅"。敲,击打。雷兽:就是上文所说的雷神。

②闻:传。

译文

东海中有座流波山,山在离海岸七千里的地方。山上有种神兽,样子像头牛,身子是青灰色的,头上无角,只有一条腿,它在水中出入必然带来风雨。它身上光彩夺目,如同日月一般。它吼声如雷,这种神兽名叫夔。黄帝捕获了它,用它的皮做成鼓,再用雷兽的骨做槌敲鼓,其响声可传到五百里之外的地方,作战时便以此来增长士气,威震群敌。

卷十五 大荒南经

原文

南海之外，赤水之西，流沙之东，有兽，左右有首，名曰跊(chù)踢。有三青兽相并，名曰双双。

译文

在南海之外，赤水的西边，流沙的东边有种神兽，它左右各有一个头，名叫跊踢。还有三青兽，一身两头，名唤双双。

原文

有阿山者。南海之中，有汜天之山，赤水穷焉。赤水之东，有苍梧之野，舜与叔均[①]之所葬也。

注释

①叔均:又叫商均,传说是帝舜的儿子。帝舜南巡到苍梧而死去,就葬在这里,商均因此留下,死后也葬在那里。上文说与帝舜一起葬于苍梧之野的是帝丹朱,和这里的说法不同,属神话传说分歧。

译文

还有一山脉叫阿山的大山丘。在南海中,有汜天山,的地方。赤水在这座山流到尽头赤水的东边,有个地方叫苍梧野,舜与他的儿子商均都葬在这里。

原文

爰有文贝、离俞、鸱久、鹰、贾、委维、熊、罴(pí)、象、虎、豹、狼、视肉。①

注释

①文贝:即上文所说的紫贝,在紫颜色的贝壳上点缀有黑点。离俞:即上文所说的离朱鸟。贾:据古人说是乌鸦之类的禽鸟。委维:即上文所说的委蛇。罴:兽名,熊的一种,也叫马熊或人熊。

译文

这里有紫贝、离朱、鸺鹏、苍鹰、像乌鸦一样的鸟、名叫委蛇的怪蛇,还有熊、罴、象、虎、豹、狼和视肉。

原文

有荣山,荣水出焉。黑水之南,有玄蛇,食麈(zhǔ)[1]。

注释

①麈:一种体型较大的鹿。它的尾巴能用来拂扫尘土。

译文

有座荣山,荣水从那里发源。在黑水河之南,有种黑蛇,以麈为食物。

原文

有巫山者,西有黄鸟[1]。帝药[2],八斋[3]。黄鸟于巫山,司此玄蛇。

注释

①黄鸟:黄,通"皇"。黄鸟即皇鸟,而"皇鸟"亦作"凰鸟",是属于凤凰一类的鸟,与上文所说的黄鸟不一样,属同名异物。

②药:指神仙药,即长生不死药。

③斋:屋舍。

译文

有座巫山,山的西部有种黄鸟。山中有天帝的仙药,有八间屋舍来储藏。黄鸟在巫山中,司察着黑水南边的大黑蛇。

原文

大荒之中，有不庭之山，荣水穷焉。有人三身。帝俊妻娥皇[①]，生此三身之国。姚姓，黍食，使四鸟。有渊四方，四隅皆达，北属(zhǔ)黑水[②]，南属大荒。北旁名曰少和之渊，南旁名曰从(zòng)渊，舜之所浴也。

注释

①帝俊：这里指虞舜，即帝舜。

②属：连接。

译文

在大荒之中，有座不庭山，荣水的尽头在这座山中。这儿的人有三个身子。这个三身国，是帝俊与其妻娥皇的后代。他们姓姚，以五谷为食，能役使四兽。有个方方正正的大渊，它的四角都能旁通，向北流连着黑水，向南流连着大荒，北边深渊叫少和渊，南边的深渊叫从渊，是大舜洗澡的地方。

原文

又有成山，甘水穷焉。有季禺之国，颛顼之子，食黍。有羽民之国，其民皆生毛羽。有卵民之国，其民皆生卵。

译文

还有座成山，那里是甘水的尽头。那儿有个季禺国，是颛顼的后裔，以五谷为食。那儿还有个羽民国，羽民国的人身上都生长着羽毛。还有个卵民国，那个国的人都生卵而靠卵来孵化后代。

原文

大荒之中，有不姜之山，黑水穷焉。又有贾山，汔（qì）水出焉。又有言山。又有登备之山①。有恝恝（qì）之山。又有蒲山，澧（lǐ）水出焉。又有隗（wěi）山，其西有丹②，其东有玉。又南有山，漂水出焉。有尾山。有翠山。

注释

①登备之山：即登葆山，巫师们凭借此山来往于天地之间，以反映民情，传达神意。

②丹：可能指丹雘，这里有省文。

译文

大荒之中，有座山叫不姜山，是黑水的尽头。那附近又有座贾山，汔水从那儿发源。附近还有言山、登备山、恝恝山。还有座蒲山，是澧水的发源地。还有座隗山，其西边出一种叫丹的红色颜料，山的东部有玉石。又往南也有山，是漂水的发源地。附近有尾山和翠山。

原文

有盈民之国，於姓，黍食。又有人方食木叶。

译文

有个盈民国，姓於，以五谷为食。但饥饿时也有人光吃树叶。

原文

有不死之国，阿姓，甘木是食[1]。

注释

①甘木：即不死树，人食用它就能长生不老。

译文

有个不死国，国人皆姓阿，吃不死树为生。

原文

大荒之中，有山名曰去痓。南极果，北不成，去痓果[1]。

注释

①从“南极果”以下三句的意义不详，可能是巫师留传下来的几句咒语。

译文

大荒之中，有座山叫去痓山。“南极果，北不成，去痓果。”巫师是这样说的。

原 文

南海渚中，有神，人面，珥两青蛇，践两赤蛇，曰不廷胡余。

译 文

在南海沙洲之中，有个神人，名叫不廷胡余，长得像人，耳朵上垂两条青蛇，脚下踏两条红蛇。

原 文

有神名曰因因乎，南方曰因乎，夸风曰乎民，处南极以出入风。

译 文

有个名叫因因乎的神，在南方叫他因乎，在夸风一带叫乎民。这个神在南极管风起风停。

原 文

有襄山。又有重阴之山。有人食兽，曰季厘。帝俊生季厘[①]，故曰季厘之国。有缗(mín)渊。少昊生倍伐，倍伐降处缗渊[②]。有水四方，名曰俊坛[③]。

注释

①帝俊：这里指帝喾，传说是黄帝之子玄嚣的后代，殷商王室以他为高祖，号称高辛氏。

②降：贬抑。

③俊坛：据古人解说，水池的形状像一座土坛，所以叫俊坛。俊坛就是帝俊的水池。

译文

又有襄山、重阴山。有种人专以野兽为食，叫季厘国。季厘国的人是帝俊的后裔。有一片大渊叫缗渊。那儿生活的人叫倍伐人，是少昊的后代。那儿还有一片水，水的样子像个土坛，因此名叫俊坛。

原文

有臷(zhí)民之国。帝舜生无淫，降臷处，是谓巫臷民。巫臷民朌(bān)姓，食谷，不绩不经①，服也；不稼不穑(sè)②，食也。爰有歌舞之鸟，鸾鸟自歌，凤鸟自舞。爰(yuán)有百兽，相群爰处。百谷所聚。

注释

①绩：捻搓麻线。这里泛指纺线。经：经线，即丝、棉、麻、毛等织物的纵线，与纬线即各种织物的横线相交叉，就可织成丝帛、麻布等布匹。这里泛指织布。

②稼：播种庄稼。穑：收获庄稼。

译文

有个臷民国。帝舜的后代有个无淫，无淫便是在这个地方降生的，这便是巫臷民。巫臷民的百姓都姓朌，吃五谷。那儿的人并不从事纺织，但都能穿上衣服，因为那儿自然就产布帛一类东西；他们不种不收，但可以吃到粮，因为那儿五谷自己生长。那儿有善歌舞的鸟，鸾鸟自歌，凤鸟自舞。有各种野兽，都是成群成群地生活。那儿是个丰衣足食的好地方。

原文

大荒之中，有山名曰融天，海水南入焉。

译文

在大荒之中，有座山叫融天山，海水从其南面流入山底。

原文

有人曰凿齿，羿杀之。

译文

有个名叫凿齿的神人，是被羿用箭射死的。

原文

有蜮山者，有蜮民之国，桑姓，食黍，射蜮是食①。有人方扜(hàn)弓射黄蛇②，名曰蜮人③。

注释

①蜮：据古人说是一种叫短狐的动物，像鳖的样子，能含沙射人，被射中的就要病死。

②扜：拉，张。

③域人：就是域民。

译文

有座蜮山，山中有个国家叫蜮民国。这个国的人姓桑，以五谷为食，还专门射杀蜮当食物。有个人经常引弓射黄蛇，名叫蜮人。（蜮像鳖一样，能含沙射人，被射中的人很快便会病死，而蜮人却专门除此害。）

原文

有宋山者，有赤蛇，名曰育蛇。有木生山上，名曰枫木①。枫木，蚩尤所弃其桎梏②，是为枫木。

注释

①枫木：古人说是枫香树，叶子像白杨树叶，圆叶而分杈，有油脂而芳香。

②桎梏：脚镣手铐。

译文

有座宋山，山中有一种红色的蛇，名叫育蛇。山上生长一种树，名叫枫木。枫木，是蚩尤被杀之后，黄帝摘去他身上的刑具而成的一种树。

原文

有人方齿虎尾，名曰祖状之尸。

译文

有个神人利齿方形，屁股上长一条老虎尾巴，名叫祖状尸。

原文

有小人，名曰焦侥之国，幾(jī)姓，嘉谷是食。

译文

有种个头十分矮小的人的国家，叫焦侥国。焦侥国的人姓幾，以五谷为食物。

原文

大荒之中，有山名朽(xiǔ)涂之山，青水穷焉。有云雨之山，有木名曰栾。禹攻云雨①，有赤石焉生栾，黄本，赤枝，青叶，群帝焉取药②。

注释

①攻：从事某项事情。这里指砍伐林木。

②取药：传说栾树的花与果实都可以制作长生不死的仙药。取药就是指采摘可制药的花果。

译文

在大荒之中，有座山名叫歹涂山，青水的尽头便在这座山中。在丑涂山附近，有座云雨山，山上有种树叫栾树。大禹到云雨山砍伐树木，发现栾树生在红色的石头上。栾树是黄色的木质，红枝，青叶，它的枝、叶、果实都是群帝的神药。

原文

有国曰颛顼，生伯服，食黍。有鼬姓之国。有苕（sháo）山。又有宗山。又有姓山。又有壑山。又有陈州山。又有东州山。又有白水山，白水出焉，而生白渊①，昆吾之师所浴也②。

注释

①生：草木生长。引申为事物的产生、形成。这里即指形成的意思。

②昆吾：传说是上古时的一个诸侯，名叫樊，号昆吾。

译文

有个国名叫颛顼，其后裔叫伯服国，以五谷为食。有个鼬姓国。又有苕山、宗山、姓山、壑山和陈州山，又有东州山和白水山。白水从白水山发源，河水积而生成白渊，是昆吾的军队一度洗澡的地方。

原文

有人曰张弘，在海上捕鱼。海中有张弘之国，食鱼，使四鸟。

译文

有种人叫张弘，在海上以捕鱼为生。他们的国家在海上，叫张弘国，食鱼，可以役使虎、豹、熊、罴、四兽。

原文

有人焉，鸟喙，有翼，方捕鱼于海。大荒之中，有人名曰驩(huān)头[①]。鲧妻士敬，士敬子曰炎融，生驩头。驩头人面鸟喙，有翼，食海中鱼，杖翼而行[②]。维宜芑(qǐ)苣(jù)、穋(qiú)杨是食[③]。有驩头之国。

注释

①驩头：又叫讙头、驩兜、驩朱、丹朱，不仅名称多异，而且事迹也有多种说法，乃属神话或古史传说分歧。这里就是异说之一。

②杖：凭倚。

③维：通"惟"。与，和。宜：烹调作为菜肴。芑苣：两种蔬菜类植物。穋：一种谷类植物。

译文

有种人，长着鸟喙，有翅膀，擅长在海中捕鱼。在大荒中，有种人叫驩头。鲧娶的妻子的名字叫士敬，士敬的儿子叫炎融，炎融的后代便是驩头。驩头长的人面鸟喙，有翅膀，以海中鱼为食，他们可以用翅膀在水面任意行走。他们也种黑色的小米，以此为食。他们的国家叫驩头国。

原文

帝尧、帝喾、帝舜葬于岳山[1]。爰有文贝、离俞、鸱久、鹰贾、延维、视肉、熊、罴、虎、豹[2];朱木,赤枝、青华、玄实。有申山者。

注释

①岳山:即上文所说狄山。

②延维:即上文所说的委蛇、委维。

译文

帝尧、帝喾和帝舜都葬在岳山。那儿有花斑贝、离朱鸟、猫头鹰、老鹰、两头蛇、视肉、熊、罴、虎、豹;还有一种朱木树,红色的枝条,青色的叶子,黑红色的果实。那儿还有座山叫申山。

原文

大荒之中,有山名曰天台,海水南焉。

译文

大荒之中,有座很高的山,名为天台,海水从它的南面流入山中。

原文

东海之外，甘水之间，有羲和之国。有女子名曰羲和，方日浴于甘渊。羲和者，帝俊之妻，生十日。

译文

在东海之外，甘水流经的地域，有个羲和国。那儿有个女子名叫羲和，在甘渊中为她的太阳儿子洗浴。羲和，是帝俊的妻子，她生了十个太阳。

原文

有盖犹之山者，其上有甘柤，枝干皆赤，黄叶，白华，黑实。东又有甘华，枝干皆赤，黄叶。有青马。有赤马，名曰三骓。有视肉。

译文

有座盖犹山，山上有甜柤梨树，它的枝和干都是红的，黄色的叶，白色的花，黑色的果实。山的东部有甘华树，枝干也是红色的，叶子是黄的。山上有青马。还有赤马，名叫三骓。还有视肉。

原文

有小人，名曰菌人。①

注释

①菌人：菌人高不过一寸左右，穿红衣戴圆帽，乘着白色的马车。人们遇到小人的车，抓住他们便咬吃下去，味道辛苦，吃后可以常年不被小虫子咬，并能识别各种动植物的名字。吃这种小人，还能杀死肚里的三种虫子，三种虫子死后，人才可以吃仙药。

译文

有种个头极小的人，人们称作菌人。

原文

有南类之山。爰有遗玉、青马、三骓、视肉、甘华。百谷所在。

译文

有座南类山，那座山上有遗玉、青马、三骓马、视肉、甘华树，是百谷繁茂生长的地方。

卷十六　大荒西经

原文

西北海之外，大荒之隅，有山而不合，名曰不周，有两黄兽守之。有水曰寒暑之水。水西有湿山，水东有幕山。有禹攻共工国山。

译文

在西北大海之外，大荒的一角，有座断裂合不住的山，山形如一枚缺坏不周的银币，名叫不周山，有两只黄色的神兽守护在那里。有一眼泉水叫寒暑水。水的西边有湿山，东边有幕山。还有座山叫禹攻共工国山。

原文

有国名曰淑士，颛顼之子。

译文

有个国家叫淑士国，是颛顼之子繁衍而成的国家。

原文

有神十人，名曰女娲之肠①，化为神，处栗广之野，横道而处。

注释

①女娲：神话传说女娲是一位以神女的身份做帝王的女神人，是人的脸面蛇的身子，一天内有七十次变化，她的肠子就化成这十位神人。

译文

有十个神人，名叫女娲之肠。化成神仙他们在一片叫栗广的原野上生活，而且他们就在大路当中断道而居。

原文

有人名曰石夷，来风曰韦，处西北隅以司日月之长短。

译文

有个神人叫石夷，在来风把他称作韦。他居住在大荒西北角上，主管日月运行时间的长短变化。

原文

有五采之鸟，有冠，名曰狂鸟。

译文

有个身长五彩羽毛的神鸟，头上有冠，名叫狂鸟。

原文

有大泽之长山。有白氏之国。

译文

有座山称大泽长山，山中有个白氏国。

原文

西北海之外，赤水之东，有长胫之国。

译文

在西北大海之外，赤水河的东边，有个国叫长胫国。

原文

有西周之国，姬姓，食谷。有人方耕，名曰叔均。帝俊生后稷[①]，稷降以百谷。稷之弟曰台玺，生叔均[②]。叔均是代其父及稷播百谷，始作耕。有赤国妻氏。有双山。

注释

①帝俊：这里指帝喾，名叫俊。传说他的第二个妃子生了后稷。后稷：古史传说他是周朝王室的祖先，姓姬氏，号后稷，善于种庄稼，死后被奉祀为农神。

②叔均：上文曾说叔均是后稷的孙子，又说是帝舜的儿子，这里却说是后稷之弟台玺的儿子，诸说不同，乃属神话传说分歧。

译文

有个西周国，姓姬，以五谷为食。国中有个人正在耕地，他名叫叔均。帝俊的后裔是后稷，后稷曾经到天上将各种农作物的种子带回到人间来。后稷的弟弟台玺生下叔均。叔均便代替他父亲及后稷播种各种农作物，天下从此开始了耕作。西周国还有个赤国妻氏。西周国还有座山，叫双山。

原文

西海之外，大荒之中，有方山者，上有青树，名曰柜格之松，日月所出入也。

译文

在西海之外的大荒野中，有座山叫方山。山上有棵青松，叫柜格松，是日月所出入的地方。

原文

西北海之外，赤水之西，有先民之国，食谷，使四鸟。

译文

在西北海外，赤水河以西，有个国叫先民国。他们以五谷为食，能够役使四兽。

原文

有北狄之国。黄帝之孙曰始均，始均生北狄。

译文

有个国叫北狄国。黄帝的孙子叫始均。始均的后人叫北狄。

原文

有芒山。有桂山。有榣山，其上有人，号曰太子长琴。颛顼生老童①，老童生祝融②，祝融生太子长琴，是处榣山，始作乐风。

注释

①老童：即上文所说的神人耆童。传说帝颛顼娶于滕氏，滕氏奔之子谓之女禄，生下老童。

②祝融：传说是高辛氏火正，名叫吴回，号称祝融，死后为火官之神。

译文

北狄国附近有芒山，有桂山，有榣山。山上有个神人叫太子长琴。颛顼生老童，老童生祝融，祝融生太子长琴。他居住在榣山上。从太子长琴开始作乐曲而风行人间。

原文

有五采鸟三名：一曰皇鸟，一曰鸾鸟，一曰凤鸟。

译文

有种五彩羽毛的鸟儿，它有三个名，一叫皇鸟，一叫鸾鸟，一叫凤鸟。

原文

有虫状如菟①，胸以后者裸不见，青如猨(yuán)状②。

注释

①虫：古人把人及鸟兽等动物通称为虫，如鸟类称为羽虫，兽类称为毛虫，龟类称为甲虫，鱼类称鳞虫，人类称为裸虫。这里指野兽。菟：通“兔”。

②状：这里不是指具体形状，而是指颜色的深浅达到某程度的样子。

译文

有种虫兽样子与兔子差不多，胸脯以后部分全裸着而又分不出来又像猿猴一样，身上长着青毛。

原文

大荒之中，有山名曰丰沮玉门，日月所入。

译文

在大荒之中，有座山叫丰沮玉门山，是日月所降落的地方。

原文

有灵山，巫咸、巫即、巫肦（bān）、巫彭、巫姑、巫真、巫礼、巫抵、巫谢、巫罗十巫，从此升降，百药爰在。

译文

有座灵山，巫咸、巫即、巫肦、巫彭、巫姑、巫真、巫礼、巫抵、巫谢、巫罗十个神巫都从这座山上天和下凡采药，山中百药俱生。

原文

有西王母之山、壑山、海山。有沃之国，沃民是处。沃之野，凤鸟之卵是食，甘露是饮。凡其所欲，其味尽存。爰有甘华、甘柤、白柳、视肉、三骓、璇瑰、瑶碧、白木、琅玕、白丹、青丹[①]，多银、铁。鸾凤自歌，凤鸟自舞，爰有百兽，相群是处，是谓沃之野。

注释

①三骓：皮毛杂色的马。璇：美玉。瑰：似玉的美石。白木：一种纯白色的树木。琅玕：传说中的一种结满珠子的树。白丹：一种可作白色染料的自然矿物。青丹：一种可作青色染料的自然矿物。

译文

有座西王母山，壑山和海山在其附近。三座山附近有个沃民国，沃民便居住在这儿。沃民国的百姓以凤鸟的卵为食物，以甘露为饮料。凡是他们想尝到的各种美味，这儿都有。那儿还有甘华树、甜柤梨树、白柳、视肉、三骓马、一种叫璇瑰的玉石、叫瑶碧的玛瑙、叫白木的树，还有琅玕、白丹、青丹，还盛产银、铁。那儿鸾鸟自由自在地歌唱，凤鸟欢乐地起舞，还有百兽，成群地在一起，这便是物产丰富的沃野。

原文

有三青鸟，赤首黑目，一名曰大鵹(lí)，一名少鵹，一名曰青鸟。

译文

有三只青色的神鸟，头是红色的，眼为黑色的；一个叫大鵹，一个叫少鵹，一个叫青鸟。

原文

有轩辕之台①，射者不敢西向射，畏轩辕之台。

注释

①轩辕之台：即上文所说的轩辕之丘，为传说中的上古帝王黄帝所居之地，故号轩辕氏。

译文

有座大土台叫轩辕台，射箭的人因敬畏黄帝的神灵不敢向西发箭。

原文

大荒之中，有龙山，日月所入。有三泽水[1]，名曰三淖，昆吾之所食也[2]。

注释

①泽：聚水的洼地。这里作动词用，汇聚的意思。

②昆吾：相传是上古时的一个部落。食：食邑，即古时作为专门供应某人或某部分人生活物资的一块地方。

译文

在大荒之中，有座龙山，是日月所落的地方。有三个沼泽地，名叫三淖，是昆吾取得食物的地方。

原文

有人衣青，以袂蔽面[1]，名曰女丑之尸[2]。

注释

①袂：衣服的袖子。

②女丑之尸：上文说女丑尸用右手遮住脸面，这里说是用衣袖遮住脸面，大概因原图上的画像就不一样。

译文

有个穿一身青色衣服的人，以袖子遮住其面孔，叫女丑尸。

原文

有女子之国。

译文

有个国家叫女子国。

原文

有桃山。有虻山①。有桂山。有于土山。

注释

①虻山：即上文所说的芒山。

译文

有座山叫桃山。附近还有芒山、桂山，还有于土山。

原文

有丈夫之国。

译文

有个国家叫丈夫国。

原文

有弇(yǎn)州之山，五采之鸟仰天，名曰鸣鸟。爰有百乐歌儛之风。

译文

有座弇州山，山上有只五彩鸟正仰头向天，这只鸟叫鸣鸟。据说那儿有能歌善舞的凤凰，有上百种伎乐歌舞之曲。

原文

有轩辕之国。江山之南栖为吉，不寿者乃八百岁。

译文

有个国叫轩辕国。人们喜欢住在江山的南边，以此为吉祥。寿命短的也可活到八百岁。

原文

西海陼中[①]，有神，人面鸟身，珥两青蛇，践两赤蛇，名曰弇兹。

注释

①陼：同“渚”。水中的小块陆地。

译文

在西海的沙洲中，有个神人长着人头鸟身，他耳垂两条青蛇，脚踩两条赤蛇，名叫弇兹。

原文

大荒之中，有山名日月山，天枢也。吴姖天门，日月所入。有神，人面无臂，两足反属于头山[①]，名曰嘘。颛顼生老童，老童生重及黎[②]，帝令重献上天[③]，令黎邛下地。下地是生噎，处于西极，以行日月星辰之行次。

注释

①属:接连。

②重:神话传说中掌管天上事物的官员南正。黎:神话传说中管理地下人类的官员火正。

③献:用手捧着东西给人。这里是举起的意思。

译文

在大荒之中,有座山叫日月山,这是天门的枢纽。也叫吴姖天门山,是日月降落的地方。山上有个神,人面,没有胳膊,两脚朝上,连接于头,名字叫嘘。颛顼生了老童,老童生了两个儿子,一个叫重,一个黎,帝颛顼命令重举着天,命令黎压着地,于是天和地便分开不通来往了。黎来到地下生了噎,他在大荒的最西端,他主管日月星辰运行的先后次序。

原文

有人反臂,名曰天虞。

译文

有个神人双臂反长着,名叫天虞。

原文

有女子方浴月。帝俊妻常羲,生月十有二,此始浴之。

译文

有位女子正在给月亮洗浴。帝俊的妻子常羲生了十二个月亮,并开始给月亮洗澡。

原文

有玄丹之山。有五色之鸟,人面有发。爰有青鸾(wén)、黄鷔(áo),青鸟、黄鸟,其所集者其国亡。

译文

有座玄丹山。山上有五色羽毛的鸟。那鸟长的脑袋像人面且有头发。据说还有青鸾鸟、黄鷔鸟,这两种鸟聚集在哪个国家,哪个国家便有亡国之祸。

原文

有池,名孟翼之攻颛顼之池。

译文

有个大池,名叫孟翼攻颛顼池。

原文

大荒之中,有山名曰鏖鏊钜,日月所入者。

译文

在大荒之中,有座高山,名为鏖鏊钜山,是日月降落的地方。

原文

有兽,左右有首,名曰屏蓬。

译文

有种怪兽,左右两边各有一个头,名叫屏蓬。

原文

有巫山者。有壑山者。有金门之山,有人名曰黄姖之尸。有比翼之鸟。有白鸟,青翼,黄尾,玄喙。有赤犬,名曰天犬,其所下者有兵。

译文

有三座大神山:巫山、壑山、金门山。金门山上有个黄姖尸。山中还有比翼鸟。还有种白鸟,青翅膀,黄尾巴,黑红嘴壳,有一身红毛的狗,名叫天犬。天犬到哪里,哪里就会有战事发生。

原文

西海之南，流沙之滨，赤水之后，黑水之前，有大山，名曰昆仑之丘。有神，人面虎身，有文有尾，皆白[①]，处之。其下有弱水之渊环之[②]，其外有炎火之山，投物辄然[③]。有人戴胜[④]，虎齿，有豹尾，穴处，名曰西王母。此山万物尽有。

注释

①白：指尾巴上点缀着白色斑点。

②弱水：相传这种水轻得不能漂浮起鸿雁的羽毛。

③辄：即，就。然："燃"的本字。燃烧。

④胜：古时妇女的首饰。

译文

在西海的南面，流沙的边沿，赤水的后面，黑水河前，有座大山名叫昆仑丘。山上有个神，长得头像人，身子像虎，皮毛上有花纹、有尾巴，花纹、尾巴都是白色的。昆仑丘周围，有个叫弱水的大渊环绕着，渊外有座炎火山，投上东西便同山一起燃烧起来。山上有个神人，她头戴玉胜，一口虎牙，长一根豹尾，住在洞穴中，名叫西王母。这座山中世上万物应有尽有。

原文

大荒之中，有山名曰常阳之山，日月所入。

译文

在大荒之中,有座山名叫常阳山,是日月降落的地方。

原文

有寒荒之国。有二人女祭、女薎(miè)。

译文

有个寒荒国,有两个女神,一个叫女祭,一个叫女薎。

原文

有寿麻之国。南岳娶州山女,名曰女虔(qián)。女虔生季格,季格生寿麻。寿麻正立无景(yǐng)①,疾呼无响。爰有大暑,不可以往。

注释

①景:"影"的本字。

译文

有个寿麻国。南岳娶了州山的女儿,名叫女虔。女虔生下季格,季格生了寿麻。寿麻立在阳光下而无影子,他放声大喊却听不到他的回声。据说寿麻国十分炎热,人们不可以到那里去。

原文

有人无首，操戈盾立，名曰夏耕之尸。故成汤伐夏桀于章山[1]，克之，斩耕厥前[2]。耕既立，无首，走厥咎[3]，乃降于巫山。

注释

①成汤：即商汤王，商朝的开国国王。夏桀：即夏桀王，夏朝的最后一位国王。

②厥：代词，这里指代成汤。

③走：这里是逃避的意思。厥：这里指代夏耕尸。咎：罪责。

译文

有个没有脑袋的人，手操盾戈立在山上，是夏耕的尸体。起初，成汤讨伐夏桀到章山，打败了夏桀。因夏耕冲在前头，成汤斩掉夏耕的头。他被斩后没有倒下去，为了逃避罪责，便逃到了巫山。

原文

有人名曰吴回[1]，奇左[2]，是无右臂。

注释

①吴回：即上文所说的火神祝融。也有说是祝融的弟弟，亦为火正之官。属于神话传说分歧。

②奇：单数。这里指与配偶事物相对而言的单个事物。

译文

有个神名叫吴回，他只有一只左胳膊，没有右臂。

原文

有盖山之国。有树，赤皮支干①，青叶，名曰朱木。

注释

①支：通“枝”。

译文

有个盖山国，这个国家有种树，枝干和树皮都是红色的，叶子是青色的，这种树叫朱木。

原文

有一臂民。

译文

有个人只长一只胳膊，人称一臂民。

原文

大荒之中，有山名曰大荒之山，日月所入。有人焉三面，是颛顼之子，三面一臂，三面之人不死。是谓大荒之野。

译文

在大荒之中，有座山叫大荒山，是日月降落的地方。有种人，头的前面及左右两面都各长一张脸，但却只生一条胳膊，这是颛顼的后裔，名叫三面一臂人。这种三面一臂人长生不老，生活于大荒野中。

原文

西南海之外，赤水之南，流沙之西，有人珥两青蛇，乘两龙，名曰夏后开①。开上三嫔于天②，得《九辩》与《九歌》以下。此天穆之野，高二千仞③，开焉得始歌《九招》。

注释

①夏后开：即上文所说的夏后启。因为汉朝人避汉景帝刘启的名讳，就改“启”为“开”。

②嫔：嫔、宾在古字中通用。这里作为动词，意思是做客。

③仞：古代的八尺为一仞。

译文

在西南海之外，赤水之南，流沙以西，有个人耳上垂两条青蛇，乘两条巨龙，他名叫夏启。夏启向天帝献上了三个美女，得到天帝所赐的《九辩》和《九歌》，向人间传播。天穆之野高两千丈。从夏启开始，人间才得到天上的《九招》乐曲。

原文

有互人之国。炎帝之孙名曰灵恝(qì)①，灵恝生互人，是能上下于天。

注释

①炎帝：即传说中的上古帝王神农氏。因为以火德为王，所以号称炎帝，又因创造农具教人们种庄稼，所以叫做神农氏。

译文

有个互人国。炎帝的孙子名叫灵恝，灵恝的后裔为互人。互人国的人能乘云驾雾。

原文

有鱼偏枯，名曰鱼妇。颛(zhuān)顼(xū)死即复苏。风道北来，天乃大水泉，蛇乃化为(wéi)鱼，是为(wéi)鱼妇。颛(zhuān)顼(xū)死即复苏。

译文

有一条半枯的鱼，名叫鱼妇。它是颛顼死后变化而成的。如果有从东边来的风，泉水便被风吹得溢出，有条蛇便在这时变化为鱼，这便是鱼妇。颛顼死而复生。

原文

有青鸟，身黄，赤足，六首，名曰鸀(chù)鸟。

译文

有一种青鸟，叫鸀鸟，它的身子是黄的，红色的脚，有六个头。

原文

有大巫山。有金之山。西南，大荒之隅(yú)，有偏句①、常羊之山。

注释

①偏句：未知其详。

译文

有两座大山，大巫山和金山。在这两座山的西南，在西南大荒的角落里，还有偏句山和常羊山。

卷十七　大荒北经

原文

东北海之外，大荒之中，河水之间，附禺之山[①]，帝颛顼与九嫔葬焉。爰有鸱(chī)久、文贝、离俞、鸾鸟、皇鸟、大物、小物[②]。有青鸟、琅鸟、玄鸟、黄鸟、虎、豹、熊、罴、黄蛇、视肉、璿(xuán)瑰、瑶碧[③]，皆出于山。卫丘方员三百里，丘南帝俊竹林在焉，大可为舟。竹南有赤泽水，名曰封渊[④]。有三桑无枝，皆高百仞。丘西有沈渊[⑤]，颛顼所浴。

注释

①附禺之山：上文所说的务禺山、鲋鱼山与此同为一山。附、务、鲋，皆古字通用。

②大物、小物：指殉葬的大小用具物品。

③琅鸟：白鸟。琅：洁白。玄鸟：燕子的别称。因它的羽毛黑色，所以称为玄鸟。玄：黑色。璿：美玉。

④封：大。

⑤沈：深。

译 文

在东北大海之外，大荒当中，河水流经的地方，有座大山叫附禺山，帝颛顼与他的九个嫔妃便葬在那里。据说那儿有猫头鹰、花斑贝、离朱鸟、鸾鸟、凤鸟，还有殉葬的各种大小物件。还有青鸟、琅鸟、燕子、黄鸟、虎、豹、熊、罴、黄蛇、视肉、璋玉、瑰玉、瑶玉、碧玉，都在这座山中。帝颛顼与其嫔妃的坟丘方圆三百里，丘南有一片大竹林，叫帝俊林。竹林高大挺拔，可以做船。竹林之南有片红色深潭水，名叫封渊。还有三棵无枝的桑树。丘西有个大渊叫沈渊，是颛顼洗澡的地方。

原 文

有胡不与之国，烈姓，黍食。

译 文

有个国叫胡不与国，国人姓烈，以五谷为食。

原 文

大荒之中，有山名曰不咸。有肃慎氏之国。有蜚蛭①，四翼。有虫②，兽首蛇身，名曰琴虫。

注 释

①蜚：通"飞"。蛭：环节动物，有好几种，如水蛭、鱼蛭、山蛭等。
②虫：这里指蛇。

译文

在大荒之中，有座大山叫不咸山。那儿有个肃慎氏国，国中有一种兽叫做蜚蛭，生有四个翅膀；有一种虫，长着兽头蛇身，名叫琴虫。

原文

有人名曰大人。有大人之国，釐(xī)姓，黍食。有大青蛇，黄头，食麈。

译文

有种人因身材特别高大，叫做大人。他们的国家叫大人国，国人姓釐，以五谷为食。那儿有种十分粗大的青色的蛇，头是黄色的，专门吃鹿一类野兽。

原文

有榆山。有鲧攻程州之山。

译文

有座山叫榆山。还有座鲧攻程州山。

原文

大荒之中，有山名曰衡天。有先民之山。有槃（pán）木千里。

译文

在大荒当中，有座山叫衡天山，还有座山叫先民山。山上有盘曲的大树，占的地面广达千里。

原文

有叔歜（chù）国，颛顼之子，黍食，使四鸟：虎、豹、熊、罴。有黑虫如熊状，名曰猎猎。

译文

有个国家叫叔歜国，是颛顼的后代。他们以五谷为食，能役使四兽：虎、豹、熊、罴。那个国内还有一种像熊一样的兽，名叫猎猎。

原文

有北齐之国，姜姓，使虎、豹、熊、罴。

译文

有个北齐国，国人姓姜，能役使虎、豹、熊、罴四兽。

原文

大荒之中，有山名曰先槛大逢之山，河济所入，海北注焉。其西有山，名曰禹所积石。

译文

在大荒当中，有座山名叫先槛大逢山，河水、济水流出海外后注入此山中。它的西边有座大山，叫禹所积石山。

原文

有阳山者。有顺山者，顺水出焉。有始州之国，有丹山。

译文

有座阳山。阳山附近有座顺山，顺水从那儿发源。附近有个始州国，始州国有座山叫丹山。

原文

有大泽方千里，群鸟所解。

译文

有处大泽方圆千里，群鸟在这儿将旧羽毛换成新羽毛。

原文

有毛民之国,依姓,食黍,使四鸟。禹生均国,均国生役采,役采生修鞈(gé),修鞈杀绰人。帝念之,潜为之国,是此毛民。

译文

有个毛民国,国人姓依,以五谷为食,可以役使四鸟。大禹的后代是均国,均国的后代是役采,役采的后代修鞈。后来,大禹的曾孙修鞈杀了一个名叫绰人的人。绰人脸上、身上都是毛。黄帝悯念他,私下里允许他的后代建成一个国家,便是毛民国。

原文

有儋耳之国,任姓禺号子,食谷。北海之渚中,有神,人面鸟身,珥两青蛇,践两赤蛇,名曰禺强。

译文

有个儋耳国,这里的人姓任,是神人禺号的后代,吃谷米。北海之中的岛屿上,有一个神,长着人的面孔和鸟的身子,耳朵上挂着两条青蛇,脚底下踩踏着两条红蛇,名叫禺强。

原文

大荒之中，有山名曰北极天柜，海水北注焉。有神，九首人面鸟身，名曰九凤。又有神，衔蛇操蛇，其状虎首人身，四蹄长肘，名曰强良。

译文

在大荒之中，有座山叫北极天柜山，海水北流而进入此山中。那儿有个神，长有九颗人头，身子像凤凰一样，名叫九凤。还有个神，口中衔蛇，手中操蛇，长得头像老虎，身子像人，有四只蹄，肘臂很长，名叫强良。

原文

大荒之中，有山名曰成都载天。有人珥两黄蛇，把两黄蛇，名曰夸父。后土生信，信生夸父。夸父不量力，欲追日景[①]，逮之于禺谷[②]。将饮河而不足也，将走大泽，未至，死于此。应龙已杀蚩尤，又杀夸父[③]，乃去南方处之，故南方多雨。

注释

①景："影"的本字。

②逮：到，及。

③又杀夸父：先说夸父因追太阳而死，后又说夸父被应龙杀死，这是神话传说中的分歧。

译文

在大荒之中，有座山叫成都载天山。山上有个神人，耳垂两条黄蛇，手拿两条黄蛇，名叫夸父。后土的后代是信，信的后代是夸父。夸父不度量自己的力量，想追上太阳，终于在禺谷把太阳逮住了。夸父口渴想喝水，喝干了河水还不解渴，于是他再想去大泽，还未到，便死在大泽附近。另一种传说是：应龙杀了蚩尤，又杀了夸父，应龙便到南方去生活了，所以南方雨水特多。

原文

又有无肠之国，是任姓。无继子①，食鱼。

注释

①无继：即上文所说的无启国。无启就是无嗣、没有子孙后代。但这里却说无肠国人是无启国人的子孙，显然是有继，而非无继。这正合乎神话传说的神奇诡怪的性质。

译文

又有个无肠国，国人姓任，是无继的后代，以鱼为主食。

原文

共工之臣名曰相繇（yáo）①，九首蛇身，自环，食于九土。其所歍（wū）所尼②，即为源泽，不辛乃苦，百兽莫能处。禹湮洪水③，杀相繇，其血腥臭，不可生谷；其地多水，不可居也。禹湮之，三仞三沮④，乃以为池，群帝因是以为台。在昆仑之北。

注释

①相繇：即上文所说的相柳。

②歍：呕吐。尼：止。

③湮：阻塞。

④三：表示多数，不是实指。仞：充满。沮：败坏。这里指塌陷、陷落。

译文

共工有一个臣属名叫相繇。长着九个头，身体如蛇一样盘旋成一团。它独霸九座神山，以供其食用。他只要张口一吐，那儿便成为大源泽。他呕吐而成的源泽，不辣即苦，百兽都害怕而不敢靠近。当时，大禹为了治理洪水，杀死了相繇，相繇的血又腥又臭，连五谷都不能在那儿生长，再加上那儿相繇的血膏滂流，成了一片大水，人们也不能居住。大禹去堵这片大水，堵了三次，塌陷了三次，后来终于堵成了一个大池，众帝因此来这儿共作土台。这地方在昆仑山的北边。

原文

有岳之山，寻竹生焉。

译文

有座岳山，那儿长一种十分高大的竹子，叫寻竹。

原文

大荒之中，有山名不句，海水北入焉。

译文

在大荒之中，有座山叫不句山，海水向北流入那里。

原文

有系昆之山者，有共工之台，射者不敢北乡(xiàng)[①]。有人衣青衣[②]，名曰黄帝女魃(bá)[③]。蚩尤作兵伐黄帝[④]，黄帝乃令应龙攻之冀州之野。应龙畜水，蚩尤请风伯雨师[⑤]，纵大风雨。黄帝乃下天女曰魃，雨止，遂杀蚩尤。魃不得复上，所居不雨。叔均言之帝，后置之赤水之北。叔均乃为田祖[⑥]。魃时亡之，所欲逐之者，令曰："神北行[⑦]！"先除水道，决通沟渎(dú)[⑧]。

注释

①乡：通"向"。方向。

②衣：穿。这里是动词。

③女魃：相传是不长一根头发的光秃女神，她所居住的地方，天不下雨。

④兵：这里指兵器、武器。

⑤风伯：神话传说中的风神。雨师：神话传说中掌管雨水的神。

⑥田祖：主管田地之神。

⑦北行：指回到赤水之北。

⑧渎：小沟渠。

译文

有座系昆山，附近有共工台，射箭的人因畏惧共工之灵而不敢向北而射。那儿有个穿青衣的女子，名叫黄帝女魃。先是蚩尤兴兵讨伐黄帝，黄帝便命令应龙到冀州之野进攻蚩尤的部队。应龙能积储水，蚩尤便请来风伯、雨师，放纵狂风暴雨使应龙不能再积储。黄帝便再派名叫魃的天女去与蚩尤作战，旱神魃一到，雨便停止了，于是蚩尤兵败而被杀。魃却不能重上天宫，她所住的地方因她的旱气把雨冲散了老不能下雨。叔均便将这件事禀报给黄帝，黄帝便将女魃迁徙到赤水之北的僻远之处。叔均因禀报有功便当了管田轩的地官。女魃时时欲逃离那个偏远之处，所有要将她赶走的人，便大声命令她说："神快回赤水之北！"并且人们先清除水道，挖通沟渠以让女魃早早返回。（女魃即旱魃，是为旱神，她所居住之处，天不下雨。所以把她赶跑，就能得雨。先除水道，便是逐旱魃而求雨水。）

原文

有人方食鱼，名曰深目民之国，昐（bān）姓，食鱼。

译文

有个正在吃鱼的人，他是深目民国的人。深目民国人姓昐，以鱼为主食。

原文

有钟山者。有女子衣青衣，名曰赤水女子魃①。

注释

①赤水女子魃：即上文所说的被黄帝安置在赤水之北的女魃。魃，同“妭”，旱神。

译文

有座钟山，山上有个女子穿一身青色衣服，她名叫赤水女子魃。

原文

大荒之中，有山名曰融父山，顺水入焉。有人名曰犬戎。黄帝生苗龙，苗龙生融吾，融吾生弄明，弄明生白犬，白犬有牝牡，是为犬戎，肉食。有赤兽，马状无首，名曰戎宣王尸①。

注释

①戎宣王尸：传说是犬戎族人奉祀的神。

译文

在大荒之中，有座山名叫融父山，顺水的尽头便在那儿。那儿有种人叫犬戎。黄帝的后代是苗龙，苗龙生下融吾，融吾的后裔为弄明，弄明生了白犬。白犬有两个，一雌一雄，自相结合，便是犬戎。犬戎以肉为食。犬戎是红色的，像匹无头骏马，神名叫戎宣王尸。

原 文

有山名曰齐州之山、君山、鬵(qián)①山、鲜(xiǎn)野山、鱼山。

注 释

①鬵:郭璞云:"音潜。"《辞海》《汉语大字典》《汉语大词典》皆无潜音。鬵,甑。鬵山,盖因其形如鬵而得名。

译 文

有座山名叫齐州山,附近还有君山、鬵山、鲜野山、鱼山。

原 文

有人一目,当面中生。一曰是威姓,少(shào)昊(hào)之子,食黍(shǔ)。

译 文

有种人,在面孔当中生一只眼睛。有的说他们姓威,是少昊的后裔,以五谷为食物。

原 文

有继无民，继无民任(rén)姓，无骨(之)子，食氣(xì)、鱼[①]。

注释

①食氣、鱼：吃粮食和鱼。氣，“饩”的古字。《论语·乡党》：“肉虽多，不使胜食氣。”《说文·米部》“氣”字下引《春秋传》：“齐人来氣诸侯。”今本《左传·桓公十年》作“齐人饩诸侯。”段玉裁注：“许所据作‘氣’。左丘明述《春秋传》以古文，于此可见。”《国语·周语中》：“膳宰致飧，廪人献饩。”韦昭注：“生曰饩，禾米也。”《旧唐书·源休传》：“凡将杀者数矣，言颇悖慢，乃引去，供饩甚薄，留之五十余日，乃得还。”按：“食氣、鱼。”郝懿行笺疏：“食氣、鱼者，此人食氣兼食鱼也。《大戴礼·易本命篇》云：‘食氣者神明而寿。’”

译文

有个国家叫继无民国，国人姓任，是无骨民的后裔，以粮食和鲜鱼为食物。

原 文

西北海外，流沙之东，有国名曰中(zhōng)辐(biǎn)，颛(zhuān)顼(xū)之子，食黍(shǔ)。

译文

在西北海外，流沙以东，有个国叫中辐国，是颛顼的后裔，以五谷为食。

原文

有国名曰赖丘。有犬戎国。有人，人面兽身，名曰犬戎。

译文

有个国叫赖丘国。还有个犬戎国，犬戎国的人都是人面兽身。

原文

西北海外，黑水之北，有人有翼，名曰苗民。颛(zhuān)顼(xū)生驩(huān)头，驩头生苗民，苗民釐(xī)姓，食肉。有山名曰章山。

译文

在西北海外，黑水以北，有种身上长有双翅的人，叫苗民。颛顼生的是驩头，驩头生的苗民，苗民姓厘，以肉为食。苗民国有座山叫章山。

原文

大荒之中，有衡石山、九阴山、洞野之山，上有赤树，青叶赤华(huā)，名曰若木。

译文

在大荒之中，有衡石山、九阴山、洞野山。洞野山上有一种红色的树，青叶，开红花，名叫若木。

原文

有牛黎之国。有人无骨，儋(dān)耳之子。

译文

有个牛黎国。国人有筋无骨，膝盖反长，脚底也弯曲朝上，是儋耳国人的后裔。

原文

西北海之外，赤水之北，有章尾山。有神，人面蛇身而赤，身长千里，直目正乘(shèng)①，其瞑乃晦(huì)，其视乃明，不食，不寝，不息，风雨是谒(yè)②。是烛九阴，是谓烛龙。

注释

①乘：通“朕”。袁珂注：“朕义本训舟缝，引申之，他物交缝处，皆得曰朕。此言烛龙之目合缝处直也。”

②谒：通“噎”。吞咽。

译文

在西北海之外，赤水以北，有座山叫章尾山。山上有个神，长的人面蛇身，全身通红，双眼眯成一条缝。它闭眼天下便为夜，睁开天下便是白天。它不吃不睡也不知休息，只以风雨为其食物。它能照亮一切幽暗阴深之处，这便是烛龙。

卷十八　海内经

原文

东海之内，北海之隅，有国名曰朝鲜[①]。天毒[②]，其人水居[③]，偎人爱之[④]。

注释

①朝鲜：就是现在朝鲜半岛上的朝鲜和韩国。

②天毒：据古人解说，即天竺国，有文字，有商业，佛教起源于此国中。而天竺国就是现在的印度。但印度在南，朝鲜在北，一南一北，相距很远，记在一处，不合情理，则文字上似有讹误或脱遗。

③水居：在水边居住。④偎：怜悯。

译文

在东海海内，北海的角上，有个国名叫朝鲜。还有一国叫天毒国，那儿的人傍水而居，以修善慈心而不杀生。

原文

西海之内，流沙之中，有国名曰壑市。

译文

在西海之内，流沙之中，有个国名叫壑市国。

原文

西海之内，流沙之西，有国名曰氾（fàn）叶。

译文

在西海之内，流沙之西，有个国叫氾叶国。

原文

流沙之西，有鸟山者，三水出焉。爰有黄金、璿（xuán）瑰、丹货、银铁[①]，皆流于此中[②]。又有淮山，好水出焉。

注释

①丹货：不详何物。

②流：淌出。这里是出产、产生的意思。

译文

在流沙之西，有座鸟山，鸟山中有杂珍奇货。有三条河同时发源于此山中。据说那儿藏有黄金、璇瑰、丹砂、银、铁。附近有座山叫淮山，好水从此山发源。

原文

流沙之东，黑水之西，有朝(zhāo)云之国、司彘之国。黄帝妻雷祖①，生昌意。昌意降处若水，生韩流。韩流擢(zhuó)首、谨耳、人面、豕(shǐ)喙、麟身、渠股、豚止②，取淖子曰阿女③，生帝颛顼。

注释

①雷祖：即嫘祖，相传是教人们养蚕的始祖。

②擢：引拔，耸起。这里指物体因吊拉变成长竖形的样子。谨：慎重小心，谨慎细心。这里是细小的意思。渠股：即今天所说的罗圈腿。

③取：通“娶”。

译文

在流沙的东面，黑水的西面，有个国叫朝云国，还有个国叫司彘国。黄帝的妻子雷祖生下了昌意，昌意从天而降到若水那个地方，生下了韩流。韩流长着长长的脑袋，小耳朵，脸面像人，嘴巴像猪，全身有麟，罗圈腿，脚像猪蹄似的。韩流娶了淖子氏的阿女为妻，生下了颛顼帝。

原文

流沙之东，黑水之间，有山名不死之山。

译文

在流沙之东，黑水之间，有座山叫不死山。

原文

华山青水之东，有山名曰肇山。有人名曰柏高，柏高上下于此，至于天。

译文

在华山和青水的东面，有座山名叫肇山。山上有个仙人叫柏高。柏高便是从此山登天下地。

原文

西南黑水之间，有都广之野，后稷葬焉。爰有膏菽(shū)、膏稻、膏黍、膏稷①，百谷自生，冬夏播琴②。鸾鸟自歌，凤鸟自舞，灵寿实华③，草木所聚。爰有百兽，相群爰处。此草也，冬夏不死。

注释

①膏：这里是味道美好而光滑如膏的意思。菽：豆类植物的总称。稷：谷子。

②播琴：即播种。这是古时楚地人的方言。

③灵寿：即上文所说的椐树，所生枝节像竹节，粗细长短都正好合于拐杖，不必人工制作，所以古代老人常利用这种天然拐杖。也有一种说法，认为灵寿是一种生长在昆仑山及其附近地方的特殊树木，人吃了它结的果实就会长生不死，所以叫灵寿树。

译文

在黑水的西南部，有片原野叫都广之野，后稷死后便葬在这儿。那儿有味道好、光滑如膏的菽、稻、黍、稷，百谷繁茂地生长着，冬夏都可以播种。那儿鸾鸟自歌，凤鸟自舞，椐树硕果累累，各种草木丛生。那儿还有许多种野兽，它们都是成群成群地生活在一起。那儿的草，经冬历夏生机勃勃。

原文

南海之外，黑水青水之间，有木名曰若木，若水出焉。

译文

在南海以外,黑水和青水之间,有种树名叫若木,若水便自那儿发源。

原文

有禺中之国。有列襄之国。有灵山,有赤蛇在木上,名曰蝡(rú)蛇,木食。

译文

有个国叫禺中国,还有个列襄国。有灵山,树上有一条红蛇,名叫蝡蛇,以树木为食物。

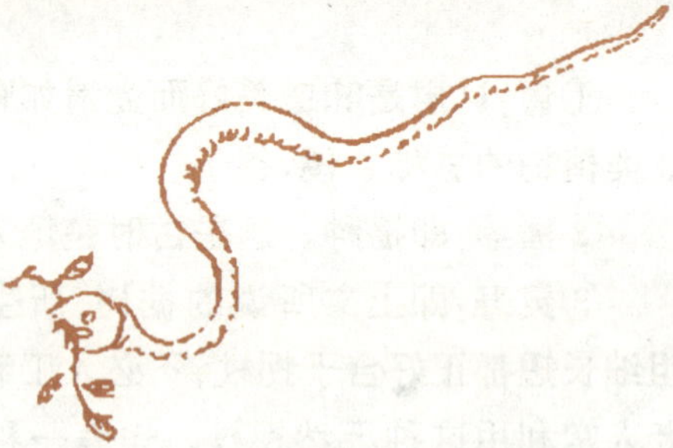

原文

有盐长之国。有人焉鸟首,名曰鸟氏。

译文

西海之中,有个国叫盐长国,有种人长着一颗鸟的脑袋,人称他们为鸟氏。

原文

有九丘，以水络之，名曰陶唐之丘、叔得之丘、孟盈之丘、昆吾之丘、黑白之丘、赤望之丘、参卫之丘、武夫之丘、神民之丘。有木，青叶紫茎，玄华黄实，名曰建木，百仞无枝①，上有九欘②，下有九枸(jǔ)③，其实如麻，其叶如芒。大(tài)皞(hào)爰过④，黄帝所为。

注释

①仞：古时以八尺为一仞。

②欘：树枝弯曲。

③枸：树根盘错。

④大皞：又叫太昊、太皓，即伏羲氏，古史传说中的上古帝王，姓风。他开始画八卦，教人们捕鱼放牧，用来充作食物。又是神话传说中的人类始祖。

译文

有九座山丘，都被水环绕着，名称分别是陶唐丘、叔得丘、孟盈丘、昆吾丘、黑白丘、赤望丘、参卫丘、武夫丘、神民丘。有一种树木，青色的叶子紫色的茎干，黑色的花朵黄色的果实，叫做建木，高达一百仞的树干上不生长枝条，而树顶上有九根蜿蜒曲折的桠枝，树底下有九条盘旋交错的根节，它的果实像麻子，叶子像芒树叶。大皞凭借建木登上天，那是黄帝制作的天梯。

原文

西南有巴国。大皞生咸鸟，咸鸟生乘厘，乘厘生后照，后照是始为巴人。

译文

西南方有个巴国。大皞生下咸鸟，咸鸟的后代是乘厘，乘厘的后裔是后照。后照便是巴国人的始祖。

原文

有国名曰流黄辛氏，其域中方三百里，其出是麈。有巴遂山，渑水出焉。

译文

有个国家名叫流黄辛氏国，它的疆域方圆三百里，这里出产一种大鹿。还有一座巴遂山，渑水从这座山发源。

原文

又有朱卷之国。有黑蛇，青首，食象。

译文

又有个朱卷国。这里有一种黑颜色的大蛇，长着青色脑袋，能吞食大象。

原文

南方有赣巨人，人面长唇，黑身有毛，反踵，见人则笑，唇蔽其面，因即逃也。

译文

南方有一种赣巨人，长着人的面孔而嘴唇长长的，黑黑的身上长满了毛，脚尖朝后而脚跟朝前反长着，看见人就发笑，一发笑而嘴唇便会遮住他的脸面，人就趁此立即逃走。

原文

又有黑人，虎首鸟足，两手持蛇，方啖之。

译文

还有一种黑人，长着老虎一样的脑袋禽鸟一样的爪子，两只手握着蛇，正在吞食它。

原文

有嬴民，鸟足。有封豕。

译文

有一种人称作嬴民，长着禽鸟一样的爪子。还有大野猪。

原文

有人曰苗民。有神焉，人首蛇身，长如辕，左右有首，衣紫衣[①]，冠旃(zhān)冠[②]，名曰延维[③]，人主得而飨(xiǎng)食之[④]，伯(bà)天下[⑤]。

注释

①衣紫衣：前一个“衣”是动词，穿的意思。后一个“衣”是名词，即衣服。

②冠旃冠：前一个“冠”是动词，戴的意思。后一个“冠”是名词，即帽子。旃：纯红色的曲柄旗。这里仅是红色的意思，与上一句的紫色相对。

③延维：即上文所说的委蛇，就是双头蛇。

④人主：君主，一国之主。飨：祭献。

⑤伯：通“霸”。

译文

有种人叫苗民。那个苗民国有个神，人头蛇身，长如车辕，左右各有一个头，穿紫衣，戴毡帽，名叫延维，英雄得到它并吃下，便可称霸天下。

原文

有鸾鸟自歌，凤鸟自舞。凤鸟首文曰“德”，翼文曰“顺”，膺文曰“仁”，背文曰“義”，见则天下和。

译文

有种鸾鸟自在地鸣唱，凤鸟自由地起舞。凤鸟头部的花纹叫"德"，翅膀上花纹叫"顺"，胸前的花纹叫"仁"，背上的花纹叫"义"。见到这种鸟天下便会太平。

原文

又有青兽如菟[①]，名曰菌狗。有翠鸟[②]。有孔鸟[③]。

注释

①菟：通"兔"。

②翠鸟：即翡翠鸟，形状像燕子。古人说雄性的叫翡，羽毛是红色；雌性的叫翠，羽毛是青色。实际上，翡翠鸟的羽毛有好多种颜色，不止红、青二色，所以自古以来就做装饰品用。

③孔鸟：即孔雀鸟。

译文

又有一种像兔子的青色野兽像兔子，名叫菌狗。又有翡翠鸟。还有孔雀鸟。

原文

南海之内，有衡山，有菌山，有桂山。有山名三天子之都。

译文

在南海以内，有座衡山，又有座菌山，还有座桂山。还有座山叫做三天子都山。

原文

南方苍梧之丘，苍梧之渊，其中有九嶷(yí)山，舜之所葬。在长沙零陵界中。

译文

南方有一大片荒山叫苍梧丘，山下有大渊叫苍梧渊，苍梧渊中有座大山叫九嶷山，帝舜便葬于这座山中。九嶷山在长沙零陵境内。

原文

北海之内，有蛇山者，蛇水出焉，东入于海。有五采之鸟，飞蔽一乡，名曰翳(yì)鸟①。又有不距之山，巧倕(chuí)葬其西②。

注释

①翳鸟：传说是凤凰之类的鸟。

②巧倕：相传是上古帝尧时代一位灵巧的工匠。

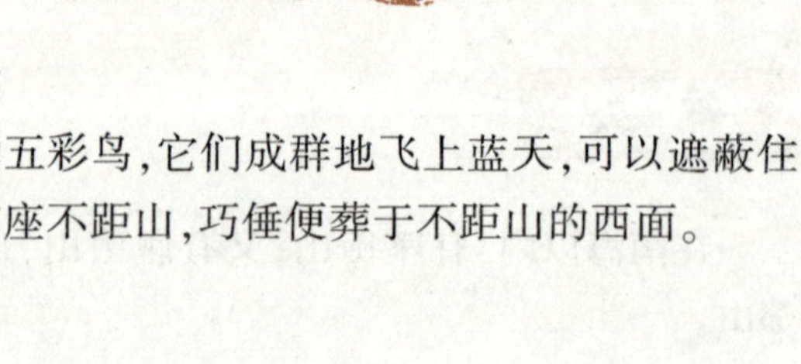

译文

在北海之内，有座山叫蛇山，蛇水从那儿发源，向东流入大海。有种五彩鸟，它们成群地飞上蓝天，可以遮蔽住一个村庄。这种鸟叫翳鸟，那儿还有座不距山，巧倕便葬于不距山的西面。

原文

北海之内，有反缚盗械、带戈常倍之佐[1]，名曰相顾之尸[2]。

注释

①盗械：古时，凡因犯罪而被戴上刑具就称作盗械。戈：古代一种兵器。倍：通“背”。背弃。佐：辅助帝王的人。

②相顾之尸：也是上文所说贰负之臣一类的人。

译文

在北海之内，有个被反捆双手、身戴刑具的人，身后还背着戈，他名叫相顾尸。

原文

伯夷父生西岳[1]，西岳生先龙，先龙是始生氐（dī）羌（qiāng），氐羌乞姓。

注释

①伯夷父：相传是帝颛（zhuān）顼（xū）的师傅。

译文

伯夷父生了西岳，西岳生了先龙，先龙的后代子孙便是氐羌，氐羌人姓乞。

原文

北海之内，有山，名曰幽都之山，黑水出焉。其上有玄鸟、玄蛇、玄豹、玄虎、玄狐蓬尾。有大玄之山。有玄丘之民①。有大幽之国。有赤胫之民②。

注释

①玄丘之民：古人说是生活在丘上的人物都是黑的。

②赤胫之民：古人说是从膝盖以下的腿部全为红色的一种人物。

译文

北海以内，有一座山，名叫幽都山，黑水从这座山发源。山上有黑色鸟、黑色蛇、黑色豹子、黑色老虎，有毛蓬蓬尾巴的黑色狐狸。有座大玄山。有一种玄丘民。有个大幽国。有一种小腿是丘色的人。

原文

有钉灵之国，其民从厀(xī)以下有毛①，马蹄善走②。

注释

①厀：同"膝"。

②走：跑。

译文

有个钉灵国，其国的人，膝盖以下生着很长的毛，两只脚像马蹄，疾步如飞。

原文

炎帝之孙伯陵[①]，伯陵同吴权之妻阿女缘妇[②]，缘妇孕三年，是生鼓、延、殳(shū)。始为侯[③]，鼓、延是始为钟[④]，为乐风。

注释

①炎帝：即神农氏，传说中的上古帝王。

②同：通“通”。通奸。吴权：传说中的人物。

③侯：练习或比赛射箭时用的箭靶。

④钟：古代一种打击乐器

译文

炎帝的孙子叫伯陵。伯陵与吴权的妻子阿女缘妇通奸后，阿女缘妇怀孕三年，生下了三个儿子，一个叫鼓，一个叫延，一个叫殳。从殳开始，制作箭靶；鼓、延开始制作钟、磬，制作乐曲的章法。

原文

黄帝生骆明，骆明生白马，白马是为鲧[①]。

注释

①鲧:相传是大禹的父亲。

译文

黄帝的后裔叫骆明,骆明与其妻生了一匹白马,这匹白马便是鲧。

原文

帝俊生禺号[①],禺号生淫梁[②],淫梁生番禺,是始为舟。番禺生奚仲,奚仲生吉光,吉光是始以木为车。

注释

①帝俊:这里指黄帝。
②淫梁:即上文所说的禺京。

译文

帝俊生下禺号,禺号的后代为禺京,禺京生下番禺。番禺是制作船的祖师。番禺生下奚仲,奚仲生下了吉光。吉光首先用木头造出了车。

原文

少皞生般[①],般是始为弓矢。

注释

①少皞：即上文所说的少昊号称金天氏，传说中的上古帝王。

译文

少皞有个儿子叫般。般首先造出了弓箭。

原文

帝俊赐羿彤弓素矰[1]，以扶下国，羿是始去恤下地之百艰[2]。

注释

①彤：朱红色。矰：一种用白色羽毛装饰并系着丝绳的箭。
②恤：体恤，周济。

译文

帝俊赏赐给后羿红色弓和白色矰箭，用他的射箭技艺去扶助下界各国，后羿便开始去救济世间人们的各种艰苦。

原文

帝俊生晏龙，晏龙是为琴瑟（sè）。

译文

帝俊生了晏龙，这位晏龙最初发明了琴和瑟两种乐器。

原文

帝俊有子八人[1],是始为歌舞。

注释

①帝俊:这里指帝舜。

译文

帝俊有八个儿子,他们开始创作出歌曲和舞蹈。

原文

帝俊生三身[1],三身生义均[2],义均是始为巧倕,是始作下民百巧。后稷是播百谷。稷之孙曰叔均[3],始作牛耕。大比赤阴[4],是始为国。禹、鲧(gǔn)是始布土[5],均定九州。

注释

①帝俊:这里也是指帝舜。

②义均:就是上文所说的叔均,但说是帝舜的儿子,这里却说是帝舜的孙子,属于神话传说的不同。

③叔均:上文曾说叔均是后稷之弟台玺的儿子,这里又说是后稷的孙子,而且和前面说的义均也分成了二人,神话传说分歧,往往有所不同。

④大比赤阴:意义不明。也有学者认为可能是后稷的生母姜嫄。"比"大概为"妣"的讹文。妣:母亲。"赤阴"的读音与"姜嫄"相近。据古史传说,后稷被封于邰地而建国,姜嫄即居住在这里,所以下面说"是始为国"。

⑤布土：传说鲧与大禹父子二人相继治理洪水，鲧使用堵塞的方法，大禹使用疏通的方法，都需要挖掘泥土。布即施予，施行。土即土工，治河时填土、挖土工程。

译文

帝俊生了三身，三身生了义均，这位义均便是所谓的巧倕，从此开始发明了世间的各种工艺技巧。后稷开始播种各种农作物。后稷的孙子叫叔均，这位叔均最初发明了使用牛耕田。大比赤阴，开始受封而建国。大禹和鲧开始挖掘泥土治理洪水，度量划定九州。

原文

炎帝之妻，赤水之子听訞生炎居①，炎居生节并，节并生戏器，戏器生祝融。祝融降处于江水，生共工。共工生术器，术器首方②，是复土壤，以处江水。共工生后土，后土生噎鸣，噎鸣生岁十有二。

注释

①听訞：人名。②颠：头顶。

译文

炎帝的妻子，即赤水氏的女儿听訞生下炎居，炎居生了节并，节并生了戏器，戏器生了祝融。祝融降临到江水居住，便生了共工。共工生了术器。术器的头是平顶方形，他恢复了祖父祝融的土地，从而又住在江水。共工生了后土，后土生了噎鸣，噎鸣生了一年中的十二个月。

原文

洪水滔天[①]。鲧窃帝之息壤以堙(yīn)洪水[②],不待帝命。帝令祝融杀鲧于羽郊。鲧复生禹[③]。帝乃命禹卒布土,以定九州。

注释

①滔:漫。

②息壤:神话传说中的一种能够自生自长、永不耗损的土壤。

③复生:相传鲧死了三年而尸体不腐烂,用刀剖开肚腹,就产生了禹。“复”即“腹”的同声假借字。

译文

帝尧时,洪水滔天。鲧偷了帝尧的息壤,以堵塞洪水,不听帝命。天帝命令祝融把鲧处死在羽山郊外。禹是从鲧遗体的肚子里生出来的。后来禹领帝尧之命最终规划疆土定九州而平水患。